Luther ist uns weit voraus

Horst Hirschler

Luther ist uns weit voraus

Lutherisches Verlagshaus

Das Titelbild wurde nach einem Aquarell von
Lukas Cranach d.Ä. 1532 entworfen.
(Sammlung des Herzogs von Buccleuch, Thornhill).

Die Deutsche Bibliothek – CIP-Einheitsaufnahme
Hirschler, Horst:
Luther ist uns weit voraus / Horst Hirschler. – Hannover:
Luth. Verl.-Haus, 1996
ISBN 3-7859-0721-4

© Lutherisches Verlagshaus GmbH, Hannover, 1996
Alle Rechte vorbehalten
Umschlag: Leidecker & Schormann, Hannover
Gesamtherstellung: Scherrerdruck GmbH, Hannover
ISBN 3-7859-0721-4

Inhalt

I. Einstieg
Erzählungen von der Wartburg 7

II. Dieser Mensch Martin Luther
Biographische und theologische Grundlinien 19

III. Die Freiheit eines Christenmenschen
Luthers vergessener Markenartikel 39

IV. Das hat Gott selbst gesagt
Predigen lernen bei Dr. Martinus 75

V. Ich bin der Herr, dein Gott
Die Zehn Gebote als Lebenshilfe 121

VI. Keins ist ohne das andere genug
Der Auftrag von Kirche und Staat 149

VII. Wie ein Tod den andern fraß
Luthers Bereitung zum Sterben 173

I. Einstieg
Erzählungen von der Wartburg

Im Konfirmandenunterricht kam er natürlich vor. Den Thesenanschlag und den Reichstag zu Worms kannte ich von daher längst, und im Gemeindehaus hing sein mächtiges Bild schwarz auf orangem Hintergrund. Natürlich war Luther im Studium dran. Professor Rückert in Tübingen. Da prägten sich Grundlinien für das Denken ein. Als Pastor wollte ich die Konfirmanden für Luther begeistern. Also waren spannende Stories aus der Reformationszeit zu erzählen. Eine Weimarer Lutherausgabe hätte ich immer schon mal gerne gehabt. Aber das blieb alles an der Oberfläche. Andere Bücher und Texte von Bloch bis Bonhoeffer waren spannender. Dann 1982 fragte die Gemeinde Bremke im Sprengel Göttingen bei mir an, ob ich als Vorschau auf das Lutherjahr 1983 nicht einen Abend lang von Luther erzählen könne.

Selbstverständlich gerne. Ich habe die Lutherausgabe von Otto Clemen hergenommen. Was hatte mich an Luther einst bei Hans Rückert beeindruckt? Hatte der nicht von einem frühen demokratischen Gemeindekonzept gesprochen? „Das eine christliche Versammlung oder Gemeine Rechte oder Macht habe, alle Lehre zu urteilen und Lehrer zu berufen, ein- und abzusetzen. Grund und Ursache aus der Schrift. 1523." Dazu die Leisniger Kastenordnung. Wie war er eigentlich auf die Schrift von weltlicher Obrigkeit gekommen? Ich habe dann einfach aus der Zeit zwischen der Rückkehr von der Wartburg und dem Bauernkrieg erzählt. Das Ergebnis dieses ersten Abends, dem dann weit über hundert in den vielen Gemeinden des Sprengels mit jeweils unterschiedlichen Schwerpunkten folgten, war: Das kommt an. Man kann einen Abend lang von Luther erzählen. Die Gemeinde ist fasziniert, wenn man ihnen ein Stück reformatorischer Wirklichkeit erzählt, aus Dokumenten vorliest, an Bildern zeigt. Dazu kam die Erfahrung, Luther enthält eine unglaubliche Fülle von Möglichkeiten, erdverbunden und gegenwartsbezogen von unserem Glauben zu reden. Am meisten hat der Erzähler davon. Aber auch die Hörer genießen es. Manche Briefe erschließen sich erst, wenn man sie laut vorliest.

Ich habe es jetzt wieder gemacht. Wir eröffneten die Generalsynode der Vereinigten Evangelisch-Lutherischen Kirche in Deutschland (VELKD) im Oktober 1995 im Festsaal der Wartburg. Da mußte man geradezu von Luther erzählen.

Als gegen Mitternacht an jenem 4. Mai 1521 die Treppe zum Junkerngefängnis hochgeklappt und mit Eisen wohl verwahrt war, umfing den Mönch nach diesen turbulenten Wochen eine ungewohnte Stille. Gut 14 Tage vorher, am 17. und 18. April, waren die berühmten Auftritte vor dem Reichstag zu Worms gewesen. Dann die viel anstrengenderen Gespräche in der Woche danach. Am 25., abends, als alle Gespräche gescheitert sind, wird ihm im Beisein eines Notars eröffnet, weil er von seinem Vorhaben nicht abstehe und halsstarrig auf seiner Meinung beharre, habe der Kaiser als Vogt der Kirche gegen ihn vorzugehen. Binnen 21 Tagen habe er sich wieder nach Wittenberg zu begeben. Ein Edikt werde gegen ihn erlassen.

So zieht er am 26. April ab. Kaspar Sturm, der Reichsherold und Sympathisant, organisiert das Ganze. Über Frankfurt, die Autobahn entlang, bei Grünberg rechts ab. In Hersfeld, obwohl verboten, feierlich eingeholt und predigend, in Eisenach, obwohl sie Angst haben, ebenso. In Möhra bei der Verwandtschaft reingeschaut und dann bei Waltershausen verabredungsgemäß gekidnappt. Nikolaus von Amsdorff, der Freund, weiß Bescheid. Der mitreisende Mönchsbruder Petzensteiner nicht, läuft verstört davon, kommt morgens in Waltershausen an und berichtet, Luther sei tot. So läuft es durch Europa. Im fernen Holland schreibt Albrecht Dürer in sein Tagebuch: „Oh Gott, ist der Luther tot, wer wird uns hinfort das heilige Evangelium so klar vortragen ..."

Der aber hat erst einmal Stubenarrest hier oben auf der Burg, darf sich am Fenster nicht zeigen. Die Haare erhalten den Befehl, schnell zu wachsen, damit die Tonsur verschwindet, wie vorher schon das geistliche Gewand. Der Junker Jörg entsteht. Und er hat viel Zeit. „Im Reich der Vögel", „im Reich der Luft", schreibt er manchmal in seinen Briefen. Der Blick geht nach Westen – nicht auf die aus der Jugend vertraute Stadt Eisenach, sondern über die im frischen Maigrün stehenden Kuppen des Thüringer Waldes, des hessischen Berglandes hin bis zum Hohen Meißner. Luther beginnt sofort zu arbeiten, zu schreiben. Bald steht die Postlinie nach Wittenberg zu Spalatin, und Briefe und Schriften gehen hin und her. Unglaublich, was Luther in der nächsten Zeit an unterschiedlichen Texten herstellt. Aber auch Schwierigkeiten stellen sich ein. Acht Tage nach seiner Ankunft schreibt er an Melanchthon:

> „... Ich sitze nun hier und stelle mir den ganzen Tag die Gestalt der Kirche vor Augen ... Ach Gott, was für eine schreckliche Erscheinung des Zornes Gottes ist dieses abscheuliche Reich des römischen Antichrist! ... Spalatin schreibt, es werde ein so grausames Edikt geschmiedet, daß sie auf Gefahr des Gewissens die ganze Welt nach meinen Büchern durchforschen werden ..."

Und dann:

„Der Herr hat mich am Hintern geschlagen (Psalm 78,66) mit großen Schmerzen. Der Stuhl ist so hart, daß ich ihn mit großer Kraftanstrengung, bis mir der Schweiß ausbricht, herausdrücken muß, und je länger ich es aufschiebe, desto härter wird er. Gestern am vierten Tag habe ich einmal Stuhlgang gehabt, daher habe ich auch die ganze Nacht nicht geschlafen und habe auch jetzt

**IMAGO MARTINI LVTHERI, EO HABITV EXPRES-
SA, QVO REVERSVS EST EX PATHMO VVITTEN-
bergam. Anno Domini. 1 5 2 2.**

Quæsitus toties, toties tibi Rhoma petitus,
 En ego per Christum viuo Lutherus adhuc.
Vna mihi spes est, quo non fraudabor, Iesus,
 Hunc mihi dum teneam, perfida Rhoma vale.

Luther getarnt als Junker Jörg.
Holzschnitt von Lukas Cranach d. Ä. 1522. (Staatsbibliothek Bamberg)

noch keine Ruhe. Ich bitte Dich, bete für mich, denn dieses Übel wird unerträglich werden, wenn es so weitergeht wie bisher."[1]

Das fette Essen, die Haselnüsse, von denen wir gleich noch hören, und das dauernde Sitzen bringen Probleme. Zwischendurch ist er wieder sehr munter und produktiv. Es gibt natürlich auch andere Zeiten:

„Es sind schon acht Tage, daß ich nichts schreibe, weder bete noch studiere, teils von Anfechtung des Fleisches, teils durch andere Beschwerden gequält. Wenn die Sache nicht besser wird, muß ich tatsächlich öffentlich nach Erfurt gehen …"[2]

Aber dazu kommt es nicht. Er bringt die schöne Auslegung des Magnifikats, die er schon im November des Vorjahres begonnen hat, zu Ende. Er verfaßt Streitschriften und die wunderbare Advents- und Weihnachtspostille, damit die Prediger Musterpredigten erhalten und lernen, wie man das Evangelium verkündigt.

Am 15. August schreibt er an Spalatin:

„… Über das Ertragen meiner Verbannung mache Dir keinen Kummer. … Wenn ich nur nicht … diesen Leuten zur Last und beschwerlich werde …

Ich bin am letzten Montag (12. August) zwei Tage auf der Jagd gewesen, um jenes bittersüße Vergnügen der Helden kennenzulernen. Wir haben auch zwei Hasen und einige klägliche Rebhühner gefangen; wahrlich eine Beschäftigung, die müßiger Menschen würdig ist. Ich theologisierte auch dort unter Netzen und Hunden, und wieviel Vergnügen mir dieser Anblick auch machte, so viel Mitleid und Schmerz war diesem geheimnisvollen Treiben auch beigemischt. Denn was bedeutet dieses Bild anders als den Teufel, der durch seine Nachstellungen und die gottlosen Lehrer, seine Hunde (nämlich Bischöfe und Theologen), diese unschuldigen kleinen Tierlein jagt? Allzunahe lag diese überaus traurige und heimliche Deutung auf die einfältigen und gläubigen Seelen. Es kam noch eine greulichere, heimliche Deutung hinzu. Durch meine Bemühung hatten wir ein Häschen am Leben erhalten (da hatte er also tatsächlich ein Häschen zu retten versucht). Als ich es in den Ärmel meines Rockes eingewickelt hatte und ein wenig davongegangen war, hatten unterdessen die Hunde den armen Hasen gefunden, durch den Rock sein rechtes Hinterbein gebrochen und ihm die Kehle durchgebissen. Nämlich so wütet der Papst und der Satan, daß er auch die geretteten Seelen umbringt, und meine Bemühungen kümmern ihn nicht … Dieses will ich Dir mit meinem Brief scherzhafterweise sagen, damit Du weißt, daß Ihr Wildbretfresser am Hofe auch Wildbret im Paradiese sein werdet, das der beste Jäger Christus … fan-

---

[1] WA Br 2, 332–334. Zitiert nach: Martin Luther: Ausgewählte Schriften. Hrsg. Von Karin Bornkamm/Gerhard Ebeling. Frankfurt a. M., 1982, Bd. 6, S. 35 f.

gen und bewahren kann. Mit Euch wird gespielt, während auf den Jagden Ihr Euer Spiel treibt."²

Die Welt als Gleichnis. Aber der Teufel schläft nicht. Später (1539 – wider die Antinomer) schreibt er,

„daß es allezeit so zugegangen ist: wenn Gottes Wort etwa aufgegangen ist und sein Häuflein zusammengelesen hat, so ist der Teufel des Lichts gewahr geworden und hat aus allen Winkeln dawider geblasen, gewehet und gestürmet mit starken, großen Winden, solch göttlich Licht auszulöschen. Und ob man einem oder zwei Winden gesteuert oder gewehret hat, so hat er immer für und für zum anderen Loch hereingeblasen und gestürmet wider das Licht und ist kein Aufhören und Ende gewesen, wird auch vor dem jüngsten Tage nicht werden."³

Ganz handgreiflich erlebt er das Wüten des Teufels. Albrecht von Mainz, der Kurfürst, Kardinal und Verantwortliche für den ganzen Ablaßstreit gibt noch nicht auf. Er versucht wieder aus Ablaßgeldern Reichtum zu schöpfen. Gegenwärtig sind in Halle noch 8 Prozent Christen, d. h., von 100 Menschen geben noch 8 an, sie seien Christen! Aus Halle ist im Herbst 1521 zu erfahren, daß der Mainzer Erzbischof eine gewaltige Reliquienausstellung hat zusammenstellen lassen. Luther nennt sie den „Abgott" zu Halle. 8933 Partikel von Heiligen, 42 ganze heilige Körper. Insgesamt bringt das, wenn man dort entsprechend betet und verehrt, 39 245 120 Jahre und 220 Tage Ablaß. Wir wissen das so genau, weil wir den ganzen Katalog, zu dem Albrecht Dürer das Deckblatt gemacht hat, noch besitzen und unter jeder sorgfältigen Beschreibung einer Reliquie genau angegeben ist, wie viele Tage oder Jahre Ablaß das bedeutet. Luther ist wütend. Er schreibt ein Büchlein wider den Abgott zu Halle. Spalatin erklärt, der Kurfürst dulde eine solche Veröffentlichung nicht. Unter dem 11.11. schreibt Luther zurück:

„Ich habe kaum einen unangenehmeren Brief gelesen als Deinen letzten … Erstens werde ich mir das nicht gefallen lassen, was Du sagt, der Fürst werde es nicht dulden, daß gegen den Mainzer geschrieben werde, auch nichts, was den öffentlichen Frieden stören könne. Lieber will ich Dich, ja auch den Fürsten selbst und jede Menschenseele verlieren. … Gar schön, meinst Du, der öffentliche Friede dürfe nicht gestört werden, und willst leiden, daß der ewige Friede Gottes durch die Gottlosen und Gottes räuberischen Machenschaften jenes Mannes gestört werde? So nicht, Spalatin, so nicht, Fürst! Sondern für die Schafe Christi muß man diesem überaus greulichen Wolf mit allen Kräften widerstehen, anderen zum Beispiel …"⁴

---

[2] WA Br 2, 380 f. Zitiert nach: Luther deutsch. Hrsg. von Kurt Aland. Bd. 10. Göttingen, 1983, S. 93; 99.
[3] WA 50, 475. Zitiert nach: Aland. A. a. O., Bd. 4, S. 228.
[4] WA Br 2, 402–404. Zitiert nach: Aland. A. a. O., Bd. 10, S. 104 f.

Erzbischof Albrecht von Mainz.
Kupferstich von Albrecht Dürer. 1523. (Germanisches Nationalmuseum Nürnberg)

Aber da das mit dem Buch nichts wird, schreibt Luther am 1. Dezember an Kardinal Erzbischof Albrecht von Mainz:

„Es hat jetzt E.K.F.G. zu Halle wieder aufgerichtet den Abgott, der die armen, einfältigen Christen um Geld und Seele bringt, damit frei, öffentlich bekannt, daß alle ungeschickten Fehler, durch den Tetzel geschehen, nicht sein allein, sondern des Bischof von Mainz Mutwillen gewesen sind ... Darum sei E.K.F.G. endlich und schriftlich angesagt: Wenn nicht der Abgott wird abgetan, muß ich ... solchem Vernehmen mutig ... widersprechen, allen vorigen Greuel des Tezel auf den Bischof zu Mainz treiben und aller Welt anzeigen den Unterschied zwischen einem Bischof und Wolf ...

Zum zweiten bitte ich, E.K.F.G. wollten sich enthalten und die Priester in Frieden lassen, die sich Unkeuschheit zu meiden in den ehelichen Stand begeben haben oder wollen ... Wird solches nicht abgestellt, wird ein Geschrei sich aus dem Evangelium erheben und sagen, wie fein es den Bischöfen anstünde, daß sie ihre Balken zuvor aus ihren Augen rissen (Lukas 6,42), und es billig wäre, daß die Bischöfe zuvor ihre Huren von sich trieben, ehe sie anständige Eheweiber von ihren Ehemännern schieden ... Hierauf bitte und erwarte ich E.K.F.G. richtige, schleunige Antwort inwendig vierzehn Tagen, denn nach festgesetzten vierzehn Tagen wird mein Büchlein wider den Abgott zu Halle ausgehen, wenn nicht kommt eine öffentliche Antwort."[5]

Es ist ja schon erstaunlich, daß dieser Mensch an einen der mächtigsten Reichsfürsten solch einen Brief zu schreiben wagt. Aber viel erstaunlicher noch ist, daß Albrecht von Mainz, datiert vom 21.12., einen Antwortbrief schreibt:

„Lieber Herr Doctor! Ich hab Euren Brief ... empfangen und verlesen und zu Gnaden und allem Guten angenommen, versehe mich aber gänzlich, die Ursache sei längst abgestellt, so Euch zu solchem Schreiben bewegt hat. (Er hat die Reliquienausstellung abgesagt. Der Katalog ist umsonst gedruckt worden!) Und will mich, ob Gott will, dergestalt halten und erzeigen, als einem frommen geistlichen und christlichen Fürsten zustehe, soweit mir Gott Gnade, Stärke und Vernunft verleiht ... und bekenne mich, daß ich bin nötig der Gnaden Gottes, wie ich denn ein armer, sündiger Mensch bin, der sündigen und irren kann und täglich sündigt und irret, leugne ich nicht. Ich weiß wohl, daß ohne Gnade Gottes nichts Guts an mir ist und so wohl ein unnützer, stinkender Kot bin als irgendein anderer, wo nicht mehr ..."[6]

Das ist natürlich charakterschädigend. Wenn man als einzelner mit einem Brief die Mächtigsten zur Vernunft bringen kann und später im März in Wittenberg mit

---

[5] WA Br 2, 405–409. Zitiert nach: Bornkamm/Ebeling. A. a. O., Bd. 6, S. 40 ff.
[6] Gerhard Bott/Gerhard Ebeling/Bernd Moeller (Hrsg.): Martin Luther. Frankfurt a. M., 1983, S. 178.

den Invocavit-Predigten eine chaotische Stadt für Jahrzehnte auf die richtige Spur bringt, da wächst die Vorstellung, das Wort allein macht es. Mein Wort muß es machen. Er hat später Schwierigkeiten gehabt, sich damit abzufinden, daß die Bauern, als er 1525 durchs Land reiste, um den Aufruhr niederzupredigen, ihn auspfiffen.

Aber wir sind noch auf der Wartburg. 1546, kurz vor seinem Tod in Eisleben, hat er erzählt:

> „Als ich Anno 1521 von Worms abreiste und bei Eisenach gefangen ward und auf dem Schloß Wartburg in Patmos saß, da war ich ferne von Leuten in einer Stube, und niemand konnte zu mir kommen als zwei Edelknaben, die mir des Tages zweimal Essen und Trinken brachten. Nun hatten sie mir einen Sack mit Haselnüssen gekauft (was auch nicht gut bei Verstopfung ist), die ich zu Zeiten aß, und hatte denselben in einen Kasten verschlossen. Als ich des Nachts zu Bette ging, zog ich mich in der Stube aus, machte das Licht auch aus und ging in die Kammer und legte mich ins Bett. Da kommt mirs über die Haselnüsse, hebt an und quetscht eine nach der anderen an die Balken mächtig hart, rumpelt mir am Bett; aber ich fragte nichts danach. Wie ich nun ein wenig einschlief, da hebts an der Treppe ein solches Gepolter an, als würfe man einen Schock Fässer die Treppe hinab; so ich doch wohl wußte, daß die Treppe mit Ketten und Eisen wohl verwahrt war, daß niemand hinauf konnte, noch fielen so viele Fässer hinunter. Ich stehe auf, gehe auf die Treppe, will sehen, was da sei; da war die Treppe zu. Da sprach ich: Bist Du es (Satan)? So sei es! Und befahl mich unserem Herrn Christus, von dem geschrieben steht: ‚Alles hast Du unter seine Füße getan', wie der Psalm 8 sagt … Das ist die beste Kunst, ihn (den Teufel) zu vertreiben, wenn man Christus anruft und den Teufel verachtet. Das kann er nicht leiden. Man muß zu ihm sagen: Bist Du (neuerdings) ein Herr über Christus? So sei es! Denn so sagte ich auch zu Eisenach."[7]

Ich habe das jetzt in Afrika, als wir mit den schwarzen Bischöfen über die starke Bedeutung von witchcraft, Hexerei, für die Menschen sprachen, erzählt. Es war nämlich deutlich, daß es keinen Zweck hat, mit aufklärerischer Attitüde zu sagen: Solche Hexenmächte oder solche Dämonen gibt es nicht. Die werden als real erlebt. Ich habe dagegen gesetzt diese voraufklärerische christliche Aufklärung. Da wird Christus einfach als mächtiger denn alle anderen bedrohlichen Kräfte angesehen. Dann kann man gut schlafen.

Einen in diesem Zusammenhang erstaunlichen Brief richtet Luther an den Kurfürsten selbst. Friedrich der Weise hat zu seinem Ärger ja selbst eine gewaltige Reliquiensammlung. Es waren nicht über 8000 Partikel, aber 5000 waren es auch.

---

[7] WA Tr VI, Nr. 6816.

Und er war bislang eifrig bestrebt, diese Sammlung zu vergrößern. Wahrscheinlich hat Luther auch deshalb Albrecht von Mainz besonders entschlossen angegriffen, um seinen Kurfürsten zu belehren. Luther mißbilligt diese Reliquiengläubigkeit heftig. Anfang des Jahres 1522 kommen aus Wittenberg bedrohliche Nachrichten. Es gibt dort durch Karlstadt einen chaotisch verlaufenden Reformeifer. Der Kurfürst, so berichtet Spalatin, seufzt unter den Wittenberger Unruhen gewaltig und ist unschlüssig, was er wohl tun soll. Da schreibt Luther:

„Meinem allergnädigstem Herrn, Herzog Friedrich, Kurfürst zu Sachsen zu eigenen Händen. Jesus. Gnade und Glück von Gott, dem Vater, zum neuen Heiligtum! (Also zur neuen Reliquie.) … Euer Fürstlichen Gnaden hat nun lange Jahre nach Heiligtümern (Reliquien) in allen Ländern anwerben lassen. Aber nun hat Gott E.F.G. Begehren erhört und heim geschickt, ohn alle Kosten und Mühe ein ganzes Kreuz mit Nägeln, Speeren und Geißeln. Ich sage abermals: Gnade und Glück von Gott zum neuen Heiligtum! E.F.G. erschrecke nur nicht, ja, strecke die Arme getrost aus und laß die Nägel tief eingehen, ja, danke und sei fröhlich! Also muß und soll es gehen, wer Gottes Wort haben will, daß nicht allein Hannas und Caiphas toben, sondern auch Judas unter den Aposteln sei und der Satan unter den Kindern Gottes. E.F.G. sei nun klug und weise und richte nicht nach Vernunft und Ansehen des Wesens, zage nur nicht; es ist noch nicht dahin gekommen, da Satan hin will. Euer Fürstlichen Gnaden glaube mir Narren auch ein klein wenig: Ich kenne nämlich diese und dergleichen Griffe des Satans, darum fürchte ich mich auch nicht; das tut ihm weh. … Laßt Welt schreien und urteilen, laß fallen, wer da fällt … Es muß auch das an uns erfüllt werden 2. Korinther 6,4 f.: wir erweisen uns als Diener Gottes in Aufruhr …"[8]

Das ist ein hochinteressanter Brief, in dem Luther gleichsam seine angewandte theologia crucis vorführt.

Da wir im Augenblick mit den Kreuzen in bayerischen Schulen und dem, was das Bundesverfassungsgericht dazu gesagt hat, befaßt sind, hat das besondere Aktualität. Das Kreuz wird nur richtig begreifbar, wenn wir uns hineinzudenken versuchen in die Empfindungen der Menschen um Jesus. Die Jüngerinnen und Jünger hatten ihn erlebt als denjenigen, der ihnen die Gottesnähe leibhaft verkörperte, wie er mit den Verachteten sprach, wie er die an den Rand Gedrängten zu sich einlud, wie er den Kranken half, das war ein Vorschein des Reiches Gottes. Zum Entsetzen seiner Anhänger hat Jesus durch sein Leiden und seinen Tod am Kreuz jedoch selbst die tiefste Gottverlassenheit erfahren müssen. Das Kreuz zeigt eine Erfahrung, die uns allen zustoßen kann: daß wir Gott nicht mehr sehen, daß uns die Gewißheit, bejaht zu sein, abhanden kommt. Durch die österlichen

---

8 WA Br 2, 448 f. Nr. 454; zitiert nach: Bornkamm/Ebeling. A. a. O., Bd. 6, Nr. 20.

Erscheinungen des Auferstandenen haben die Männer und Frauen um Jesus nach und nach begriffen, daß sein Tod die entscheidende erlösende Botschaft enthält. Sie haben erkannt: Er ist stellvertretend für uns gestorben. Wir wissen nun, daß Gott uns in der Gottesferne der Schuld und des Todes nie allein läßt. Man muß also das Kreuz des Karfreitags und das Kreuz im österlichen Licht zusammen sehen. So, wie Jesus zu Lebzeiten unter die Schuldigen und Verachteten gegangen ist, so ist er mit seinem Kreuzestod unter die Ausgestoßenen und von Gott und der Welt Verlassenen gegangen. Warum? Damit wir sehen, Gott ist auch dann bei mir, wenn ich ihn nicht mehr zu sehen meine. Das Kreuz steht also einmal für die Realität der Gottesferne und gleichzeitig für die Gottesnähe in der Gottesferne. Das Kreuz im österlichen Licht enthält die Botschaft, du kannst noch so tief fallen, durch den gekreuzigten und auferstandenen Christus sagt Gott zu dir: Weder Hohes noch Tiefes, weder Tod noch Leben kann dich scheiden von der Liebe Gottes, die in Christus offenbar geworden ist. (Römer 8,38 f.) Insofern ist das Kreuz das Zeichen einer zugesprochenen Gottesnähe und macht Menschen dadurch innerlich stabil. Für eine Gesellschaft, die von der Angst um sich selbst und von der Angst, zu kurz zu kommen, umgetrieben wird, ist dies eine grundlegende Botschaft. Sie kann Menschen, die sich darauf einlassen, den Kopf und die Hände für ihre Mitmenschen freimachen.

Zurück zu dem Brief Luthers an Friedrich den Weisen. Der ist ein wunderschönes Beispiel für die Art, wie Luther die Botschaft des Kreuzes alltäglich zur Befreiung eines Christenmenschen nutzt. Da ist dieser Fürst mit seiner Unschlüssigkeit und Angst. Er muß ja ein beachtliches mittleres Augenmaß gehabt haben. Zu seinen Prinzipien hat gehört, nie zu früh Krieg anzufangen oder zu hart zuzugreifen. Erst einmal schauen, wie es läuft. Aber was ist richtig? Wenn man sich die innere Stabilität nicht durch sein Handeln verschaffen kann, wo kommt sie dann her? Helfen Reliquien? Helfen die Partikel des Kreuzes? Ja, sagt Luther. Aber anders als du denkst. Du bekommst doch durch diese Ereignisse und deine Angst faktisch ein ganzes Kreuz frei Haus geliefert. Das sind doch die Nägel des Kreuzes, die dir durch deine angsterfüllte Seele gehen. Du bist nicht sicher, ob Gott bei dir ist? Du bist nicht sicher, ob, wenn die Dinge schief laufen, Gott dich nicht im Grunde verlassen hat? Du möchtest fragen: Mein Gott, mein Gott, verläßt du mich? Da kannst du begreifen: Ich werde jetzt dem Gekreuzigten gleichgestaltet! Du erfährst jene Gottesferne, die er erfahren hat. Und das Kreuz ist doch die Zusage, daß Gott uns gerade in solch einer Situation nahe ist. Fürchte dich nicht. Gerade in einer solchen Situation kannst du im Blick auf das Kreuz innerlich stabil sein.

Ich finde es beachtlich, wie Lukas Cranach auf dem Altaraufsatz der Stadtkirche in Wittenberg, der sogenannten Predella, Luther dargestellt hat: Auf der rechten Seite Luther auf der Kanzel, links die hörende Gemeinde – Cranach hat sich selbst dazwischengemalt, Luthers Frau und die Kinder auch. Der Prediger Luther aber zeigt nur auf den gekreuzigten Christus, der in der Mitte des Bildes dargestellt ist. Das ist unser Halt und gibt uns Freiheit im Leben und im Sterben.

So habe ich auf der Wartburg meinen Bischofsbericht begonnen, und wir haben gemeinsam die Originaltöne Luthers genossen. Entscheidend ist dabei, daß durch das kirchengeschichtliche Ereignis Martin Luther die Heilige Schrift Alten und Neuen Testaments in einer Weise für die Kirche in den Mittelpunkt gerückt worden ist wie kaum je zuvor. Das ist für die Dialoge zwischen den Kirchen von größter Bedeutung.

Wir müssen uns ja immer wieder klarmachen, daß die Reformation nicht eine neue Kirche schaffen wollte. Es ging immer um die Erneuerung, die reformatio der einen allgemeinen katholischen Kirche. Daß ein großer Teil dieser katholischen Kirche diese Erneuerung nicht mitgemacht hat und es so nach der Spaltung zwischen Konstantinopel und Rom nun auch zur Spaltung zwischen Rom, Wittenberg und Genf kam, ist ein großer Jammer für die Christenheit. Es ist eine Freude, daß wir in unserer Zeit in vielfältiger Weise versuchen, wieder die eine Kirche Jesu Christi in versöhnter Verschiedenheit zu werden.

Deshalb ist es gut, daß längst deutlich geworden ist: Luthers Insistieren auf dem sola scriptura (allein die Schrift), auf dem sola fide (allein aus Glauben), sola gratia (allein durch die Gnade), solus Christus (Christus allein) führt die Gesamtkirche auf ihren wahren Grund zurück.

Mehr noch: Weil der Dr. Martin Luther den christlichen Glauben derart elementar und hilfreich für die Menschen zur Sprache gebracht hat, ist er eine Gottesgabe über die Grenzen der Christenheit hinaus.

18. Februar 1996
Horst Hirschler

II. Dieser Mensch Martin Luther*
Biographische und theologische Grundlinien

„Luther ist uns weit voraus." Der Titel des Buches stellt eine kühne Behauptung auf. Wir werden sehen, wieweit sie trägt.

Ich springe einfach hinein und beginne, um die fränkische Gegend hier zu ehren, mit zwei Briefen, die nach Nürnberg gingen. Sie stammen aus dem Jahr 1527 und sind gerichtet an Wenzeslaus Link, den Stadtpfarrer in Nürnberg und lebenslangen Freund, einst Mitbruder und Prior im Wittenberger Augustinerkloster (während Luther Subprior ist). Unter den über 2000 Briefen Martin Luthers, die wir haben, sind 74 an Wenzeslaus Link erhalten.[1]

Seit 1525 ist Luther mit Katharina von Bora, seiner Käthe, verheiratet. Hänschen ist geboren und wächst vergnügt heran. Aber sie haben Schwierigkeiten mit dem Geld lebenslang, und in dieser Anfangszeit besonders. Das Gehaltssystem für verheiratete Pfarrer muß noch erfunden werden. Da schreibt er am Neujahrstage 1527:

„Es ist mir lieb, daß Du mir auch Samen fürs Frühjahr zu schicken in Aussicht stellst. Schicke also, so viel Du kannst. ... Denn wenn auch Satan mit seinen Gliedern wütet, so will ich sein nur lachen und die Gärten, d. h. die Segnungen des Schöpfers beschauen und ihrer zu seinem Preise genießen.

Weil aber bei uns Barbaren keine Kunst oder feine Lebensart ist, so habe ich mit Wolf (Sieberger), meinem Diener, die Drechslerkunst angefangen. Wir übersenden Dir hier einen Goldgulden und bitten Dich, uns gütig bei Gelegenheit etliche Instrumente zum Bohren und Drechseln und zugleich zwei oder drei sogenannte ‚Schrauben' (Schraubzwingen) zu senden, worüber Dir irgendein Drechsler gern Auskunft geben wird. Wir haben wohl Werkzeuge, suchen aber einige feinere von der Art Eures kunstreichen Nürnberg. (... Es) wird ... Dir erstattet werden. Ich glaube, dergleichen Dinge sind bei Euch viel billiger, falls es Dir nicht zu beschwerlich ist.

Denn wenn uns die Welt um des Wortes willen durchaus nicht unseren Urlaub geben will (das bedeutet: unseren Lohn geben will), wollen wir lernen, mit Handarbeit unser Brot zu erwerben und Unwürdigen und Undankbaren nach dem Beispiel unseres Vaters im Himmel zu dienen. Die Gnade Gottes sei mit Dir."[2]

Das ist schon bemerkenswert. Luther versorgt seine Buchdrucker mit Bestsellern und bringt sie zu Wohlstand, nimmt aber selbst nichts dafür und holt sich ledig-

---
* Vortrag, gehalten in Erlangen am 17. Mai 1994.
[1] Luther Deutsch. Hrsg. Von Kurt Aland. Göttingen, ²1983, Bd. 10, S. 418.
[2] WA Br 4, 147, Nr. 1065. Zitiert nach: Aland. A. a. O., Bd. 10, S. 174, Nr. 149.

lich gelegentlich ein Freiexemplar zum Verschenken. Sein Brot aber will er mit Handarbeit verdienen.

Im Mai 1527 schreibt er zwei Briefe an Link. Am 4. Mai:

„Christus lasse mich hören, daß Dir auch ein wohlbehaltenes Kind geboren sei, Amen. Meiner Käthe gehts wieder übel, und sie erbricht in Erwartung eines zweiten Kindes ... Alles, was Du an Samen geschickt hast, geht auf. Nur die Melonen und Kürbisse lassen sich Zeit, obwohl sie in anderen Gärten auch aufgehen. Gehab Dich wohl."[3]

Am 19. Mai:

„Auch die Drechslerwerkzeuge haben wir mit Dank bekommen, zugleich auch den Quadranten mit der Walze und der hölzernen Uhr. Aber eins hast Du vergessen zu schreiben, wieviel Geld wir noch schicken müssen. Denn wir meinen, die zwei geschickten Gulden reichen nicht aus. Sonst sind es für diesmal genug Werkzeuge, es sei denn, Du hast einige von einer neuen Art, die von allein weiter drechseln können, wenn Wolf (Sieberger) schnarcht oder nicht acht gibt. Denn in bezug auf die Uhr bin ich fast ein vollkommener Meister, zumal da die Stunden für meine (be)trunkenen Sachsen zu beobachten sind, welche lieber in die Kanne als auf die Stunden sehen und sich nicht sehr martern über einen Irrtum bei der Sonne, der Uhr oder bei deren Meister."[4]

Frühe Ahnungen von Automation. Das Ganze macht einen ausgeglichenen und heiteren Eindruck.

Dann aber fällt Mitte des Jahres die Pest in Wittenberg ein. Die Studenten verlassen fluchtartig die Stadt, die Professoren rücken ab. Der Kurfürst läßt dem wertvollen Doktor Luther bestellen, er solle sich ebenfalls nach Jena in Sicherheit bringen. Aber Doktor Martinus bleibt. Später hat er in einem eindrucksvollen Büchlein darüber geschrieben „Ob man vor dem Sterben fliehen möge"[5] (1527) und darin gezeigt, wer weggehen darf und wer nicht: Die Verantwortung haben, sollen bleiben, die Kinder bei den Eltern, die Eltern bei den Kindern, die Knechte bei den Herren, die Herren bei den Knechten, die anderen können gehen.[6]

Luther also bleibt. Am 19. August 1527 schreibt er an Spalatin:

„Die Pest hat hier zwar angefangen, aber sie ist recht gnädig. Die Furcht und die Flucht der Leute davor ist jedoch erstaunlich, so daß ich eine solche Ungeheuerlichkeit des Satans vorher noch nicht gesehen habe. So sehr erschreckt

---

[3] WA Br 4, 198, Nr. 1100. Zitiert nach: Aland. A. a. O., Bd. 10, S. 179, Nr. 157.
[4] WA Br 4, 203, Nr. 1106. Zitiert nach: Aland. A. a. O., Bd. 10, S. 180, Nr. 157.
[5] WA 23,338–379. Zitiert nach: Bornkamm/Ebeling. A. a. O., Bd. 2, S. 224–250.
[6] Vgl. WA 23,344. Zitiert nach: Bornkamm/Ebeling, A. a. O., S. 229.

er (die Leute), ja erfreut sich, die Herzen so verzagt zu machen, natürlich, damit er diese einzigartige Universität zerstreue und verderbe, welche er nicht ohne Ursache vor allen andern haßt. Jedoch sind ... bis auf diesen Tag nicht mehr als 18 Todesfälle gewesen ... Die Tochter des Johannes Grunenberg ist gestorben. Hans Lufft ist wieder aufgekommen ... Der kleine Sohn des Justus Jonas, Johannes, ist auch gestorben ... Ich bleibe, und das ist wegen dieser ungeheuren Furcht unter dem Volke nötig. Daher sind Bugenhagen und ich allein hier mit den Kapellanen. Christus aber ist auch da, damit wir nicht allein sind. Er wird auch in uns triumphieren über die alte Schlange, den Mörder und Urheber der Sünde ... Betet für uns und gehabt euch wohl."[7]

Das klingt noch relativ zuversichtlich. Bis zum Herbst aber hat die Lage sich dramatisch zugespitzt. Am 1. November 1527 schreibt Luther an Nikolaus von Amsdorf:

„Wie es dem Herrn gefällt, so geschieht es, mein lieber Amsdorf, daß ich, der ich bisher alle anderen zu trösten hatte, selbst allen Trostes bedürftig bin. Allein darum bitte ich, und bitte Du mit mir, daß mein Christus mit mir mache, was ihm gefällt, nur davor bewahre er mich, daß ich undankbar und ein Feind dessen werde, den ich bisher mit solchem Eifer und solcher Inbrunst gepredigt und verehrt habe, wenn ich ihn indessen auch mit vielen und schweren Sünden beleidigt habe. Der Satan will einen neuen Hiob bekommen ... Christus aber soll zu ihm sagen: ‚Schone sein Leben', und zu mir: ‚Ich bin deine Hilfe' ... In meinem Hause ist allmählich ein Hospital entstanden. Hanna, Augustin (Schurfs) Frau, hat die Pest in sich gehabt, kommt aber wieder auf. Margarethe von Mochau hat uns durch ein verdächtiges Geschwür und andere Anzeigen Angst gemacht, obwohl auch sie wieder gesund wird (das stimmt nicht, sie stirbt später). Ich fürchte sehr für meine Käthe, die der Niederkunft nahe ist, denn auch mein Söhnchen (Hänschen) ist seit drei Tagen krank, ißt nichts und fühlt sich schlecht. Man sagt, es sei der Schmerz vom Zähnekriegen, aber man glaubt, daß beide in großer Gefahr sind. Denn des Kaplans Georg Frau, die selber unmittelbar vor ihrer Niederkunft steht, ist von der Pest ergriffen worden, und man versucht bereits, ob das Kind irgendwie gerettet werden kann. Der Herr Jesus stehe ihr barmherzig bei. So sind äußerlich Kämpfe, innerlich Ängste, und sehr bittere. Christus sucht uns heim. Ein Trost bleibt, den wir dem wütenden Satan entgegensetzen: daß wir wenigstens das Wort Gottes haben, um die Seelen der Gläubigen zu retten, wenn er auch die Leiber verschlingt. Darum befiehl uns den Brüdern und Dir selbst, daß Ihr für uns betet, daß wir die Hand des Herrn tapfer ertragen und des Satans Macht und List besiegen, ‚es sei durch Tod oder durch Leben', Amen. Wittenberg

---

[7] WA Br 4, 232 f., Nr. 1130. Zitiert nach: Aland, A. a. O., Bd. 10, S. 183, Nr. 164.

am Tage Allerheiligen, im zehnten Jahr, nachdem der Ablaß zu Boden getreten ist, zu dessen Gedächtnis wir in dieser Stunde trinken, ganz und gar getröstet, 1527. Dein Martinus Luther."[8]

Das ist also das erste Reformationsfest. Ein eindrucksvoller Brief. Man merkt, dieser Mensch lebt in der biblischen Sprache, er lebt sein Leben auf dem Hintergrund der Bibel. Das ist auch damals durchaus ungewöhnlich. Luther verhehlt seine Verzweiflung nicht, aber er weiß auch: In der Pest begegnet Gott, der das Antlitz Christi hat; also: Christus sucht uns heim. Gleichzeitig ist aber dasselbe Geschehen eine Tat des Satans. Wieso? Weil durch die Pest und durch die Angst und Verzweiflung, in die die Menschen geraten, sie von Gott weggetrieben werden. Luther selbst spürt, wie er daran Anteil hat, und deshalb hält er sich fest an der Schrift. Und zum Schluß trinkt er „ganz und gar getröstet" Amsdorf im fernen Magdeburg aus Anlaß des 10. Jahrestages der Veröffentlichung der Ablaßthese fröhlich zu.

Was ist das für ein Mensch? Er nimmt sich seine Freiheit, seine Verzweiflung auszusprechen; er bittet andere, für ihn zu beten; er reklamiert die Texte der Bibel für sich; er sieht in, mit und unter den Ereignissen Christus und den Teufel am Werk – und ist in all diesen Schwierigkeiten ganz und gar getröstet.

Und wir? „Luther ist uns weit voraus." Was meint das? Sind wir in unseren „modernen Zeiten" nicht viel weiter? Haben wir nicht die Pest längst besiegt? Jedenfalls bis auf Krebs und Aids – manche Pest ist bis heute schwer zu bekämpfen. Aber sind wir nicht viel weiter mit dem, was sonst medizinisch und technisch gelungen ist? Wie alt werden die Menschen heutzutage? Wie leicht fliegen wir an ferne Orte? Vor dem Fernseher wird das Fernste als nah empfunden. – Freilich, die bayerische Kirche hat eine Einrichtung zur Technikfolgenabschätzung geschaffen. Und in Hannover versuchen wir gerade, eine medizinethische Einrichtung aus der Taufe zu heben. Der Fortschritt schafft sich seine eigenen Probleme und die Nebenwirkungen ihre eigene, schwierige Welt.

„… ist uns weit voraus", das meint uns in einer Zeit der immer stärkeren Tendenz zu individualistischer und egozentrischer Orientierung. Jeder muß „sein Schäfchen ins Trockene bringen", der Narzißmus wächst, die unendliche Sehnsucht nach Streicheleinheiten wird zur Heilsbotschaft kultiviert: „Du darfst dich verwöhnen. Mach was aus dir." Dafür steht dann der große „Supermarkt der Möglichkeiten" offen mit der Verheißung, beinahe alles in freier Entscheidung wählen zu können. Auch die Angebote der Religionen sind hier zu haben mit der vermeintlichen Möglichkeit, die Kräfte des Religiösen ganz individuell nutzbar zu machen. Jede Bahnhofsbuchhandlung rät in ihrer esoterischen Abteilung, wie

---

[8] WA Br 4, 274 f., Nr. 1164. Zitiert nach: Bornkamm/Ebeling. A. a. O., Bd. 6, S. 95 f., Nr. 55.

man die Energien des Kosmos in die eigene Seele holt, um erfolgreicher zu werden.

„... uns weit voraus", das sind wir auch in einer Zeit fortschreitender Säkularisierung. Durch das Jahrhundertereignis der Wiedervereinigung ist das noch beschleunigt worden. Dem Unrechtsstaat im Osten ist es gelungen, durch gleichmäßige Unterdrückung über 70 Prozent der Menschen aus der Kirche herauszutreiben und innerlich vom christlichen Glauben abzuschneiden. Es ist Kennzeichen einer veränderten Geisteslage, wenn die Parteien jetzt, um die – natürlich wichtige – Pflegeversicherung zu finanzieren, ausgerechnet an ein christliches, gar evangelisches Kulturgut wie den Buß- und Bettag herangehen. Wenn es jetzt nicht gelingt, das zu verhindern, wird er seine Wirkung bald völlig verloren haben. Kein Mensch wird mehr wissen, warum der Bußtag als ein gemeinsamer Tag der Besinnung verschwunden ist. Zeichen der Säkularisierung.

Am Sonntag war ich in Wiedensahl, einem kleinen Dorf bei Loccum, in dem Wilhelm Busch oft war. Mit einer großen Schar von Leuten, die 1934 und 1944 konfirmiert wurden. Es war die Feier der Goldenen und Diamantenen Konfirmation. Während der Predigt packte mich die Idee: Wollen wir es mal ausprobieren? Können Sie das noch? Wir sprechen mal alle zusammen:

> „Ich glaube, daß mich Gott geschaffen hat samt allen Kreaturen, mir Leib und Seele, Augen, Ohren und alle Glieder, Vernunft und alle Sinne gegeben hat und noch erhält; dazu Kleider und Schuh, Essen und Trinken, Haus und Hof, Weib und Kind, Acker, Vieh und alle Güter usw. ..."[9]

Die ganze alte Gesellschaft strahlte. Jeder freute sich, daß er es noch mitsprechen konnte: Luthers Kleinen Katechismus, 1529 von ihm gedichtet. Die Jüngeren in der Kirche staunten. Ein großer Teil wußte noch nicht einmal, wovon die Rede war. Freilich wissen sie alles über Software.

Zurück zum Thema. Inwiefern kann uns Luther voraus sein? Ist damit die Restauration gemeint? Nachdem uns das Fortschrittsdenken gründlich durcheinandergewirbelt worden ist und der Glaube wegzurutschen droht, werden wir regressiv und gehen zurück in alte Zeiten? Die einen zapfen neugefundene Quellen der Esoterik an, wir anderen aber unsere bewährten Ressourcen, und forschen nach, ob noch etwas zu holen ist? Gewiß, wenn es so wäre, es müßte nicht das Schlechteste sein. Dennoch: Wie kann einer, der gestern war, vorbildlich sein für morgen, ja, uns den Spiegel vorhalten für das, was heute fehlt?

Ernst Bloch, der Marxist und Hoffnungsdenker, der dem Fortschritt und der Utopie von der Heimat, die allen in die Wiege scheint und in der noch keiner war,

---

[9] Kleiner Katechismus, in: Die Bekenntnisschriften der Lutherischen Kirche, Göttingen, 1930 (BSLK), S. 510; EG 806.2.

eine fast religiöse Weihe gab, sagt: Der Fortschritt selber läuft in keiner homogenen Zeitreihe. Er läuft in verschiedenen unter- und übereinanderliegenden Zeitebenen.[10]

Für Bloch geht es um das letztgültige Humanum, das Reich der Freiheit. Er zielt auf das, was mit dem Reich Gottes, wie er es sieht, eigentlich gemeint war. Dieses Ziel steht noch aus. Wir wissen freilich, so wird er, der marxistische Jude, nicht müde zu sagen, wir wissen nur davon, weil es bruchstückhaft vorwegnehmbar ist. Dadurch kann es für Bloch sein, daß z. B. Paulus in seiner Erkenntnis des Reiches der Freiheit fortschrittlicher ist als mancher in unserer Zeit.

Menschen stehen in unterschiedlicher Nähe zum Kern der Wahrheit. Und wer näher daran ist, ist seiner – unserer – Zeit voraus. In diesem Sinne bin ich bei Luther auf der Suche nach Entdeckungen, die uns zeigen, wie in unserer modernen Zeit sachgemäße menschliche Existenz möglich ist und wie sie zu gewinnen ist.

Ich nehme drei wesentliche Erkenntnisse Luthers heraus:

I.   Die andere Autorität – die Schrift

II. Der andere Existenzgrund – Christus

III. Die andere Freiheit – zum Gottesdienst berufen

I. Die andere Autorität – die Schrift

Wir waren kürzlich mit der lutherischen Bischofskonferenz auf dem Hainstein. Das ist ein Haus gegenüber von der Wartburg. Morgens sieht man aus dem Fenster die Burg dort liegen. Im Januar und Februar 1522 sitzt Martin Luther dort oben. In Wittenberg geht es derweil drunter und drüber. Wenzeslaus Link, jener spätere Stadtpfarrer in Nürnberg, sitzt der großen Versammlung der Augustiner vor, die beschließen, das Verlassen der Klöster freizugeben. In dieser Zeit übersetzt Luther das Neue Testament in einer Art rauschhafter Begeisterung, einer unglaublichen und genialen Arbeitsleistung. In sechs Wochen übersetzt er das Neue Testament. Die lateinische Bibel, die Vulgata, hat er im Kopf. Die neue griechische Ausgabe des Neuen Testamentes, 1516 von Erasmus herausgegeben, hat er vor Augen.

Luther weiß: Wenn man Menschen mündig machen will, muß man sie am „Herrschaftswissen" beteiligen. Dazu muß man dieses Wissen aber auch so darbieten, daß es in die Hirne und Herzen gelangen kann, daß die Magd im Haus, der Bauer auf dem Felde, die Marktfrau hinter ihrem Stand es verstehen können.

---

[10] Ernst Bloch: Tübinger Einleitung in die Philosophie. 1. Frankfurt am Main, 1963, S. 188.

Anfang März taucht Luther gegen den Willen seines Landesherrn, der Angst um ihn hat – seit Worms unterliegt Luther der Reichsacht –, wieder in Wittenberg auf. Von unterwegs antwortet er dem Kurfürsten auf dessen Bitte, er möchte doch auf der Wartburg bleiben:

> „E(uer) K(ur-) F(ürstlicher) G(naden) Schreiben und gnädiges Bedenken ist mir zugekommen am Freitag zu Abend, als ich Sonnabendmorgen wollte ausreiten ... E.K.F.G. weiß wohl, oder weiß es nicht, so laß sie es Ihr hiermit kund sein, daß ich das Evangelium nicht von Menschen, sondern allein vom Himmel durch unseren Herrn Jesus Christus habe ... Nun ich aber sehe, daß meine zu viel Demut (daß ich mich auf der Wartburg versteckt habe) gelangen will zur Erniedrigung des Evangeliums (weil es doch in Wittenberg drunter und drüber geht) und der Teufel den Platz ganz einnehmen will, wo ich ihm nur eine Hand breit Raum lasse, muß ich aus der Not meines Gewissens anders dazu tun. Ich habe für E.K.F.G. genug getan, daß ich dieses (eine) Jahr gewichen bin, E.K.F.G. zum Dienst. Denn der Teufel weiß sehr wohl, daß ich's aus keinem Zagen getan habe. Er sah mein Herz, da ich zu Worms hineinkam, daß, wenn ich hätte gewußt, daß so viele Teufel auf mich gelauert hätten, wie Ziegel auf den Dächern sind, wäre ich dennoch mitten unter sie gesprungen mit Freuden. Nun ist der Herzog Georg (aus Sachsen[11]) noch weit ungleich einem einzigen Teufel ... wenn's gleich (E.K.F.G. verzeihe mir mein närrisches Reden) neun Tage eitel Herzog Georgen regnete und jeglicher wäre neunfach wütender, denn dieser ist. Er hält meinen Herrn Christus für einen Mann aus Stroh geflochten; das kann mein Herr und ich eine Zeitlang wohl leiden. Solches sei E.K.F.G. geschrieben in der Absicht, daß E.K.F.G. wisse, ich komme gen Wittenberg in gar viel einem höheren Schutz denn dem des Kurfürsten ... Dieser Sache soll noch kann kein Schwert raten oder helfen. Gott muß hier allein schaffen, ohne alles menschliche Sorgen und Zutun. Darum, wer am meisten glaubt, der wird hier am meisten schützen. Dieweil ich denn nun spüre, daß E.K.F.G. noch gar schwach ist im Glauben, kann ich keineswegs E.K.F.G. für den Mann ansehen, der mich schützen oder retten könnte."[12]

Luther hält dann seine berühmten Invokavitpredigten und stellt durch diese Predigten jeden Tag in der Woche nach Invokavit im unruhig gewordenen Wittenberg die Ordnung wieder dauerhaft her. Mit Melanchthon geht er noch einmal das Neue Testament durch, überprüft mit ihm zusammen die Einzelheiten bis hin zu den Edelsteinen in der Offenbarung, für die eine Ortsbesichtigung in der herzoglichen Schatzkammer nötig ist. Dann wird das Neue Testament im Septem-

---

[11] Herzog Georg von Sachsen ist im Gegensatz zu Luthers Landesherrn, Kurfürst Friedrich dem Weisen, entschiedener Gegner der Reformation.
[12] WA Br 2, 453–457, Nr. 455. Zitiert nach: Bornkamm/Ebeling. A. a. O., Bd. 6, S. 45–50, Nr. 21.

ber 1522 gedruckt; es heißt deshalb „Septembertestament". Und dann läuft diese Übersetzung durch die Lande. Schnell ist sie verkauft. Zwei Kälber kostet das Stück. Es wird gekauft und gelesen. Als Luther stirbt, gibt es 430 Auflagen der Bibel mit ca. 500 000 Exemplaren.

Warum? Weil es Luther gelungen war, durch seine reformatorischen Schriften, durch seine Predigten und Flugblätter die Menschen davon zu überzeugen, daß da etwas zu holen ist. Das ist von vielen verstanden und weitergegeben worden. Sie machen die Erfahrung: Da ist etwas, was uns befreit. Das ist etwas, was uns an dem Grundwissen über unsere Wirklichkeit beteiligt. Einer sich selbst legitimierenden Kirche ordnet Luther als Autorität die Heilige Schrift vor. Aber er gibt gleichzeitig dieses Buch dem einzelnen Christen in die Hand zum kritischen, aber auch – was oft nicht verstanden wird – zum selbstkritischen Gebrauch.

Im Herbst 1522 kommen zu ihm die Abgesandten der kleinen sächsischen Stadt Leipzig. Die Mönche aus dem benachbarten Zisterzienserkloster Buch, die bisher die Gemeinde geistlich versorgt haben, sind gegangen. Wie ordnet man das kirchliche Leben neu? Luther entwickelt sein frühes demokratisches Kirchen- und Gemeindekonzept. Die „Ordnung eines gemeinen Kastens"[13] von 1523 ist äußerst interessant zu lesen. Ein gemeinsamer Kasten soll eingerichtet werden und soll im Gotteshaus, an dem Ort, wo es am sichersten ist, verwahrt werden. Er soll mit vier unterschiedlichen besonderen Schlössern und Schlüsseln verschlossen werden, so daß die Grundherren, die Ratsmänner, die Bürgerschaft und die Bauernschaft jeweils einen besonderen Schlüssel haben und man nur gemeinsam heran kann. Da soll alles Geld hinein, und jeden Sonntag im Jahr von 11.00 Uhr bis um 2.00 Uhr zur Vesperzeit sollen die zehn Vorsteher der Gemeinde im Pfarrhof oder im Rathaus zusammensein und ratschlagen und handeln, wer in Not ist und wer Geld braucht.[14]

Gleichzeitig verfaßt Luther die grundlegende Schrift „Daß ein christliche Versammlung oder Gemeine Recht oder Macht habe, alle Lehre zu urteilen und Lehrer zu berufen, ein- und abzusetzen, Grund und Ursach aus der Schrift", 1523.[15] Luther setzt voraus, daß die Gemeinde etwas weiß vom Priestertum aller Gläubigen, daß die einzelnen Christen die Schrift kennen, daß sie Pfarrer wählen und anerkennen, daß die Frauen und Männer der Gemeinde das Recht, die Pflicht und die Macht haben, christliche Lehrer, d. h. damals: Pfarrer, ein- und abzusetzen. Dafür muß die Heilige Schrift gelesen und gelehrt werden, dazu muß es Prediger geben.

---

[13] WA 12,1–30.
[14] Vgl. WA 12,20.
[15] WA 11,401–416.

Bis 1534 liegt die Bibel dann vollständig vor. Der wichtigste Reformator Südniedersachsens, Antonius Corvinus, zu deutsch Anton Raabe, schreibt am 24. November 1534 begeistert an Luther:

> „Ich kann kaum ausdrücken, wie sehr mich, ja unzählige gute Menschen die Tatsache erfreut hat, daß endlich die Heilige Schrift, mit besserem Erfolg als je zuvor von Dir, allerliebster Luther, übersetzt, erschienen ist. Und ich erkenne nun endlich, daß der Satan nicht grundlos bisher Dich durch das Geschrei so vieler böser Menschen von dem so überaus heilbringendem Werk wegzutreiben versucht hat ..., weil jetzt die Heilige Schrift in Deiner glatten, fehlerfreien und ganz vollkommenen Übersetzung gelesen werden und verständigen Menschen beinahe einen Kommentar ersetzen kann ..."[16]

Freilich zeigt sich sehr bald, daß die Übersetzung der Bibel allein nicht genügt. Man kann die Bibel wie einen Steinbruch benutzen, man kann sie mißbrauchen. Der Bauernkrieg 1525, der bei Luther und seinen Freunden tiefe Spuren hinterlassen hat, zeigt das. Thomas Münzer hat seine, wie Luther fand, chaotische Schriftauslegung in Taten umgesetzt. Die Wiedertäufer hatten ihr kurzes Regiment zu Münster (1534/35) eingerichtet.

Der entscheidende Satz ist: Die Schrift ist nur dann die andere Autorität gegenüber der Welt, wenn man sie gerade nicht als Steinbruch benutzt. Sie kann ihre neue und fremde Wahrheit nur entfalten, wenn man ihr ihre Eigentümlichkeiten läßt. Benutzt man sie als kreativen Steinbruch, wie das bis heute mit Begeisterung getan wird, dann gehört die Autorität in Wahrheit nicht mehr der Schrift, sondern den jeweiligen Interessen der Gegenwart, für die nur noch Belege oder Rollenspielanlässe gesucht werden. Die Autorität der Schrift lebt davon, daß sie das fremde Wort Gottes ist, das uns Neues zu sagen hat und sagen kann. Ende des Monats vor sechzig Jahren ist in Wuppertal-Barmen die Barmer Theologische Erklärung von der Bekenntnissynode der Bekennenden Kirche verabschiedet worden. Wenn man einmal darauf achtet, welche Rolle da das fremde Wort Gottes im Gegensatz zum herrschenden Zeitgeist spielt, dann spürt man etwas von dem, was Luther gemeint hat.

Deshalb legt Luther größten Wert auf Prediger, die gelehrt genug sind, daß sie das Evangelium richtig predigen können, daß sie in der Schrift zu Hause sind. Deshalb haben sich Luther und Melanchthon dafür eingesetzt, daß Sprachen gelernt werden und die Bibel bekannt ist.

Was bedeutet es, wenn wir uns in solche alten Grundtexte des Glaubens hineinbegeben? In einer Gesellschaft, die mehr und mehr in Subkulturen zerfällt, ist es

---

[16] Zitiert nach D. Martin Luther: Biblia. Das ist die ganze Heilige Schrift. Deudsch auffs new zugericht. Wittenberg, 1545, hrsg. von Hans Volz und Heinz Blanke, Bd. 3, (dtv) München, 1974, Anhang, S. 102*.

ja die Frage: Was ist eigentlich das Gemeinsame, was uns zusammenhält? Und zwar nicht das, was autoritär oder manipulativ durch Medien oder Marktinteressen verordnet ist, sondern das, was Menschen in Freiheit zusammenhält? Es bräuchte auch in unseren Zeiten gemeinsames und selbständiges Vertrautsein mit dem gegenüber uns andersartigen Wort der Bibel. Es käme dadurch gleichsam so etwas wie eine Lockerung in die jeweilige Gegenwart hinein, daß wir nicht nur fasziniert sind von den jeweiligen Alltagsbedürfnissen, nicht gefangen von der Angst vor der Zukunft oder begeistert von Visionen, die sich als unsinnig herausstellen, sondern daß wir in alte Grunderfahrungen der Menschen gemeinsam hineintreten und mit der lebensspendenden Wirklichkeit Gottes konfrontiert werden.

Luther war uns weit voraus. Warum? Weil er die Bibel als Lebensbuch nutzt, weil er diese Texte voller Gotteserfahrungen, voller Gottesberührungen, voll von grundlegenden Erfahrungen, die nicht überholbar sind und die bis heute modern sind, wenn man die Sprachform der Bibel versteht, ganz ernst genommen hat.

In seiner Erklärung zum ersten Gebot hat Luther im Großen Katechismus geschrieben: Achte einmal auf das, woran du dein Herz hängst. Da lernst du dich kennen, und da lernst du kennen, wer dein Gott ist. Was heißt einen Gott haben, bzw. Was ist Gott?[17] – Antwort: Das, woran du dein Herz hängst und worauf du dich verläßt, das ist dein Gott. Es ist mancher, der meint, er habe Gott und alles zur Genüge, wenn er nur Geld und Gut habe. Ein solcher hat auch einen Gott. Der heißt Mammon, das heißt Geld und Gut. Darauf setzt er sein ganzes Herz. Ebenso ist es mit dem, der darauf vertraut und trotzt, daß er großes Wissen, Klugheit, Macht, Beliebtheit, Freundschaft und Ehre hat. Der hat auch seinen Gott, aber nicht den rechten Gott. Luther sagt: Es ist sinnvoll, das Herz an den Gott der Bibel zu hängen.

Wir leben in einer Kultur, in der mehr und mehr versäumt wird, die Bibel als faszinierendes Lebensbuch einzusprechen. Die Bibel als Lebensbuch zu vergessen, das schadet den Menschen. Wer dieses Lebensbuch für sich aufnimmt, so, wie es Luther praktiziert hat, der wird seiner Zeit auf manchmal befremdliche Weise vorausein.

II. Der andere Existenzgrund – Christus

Natürlich ist nun längst die Frage, was die Schrift eigentlich „transportiert". Kurz gesagt: Christus. Luther nimmt seine innere Stabilität aus seiner Christusnähe. Die Mitte der Heiligen Schrift ist Christus. Wer das begriffen hat, der schöpft

---

[17] Großer Katechismus, BSLK, S. 560 ff.

seinen inneren Halt, sein Selbstbewußtsein nicht aus seinen Taten, auch nicht aus seiner Glücksträhne, auch nicht aus seinem Geschick, sondern einzig aus der Gotteserfahrung in Christus. Es geht dabei um einen Grund der Existenz, der in allen Lebenssituationen durchträgt und hilfreich ist. Zugänglich ist dieser Christus nur im Ausprobieren. Dieser Grund erschließt sich, indem man sich darauf einläßt.

Die meisten werden das noch kennen: „Der Mensch wird gerecht nicht durch des Gesetzes Werke, sondern allein durch den Glauben." Verstanden wird das in der Regel nicht mehr. Ein Element unseres Alltages ist es schon gar nicht. Manche denken, es sei eine überholte Frage. Selbst die Lutheraner haben gemeint, der Mensch frage nicht mehr nach dem „gnädigen Gott", sondern nur noch danach, ob Gott überhaupt da ist. Wenn man Luthers Erklärung zum ersten Gebot begriffen hat, merkt man, daß das Unsinn ist.

„Nicht aus den Werken, aber aus dem Glauben." Worum geht es bei der Rechtfertigung? Luthers Entdeckung heißt: Ich bekomme meine Identität, meine innere Stabilität, mein Selbstbewußtsein nicht aus meinen Taten, nicht aus dem, was ich leiste, sondern aus der durch menschliches Wort mich treffenden Zusage, daß Gott mich will. Es ist dies ja etwas, was allen in die Kindheit scheint, eine erste Grundwahrheit des Lebens: Das Leben ist mir geschenkt. Ich bin etwas wert jenseits dessen, was ich zustande bringe.

Man kann fragen: Ist das eine Wahrheit, mit der man unserer Zeit voraus sein kann? Unsere ganze Gesellschaft ist anders gepolt. In einer Machergesellschaft technisch-wissenschaftlicher Art gilt nur der etwas, der höchste Leistung bringt. „Identität bekomme ich, indem ich mich selbst realisiere." Das ist freilich nicht neu. Die Gesunden bedürfen des Arztes nicht (Markus 2,17). Auch zu Jesu Zeiten war das schon so: Die Kranken, die Frauen, die nichts galten, selbst die verachteten Reichen, die Zöllner, sie alle sind zu Jesus gekommen. Diejenigen, die mit ihren Werken nicht glänzen konnten, haben offenbar als erste begriffen, daß da etwas für sie zu holen ist. Das hat die Reformation wiederentdeckt. Hiervon sage ich primär, daß Luther uns weit voraus ist. Die Reformation hat aufgrund der Schriftauslegung Luthers ein sehr altes und doch immer wieder neues Verständnis vom Menschen gebracht: Es geht um die Grundfrage, wodurch der Mensch die Gewißheit bekommt, daß sein Leben – gleich, ob es ihm gelingt oder ob es ihm mißlingt – eine unverlierbare Würde hat, in der er sein Selbstbewußtsein gründen kann. Es ist entscheidend, daß diese Gewißheit der unverlierbaren Würde nicht in Eigentümlichkeiten des eigenen Verhaltens gründet. Diese Gewißheit muß von außen zugesagt und vermittelt werden.

Wofür ist das nützlich? Es ist nützlich dafür, daß wir das, was wir tun, nicht mißbrauchen, um unsere Identität zu sichern. Unsere notwendigen Taten müssen heute oft mit größter Präzision und Leistung geschehen, sie müssen sachgemäß umgehen mit einer Welt, die nicht vernichtet werden soll. Unsere Welt braucht Menschen, die selbstvergessen ihren Auftrag erfüllen und durchaus Leistungen erbringen können.

Wir wissen ja, wie schrecklich es ist, wenn einer ständig mit seinem Tun um sich selbst kreist. Wir wissen auch, welch eine Erlösung es ist, wenn einer selbstvergessen Kopf und Hände für den Nächsten frei hat. Wie eindrücklich und wohltuend ist es, wenn jemand innerlich so stabil ist, daß er sogar seine Schuld zugeben kann. Luthers Entdeckung ist: Du kannst dich selbst vergessen. Warum? Weil Gott dich nie vergißt.

Woher weiß ich das? Luther würde sagen: Weil ich in die Lebenserfahrungen, die mit der Geschichte Israels begonnen haben und die mit dem Menschen Jesus von Nazareth sich verbinden und die grundlegende Gotteserfahrungen sind, hineinkrieche „wie ein Hase in eine Steinritze"[18]. Die Bibel ist zu lesen als ein Buch, das die Geborgenheit in Gott vermittelt. Sie enthält die entscheidende Botschaft: Du wirst getragen. Du kannst eine innere Stabilität haben, gerade wenn dir dein Halt durch ein böses Geschick oder durch dein eigenes Versagen völlig wegzurutschen scheint.

Noch einmal: Woher weiß ich das? Luther würde sagen: Du kannst es letztlich nur durch den gekreuzigten Christus wissen. Du kannst es dadurch wissen, daß du dieses Geschehen als Geschehen für dich nimmst: Christus ist so sehr dein Bruder geworden, daß du gleichsam deine Identität wechseln und Christus als deine Identität annehmen kannst.[19] Christus ist „in meine Person getreten und (hat) mich auff sein hals genommen".[20] – In dem Christus, der geschrien hat: Mein Gott, mein Gott, warum hast du mich verlassen? (Matthäus 27,46), da sehen wir den verborgenen und den offenbaren Gott. Die Jünger haben zu Ostern begriffen, daß Gott in diesem Gottverlassenen unter ihnen anwesend war. Und sie haben es weitergesagt, daß wir alle, die wir so oft an unserer Würde und an unserer Gewißheit, daß wir gehalten sind, verzweifeln, dennoch gehalten sind. Stell dich an den Fuß des Kreuzes, da hast du die Nähe Gottes auch in deinem Schlamassel, heißt die Botschaft. Darin ist Luther uns weit voraus.

---

[18] „Halt dich an diese göttlichen Wort, da kreuch ein und bleib drinnen wie ein Has in seiner Steinritzen" (Kirchenpostille, 1522; nach WA 10 I, 1, 193, 12 f.).

[19] Luther zu Galater 3,13: „da sandte er seinen Sohn in die Welt und warf auf ihn unser aller Sünden und sprach zu ihm: Du sollst Petrus sein, jener Verleumder, du sollst Paulus sein, jener … Gewaltmensch, du sollst David sein, jener Ehebrecher, du sollst jener Sünder sein, der die Frucht im Paradies aß, jener Räuber am Kreuz, in Summa: du sollst aller Menschen Person sein (sis omnium hominum persona)" (WA 40 I, 437, 23–25, Text nach D. Martin Luthers Epistel-Auslegung … Hrsg. v. Hermann Kleinknecht, Bd. 4, Göttingen 1980; Hervorhebung von mir, H. H.).

[20] WA 40 I, 442,10–443,1; vgl. Gerhard Ebeling: Disputatio de homine. Dritter Teil …, Lutherstudien. Bd. 2. Tübingen, 1989, S. 205: „Christus übernimmt meine Person und gibt mir die seine."

Das klassische Bild von ihm hat Lukas Cranach für die Stadtkirche in Wittenberg gemalt. Auf der Predella, dem Bild über dem Altartisch, sieht man Luther predigen. Rechts, ein wenig an die Wand geklebt, die Kanzel, auf der Luther steht. Ihm gegenüber ist die Gemeinde versammelt. Luther hat die rechte Hand erhoben und zeigt auf das Kreuz Christi, das in der Mitte des Bildes steht. Das ist Luthers Botschaft. Ein Bild, das sich einzuprägen lohnt.

Wir sind heute darauf programmiert, überall, wo etwas schiefgeht, nach der längst fälligen Reparatur zu schreien. Wir befinden uns in einer Sprachkultur, in der Leiden und Verzweiflung nicht mehr genug Sprache haben. Alle Aufmerksamkeit wird auf die Beseitigung des Leidens gerichtet. Das hat durchaus seinen Sinn. Aber schnell darf Gott dann nur noch der liebe Gott sein, wird die Erfahrung des verborgenen Gottes, des deus absconditus, verdrängt. Und dann werden die Menschen nur noch daraufhin angesprochen, was sie gefälligst zu tun haben, und dann werden jene, die unter die Räder kommen, schnell vergessen. Dann gibt es für die, mit deren Leben es nur noch bergab geht, keinen wirklichen Trost mehr. Dann sind wir arm dran. Dann muß unser gegenwärtiges Leben alles bringen. Es wird dann in einer Weise egozentrisch, die der Gesellschaft nur schaden kann. Luthers Erfahrung, daß Gott sich in Liebe dem Sünder zuwendet, der mit leeren Händen vor ihm steht, ist grundlegend. Luther ist uns weit voraus, weil er zeigt, wie der Mensch sich um Gottes und des Nächsten willen selbst vergessen kann.

III. Die andere Freiheit – zum Gottesdienst berufen

Wer durch Christus befreit ist, wird zum Dienst am Nächsten berufen. Deshalb gilt immer die Reihenfolge von Glaube und Liebe. Deshalb ist es in Luthers Sinn falsch, wenn man sagt: Die Kirche soll am besten durch ihre sozialen Taten wirken. Das ist zwar auch nützlich, und es ist schön, wenn Menschen das positiv auffällt. Aber das Entscheidende ist die innere Befreiung des Menschen von der Angst um sich selbst.

Diese innere Gewißheit aber verändert das äußere Leben. Es ist großartig, mit welcher Begeisterung und Entschlossenheit die Reformatoren an die Neuregelung von Gemeinschaftsordnungen herangegangen sind. Die Kirchenordnungen und die Stadtordnungen haben sie sich als erstes vorgenommen. Im Januar 1522, als Luther noch auf der Wartburg ist, beginnt das in Wittenberg.[21] Das Betteln wird verboten, und die Hurenhäuser werden geschlossen. Denn das spricht alles gegen die Würde des Menschen. Wer arbeiten kann, soll arbeiten, wer nicht arbei-

---

[21] Vgl. Martin Brecht: Martin Luther. Bd. 2. Ordnung und Abgrenzung der Reformation 1521–1532. Stuttgart, 1986, S. 46 f. mit Anm. 31.

ten kann und krank ist, muß von der Gemeinschaft bezahlt werden. Ich weiß nicht, ob allen bekannt ist, daß das Wort „Beruf" in dem uns geläufigen Sinn von Luther stammt.[22] Es wurde ursprünglich im Sinn von Berufung nur für Kleriker benutzt, für den Mönch, den Einsiedler, den Priester, manchmal, beim Bischof, war man sich schon nicht mehr so ganz sicher.

In seiner berühmten Schrift „An den christlichen Adel deutscher Nation" von 1520 schreibt Luther:

> „Man hat's erfunden, daß Papst, Bischöfe, Priester und Klostervolk der geistliche Stand genannt werden, Fürsten, Herren, Handwerks- und Ackersleute der weltliche Stand, was eine gar feine Erdichtung und Heuchelei ist. Doch soll sich niemand dadurch einschüchtern lassen, und zwar aus diesem Grund: Alle Christen sind wahrhaftig geistlichen Standes, und es ist zwischen ihnen kein Unterschied als allein des Amts halber. Wie Paulus 1. Korinther 12,12 ff. sagt, daß wir allesamt ein Körper sind, doch jedes Glied sein eigenes Werk hat, womit es den andern dient … Ein Schuster, ein Schmied, ein Bauer – ein jeglicher hat seines Handwerks Amt und Werk, und doch sind alle gleichermaßen geweihte Priester und Bischöfe, und ein jeglicher soll mit seinem Amt oder Werk den andern nützlich und dienlich sein: damit so vielerlei Werk alle auf eine Gemeinde gerichtet sind, um Leib und Seele zu fördern, wie die Gliedmaßen des Körpers alle eins dem anderen dienen."[23]

In einer Zeit, in der der Beruf zum Job wird, verlaufen sich solche Einsichten. Luther ist uns darin weit voraus. Er zeigt, daß es vernünftiger ist, unsere vielfältigen Aufgaben unter dem Gesichtspunkt der Berufung durch Gott zu sehen. Das, was wir alltäglich als unsere Pflicht tun, ist am besten als weltlicher Gottesdienst zu begreifen.

Die Demokratiedenkschrift der Evangelischen Kirche in Deutschland hat das 1985 aufgenommen und erklärt, daß auch der politische Dienst, die politische Verantwortung, die jeder in der Demokratie wahrzunehmen hat, zu solcher Berufung Gottes gehört.[24]

Luther sind immer die richtigen Unterscheidungen wichtig. Vorrangig ist es für ihn, Gesetz und Evangelium zu unterscheiden. Im Gesetz fordert Gott mich; ich habe das gefälligst zu tun, und ich muß doch gleichzeitig wissen, daß ich hoffnungslos verloren bin, wenn ich daraus meine Identität beziehe. Zum Gesetz darf also gehören, daß ich an mir selbst und an der Möglichkeit, Gottes Gebot zu erfül-

---

[22] Vgl. Gustaf Wingren: Artikel: Beruf. II. Theologische Realenzyklopädie, Bd. 5, Berlin/New York, 1980, S. 660 f.
[23] WA 6,407,10–16; 409,6–10. Zitiert nach: Bornkamm/Ebeling. A. a. O., Bd. 6, S. 155, 158.
[24] Evangelische Kirche und freiheitliche Demokratie. Der Staat des Grundgesetzes als Angebot und Aufgabe. Eine Denkschrift der EKD. Gütersloh, 1985, S. 22.

len, verzweifle. Das Gesetz ist gut und richtig, und es treibt mich doch gleichzeitig in die Verzweiflung – und damit zu Christus hin. Bei ihm erfahre ich Vergebung und Befreiung und bekomme neuen Mut, eine neue Identität, um dann wieder auf das Gebot Gottes, das mir im Alltag begegnet, sorgfältig hören zu können.

Im Zusammenhang hiermit steht die andere Unterscheidung, die der beiden Regierweisen Gottes, mit denen er die Welt vor dem Chaos bewahrt. Hier liegt eine sehr nüchterne Sicht des Menschen zugrunde. Die beiden Regimente bzw. Regierweisen Gottes sind die christliche Verkündigung einerseits und die weltliche Ordnung andererseits. Die Kirche hat den Auftrag der Verkündigung, sie soll Gesetz und Evangelium predigen, damit die Herzen der Menschen erreicht werden. Das ist das eigentliche Anliegen Gottes, deshalb ist das die Regierweise „zur Rechten". Wenn Menschen von innen heraus aus Überzeugung das Sachgemäße für ihren Nächsten tun, dann ist die Welt in Ordnung. Diese Leute, sagt Luther, bedürfen keines weltlichen Schwertes noch Rechtes, da sie den Heiligen Geist im Herzen haben, niemanden Unrecht tun, jedermann lieben, von jedermann gern und fröhlich Unrecht leiden.[25]

Aber nun wohnen die Christen, wie man sagt, fern voneinander. Oft ist es unter 1000 nicht einer. Deshalb hat Gott die Regierweise in der Welt eingerichtet: Die weltliche Obrigkeit, die weltlichen Ordnungen, die Macht haben müssen, um etwas durchzusetzen. Man kann nicht immer warten, bis die Leute von Herzen das tun, was sinnvoll ist. Sondern es braucht Radarfallen. Das ist nicht ganz Luthers Beispiel, aber gemeint ist die äußere Ordnung, die unverzichtbar ist und nötigenfalls erzwungen werden muß.[26]

Luther sagt dann den interessanten Satz: Keines dieser beiden Regimente ist ohne das andere genug auf der Welt. Die beiden brauchen sich gegenseitig. Denn keine weltliche Ordnung kann bestehen, wenn es nicht genug Menschen gibt, die das, was zu tun ist, auch von Herzen gern tun. Und die christliche Predigt kann die Menschen nicht erreichen, wenn alles drunter und drüber geht. Luther schreibt dieses in seiner berühmten Schrift „Von weltlicher Obrigkeit", 1523, und fordert, daß Christen sich für den Dienst an der Gemeinschaft bewußt zur Verfügung stellen.

> „Es ist ein Werk, dessen du (als Christ) nicht bedarfst, das aber aller Welt und deinem Nächsten ganz von Nutzen und nötig ist. Darum, wenn du sähest, daß es am Henker, Büttel, Richter, Herren oder Fürsten mangelte, und du dich geeignet dazu fändest, solltest du dich dazu erbieten und dich darum bewerben, auf daß ja die notwendige Gewalt nicht verachtet und matt würde oder

---

[25] Von weltlicher Obrigkeit, wie weit wie man ihr Gehorsam schuldig sei (1523). WA 11,229–281, hier 249 ff. Auch: Bornkamm/Ebeling. A. a. O., Bd. 6, S. 43–50.
[26] Ebd.

unterginge. Denn die Welt kann und mag ihrer nicht entraten (darauf nicht verzichten)."[27]

Wir sind froh, daß es keine Henker mehr gibt. Und ich würde auf die Straße gehen, wenn so etwas noch einmal am Horizont erschiene. Aber es ist trotzdem bemerkenswert, daß an dieser Stelle davon die Rede ist. Henker waren damals völlig verachtete Leute. Und die Büttel waren auch nicht angesehen. Es gibt Aufgaben, um die wir uns nicht gerne kümmern, die aber um der Allgemeinheit willen nötig sind. Ich denke an diejenigen, die jetzt die Verantwortung haben, aufgrund unserer schwierigen Asylgesetzgebung Menschen abzuschieben, die gerne bei uns wären. Wer mag das tun? Und mancher, der sich für progressiv hält, leistet es sich, auf Soldaten herabzusehen.

Luther sagt: Gerade die schwierigen Aufgaben in der Gesellschaft, sie sind Gottesdienst für den Nächsten. Und gerade in solche Aufgaben sollen die Christen hineingehen. Wer in der Gesellschaft eine Aufgabe übernimmt, vom Müllwerker bis zum Präsidenten, der tut einen gleichwürdigen Gottesdienst. Und gerade, wer einen schwierigen Dienst tut, hat Anspruch darauf, daß wir ihn kritisch, verständnisvoll, aber auch im Gebet begleiten.

Worin zeigt sich die Selbstvergessenheit, die aus der Freiheit eines Christenmenschen entspringt, am deutlichsten? Nun, im Verhältnis zum eigenen Tod. Wir haben schon gehört von Luthers Schrift von 1527 „Ob man vor dem Sterben fliehen möge". Der Bestseller des 16. Jahrhunderts war Luthers „Sermon von der Bereitung zum Sterben", 1519. Es war früher selbstverständlicher, sich über die ars moriendi, die Kunst zu sterben, Gedanken zu machen.

„Wenn so jedermann Urlaub auf Erden gegeben ist (d. h. er davon muß), dann soll man sich allein zu Gott richten ... Hier beginnt die enge Pforte, der schmale Steig zum Leben. Darauf muß sich ein jeder getrost gefaßt machen. Denn er ist wohl sehr eng, er ist aber nicht lang. Und es geht hier zu, wie wenn ein Kind aus der kleinen Wohnung in seiner Mutter Leib mit Gefahr und Ängsten geboren wird in diesen weiten Himmel und Erde, das ist unsere Welt. Ebenso geht der Mensch durch die enge Pforte des Todes aus diesem Leben (in das ewige Leben). Und obwohl der Himmel und die Welt, darin wir jetzt leben, als groß und weit angesehen werden, so ist es doch alles gegen den zukünftigen Himmel so viel enger und kleiner, wie es der Mutterleib gegen diesen Himmel ist ..."[28]

Deshalb soll man lernen, auf Christus zu schauen und sich an seinem Bilde festzuhalten. Hat Luther selber etwas davon gewußt? Er war viel krank und hat immer

---

[27] WA 11, 254,36–225,4. Zitiert nach Bornkamm/Ebeling. A. a. O., Bd. 6, S. 50.
[28] WA 2, 685, 20–24. Zitiert nach: Bornkamm/Ebeling. A. a. O., Bd. 2, S. 16.

Brief Martin Luthers an seine Frau vom 7. Februar 1546.
GUF ist die Abkürzung von „Gnade und Frieden". Text siehe unten, S. 35f.
(Universitätsbibliothek Breslau/Wroclaw)

wieder Gelegenheit gehabt, sich in Briefen und Gesprächen mit seinen Freunden mit dem Tod auseinanderzusetzen. Es ist bewegend zu sehen, wie er darunter leidet, als Magdalena, die dreizehnjährige Tochter, stirbt.[29]

Im Februar 1546 sitzt er mit den beiden Mansfelder Grafen zusammen, die Krieg anfangen wollen, und begleitet und fördert, voll von lustigem Zorn, die Friedensverhandlungen, die dann auch gelingen. Ich lese aus zwei Briefen, die er in seinen letzten Lebenstagen an seine Frau schreibt. Am 7. Februar 1546, elf Tage vor seinem Tod:

> „Meiner lieben Hausfrau Katharin Ludherin, Doktorin, Saumarkterin zu Wittenberg, meiner gnädigen Frau zu Händen und Füßen. (Allein seine

---

[29] „Ich vermute, daß die Nachricht zu Dir gelangt ist, daß Magdalene, meine von Herzen geliebte Tochter, wiedergeboren ist zum ewigen Reich Christi. Und obwohl ich und meine Frau nur fröhlich Dank sagen sollten für ihren so glücklichen Heimgang ..., so ist doch die Macht der natürlichen Liebe so groß, daß wir es ohne Schluchzen und Seufzen des Herzens ... nicht vermögen. ... Sage Du darum Gott Dank an unserer Statt. ... Gelobt sei der Herr Jesus Christus, der sie berufen hat, erwählt und verherrlicht" (an Justus Jonas, 23. September 1542, WA Br 10,149 f., Nr. 3794. Zitiert nach Bornkamm/Ebeling. A. a. O., Bd. 6, S. 240, Nr. 156.
„Mir ist meine innigst geliebte Tochter Magdalene hinweggegangen zum himmlischen Vater; im festen Glauben an Christus ist sie entschlafen. Ich habe den väterlichen Schmerz überwunden, aber mit einem sehr drohenden Murren gegen den Tod; durch diese Unwillensbezeugung habe ich meine Tränen gelindert. Ich habe sie sehr lieb gehabt. Aber der Tod wird an jenem (jüngsten) Tage die Rache erleiden, zusammen mit dem, der sein Urheber ist" (an Jakob Probst, 9. Oktober 1542, WA Br 10,155–157, Nr. 3797. Zitiert nach: Bornkamm/Ebeling. A. a. O., Bd. 6, S. 241, Nr. 157).

Anreden sind hinreißend!) Gnad und Friede im Herrn! Lies Du, liebe Käthe, den Johannes und den kleinen Katechismus, wovon du einmal sagtest: ‚Es ist doch alles in dem Buch von mir gesagt.' Denn Du willst sorgen für Deinen Gott, gerade als wäre er nicht allmächtig, der da könnte zehn Doktor Martinus schaffen, wenn der einzige alte ersöffe in der Saale oder im Ofenloch oder auf Wolfs Vogelherd. (Luther geht es gesundheitlich schlecht. Er hat Angina pectoris.) Laß mich zufrieden mit Deiner Sorge; ich habe einen besseren Sorger, denn Du und alle Engel sind, der liegt in der Krippen und hängt an einer Jungfrauen Zitzen, aber sitzet gleichwohl zur Rechten Hand Gottes des allmächtigen Vaters; Darum sei zufrieden, Amen."[30]

Sein Christuszeugnis, um das er viel hatte streiten müssen, trägt Luther durch bis in seine letzten Tage. Drei Tage später schreibt er an seine Käthe:

„Der heiligen, besorgten Frau, Frau Katharin Lutherin, Doktorin, Zülsdorferin, zu Wittenberg, meiner gnädigen, lieben Hausfrau.

Gnad und Friede in Christo! Allerheiligste Frau Doktorin! Wir danken euch ganz freundlich für Eure große Sorge, vor der Ihr nicht schlafen könnt. Denn seit der Zeit, seit der Ihr für uns gesorgt habt, wollte uns das Feuer verzehrt haben in unserer Herberge, hart vor meiner Stubentür. Und gestern, ohne Zweifel aus Kraft Eurer Sorge, wäre uns schier ein Stein auf den Kopf gefallen und hätte uns zerquetscht wie in einer Mausefalle. Denn es rieselt in unserem heimlichen Gemache (das ist die Toilette) wohl zwei Tage über unserem Kopf Kalk und Lehm, bis wir Leute dazu nahmen, die den Stein anrührten mit zwei Fingern: Da fiel er herab, so groß wie ein langes Kissen und eine große Hand breit; der hatte im Sinn, Euer heiligen Sorge zu danken, wenn die lieben Engel nicht gehütet hätten. Ich habe Sorge, wenn du nicht aufhörst zu sorgen, es könnte uns zuletzt die Erde verschlingen und alle Elemente verfolgen. Lernst du so den Katechismus und das Glaubensbekenntnis? Bete du und lasse Gott sorgen. Dir ist nicht befohlen, für mich oder Dich zu sorgen. Es heißt: ‚Wirf dein Anliegen auf den Herrn, der sorget für dich', Psalm 55,23 und an vielen Stellen mehr.
Wir sind, Gott Lob, frisch und gesund, nur daß uns die Verhandlungen Unlust machen und daß Jonas wollte gern einen bösen Schenkel haben, so daß er sich an einer Lade zufällig gestoßen hat. So groß ist der Neid in den Leuten, daß er mir nicht will gönnen, allein einen bösen Schenkel zu haben. Hiermit Gott befohlen. Wir wollten nun fortan gern los sein und heimfahren, wenn's Gott wollte, Amen … Euer Heiligkeit williger Diener Martinus Luther."[31]

---

[30] WA Br 11, 286–288. Zitiert nach: Bornkamm/Ebeling. A. a. O., Bd. 6, S. 270, Nr. 180.
[31] WA Br 11, 290–291. Zitiert nach: Bornkamm/Ebeling. A. a. O., Bd. 6, S. 272 f., Nr. 181.

Er ist bis in die letzten Stunden hinein ein solch fröhlicher und in Gott gelassener Mensch geblieben.

Dabei war er natürlich auch einer, der vieles falsch machte. Ein evangelischer „Heiliger" ist ja nicht einer, der ein idealer Mensch ohne Schuld wäre. Drei Tage vor seinem Tod hält Luther noch einmal einen Gottesdienst in Eisleben in der Stadtkirche. Vor dem Altar stehend macht er eine Abkündigung, er muß sich am Altar festhalten, weil er schon schwach ist, und da kann er es nicht lassen, wie schon öfter in den letzten vier Jahren, etwas gegen die Juden zu sagen:

> „Nun wollen wir christlich mit ihnen handeln und bieten ihnen erstlich den christlichen Glauben an, daß sie den Messias wollen annehmen, der doch ihr Vetter ist und von ihrem Fleisch und Blut geboren und rechter Abrahams Samen, dessen sie sich rühmen ... Das sollen wir ihnen ernstlich anbieten ... Wo nicht, so wollen wir sie nicht leiden ... Soll ich den bei mir leiden, der meine Herrn Christus schändet, lästert und verflucht, so mache ich mich fremder Sünden teilhaftig, so ich doch an meinen eigenen Sünden genug habe ... Wo sie sich aber bekehren, ihren Wucher lassen und Christus annehmen, so wollen wir sie gern als unsere Brüder halten. Anders wird nichts daraus, denn sie machen's zu groß. Sie sind unsere öffentlichen Feinde, hören nicht auf, unsern Herrn Jesus Christus zu lästern, heißen die Jungfrau Maria eine Hure, Christum ein Hurenkind" usw.[32]

Er hat's nicht lassen können. Als wenn ihn der Teufel geritten hätte. Auch das gehört zu Luther.

Er ist dann in der Nacht des 18. Februar in Eisleben gestorben, umgeben von seinen Freunden. Zwei seiner Jungen sind bei ihm. Nach seinem Tod findet man auf seinem Tisch jenen berühmten Zettel, auf dem als letzter Satz steht: „Wir sind Bettler, das ist wahr."[33] Das bedeutet, wir stehen vor Gott mit leeren Händen, ja, mit Händen, die mit Schuld gefüllt sind.

Hier wird deutlich, was ein Heiliger ist. Ein Heiliger im christlichen Sinn ist ein von Gott Geheiligter. Einer, der etwas weiß von dieser zugesprochenen Würde, die er durch Christus bekommt und die er in Christus hat. Mit dieser zugesprochenen Würde, mit der zugesprochenen Rechtfertigung steht und fällt die Kirche. Wer davon etwas weiß, der ist seiner Zeit weit voraus. Luther ist uns weit voraus. Die Bibel ist ihm ein Lebensbuch für den Alltag. Seine innere Stabilität nimmt er aus seiner Nähe beim gekreuzigten Christus, der die Sünder annimmt. Die Freiheit eines Christenmenschen befähigt ihn zum selbstvergessenen Dienst. In unse-

---

[32] Predigt am 15.2.1946. WA 51,195. Zitiert nach Wolfgang Bienert: Martin Luther und die Juden, ... Frankfurt/M., 1982, S. 176.
[33] WA 48,241 f. Vgl. Martin Brecht: Martin Luther. Dritter Band. Die Erhaltung der Kirche. 1532–1546. Stuttgart, 1987, S. 367 f.

rer Zeit, die verworren ist und in der wir Linien und Visionen suchen, brauchen wir Menschen, die aus der Freiheit eines Christenmenschen leben können.

III. Die Freiheit eines Christenmenschen
Luthers vergessener Markenartikel

Die Rede von der Freiheit eines Christenmenschen signalisiert Wesentliches und Interessantes. Nicht nur, daß es gut ist, von der Freiheit zu reden. Auch der Ausdruck „Christenmensch" hört sich an wie ein lutherisch erdverbundener Mitmensch mit ökumenischen Ansatzpunkten – kein Kleriker, kein Superfrommer –, eben ein Christenmensch, der seinen Mann bzw. die ihre Frau steht im Alltag des Lebens.

Was aber hat es mit der Freiheit eines Christenmenschen heute auf sich?

Unser Markenartikel auf dem gegenwärtigen weltanschaulichen Markt der Möglichkeiten sollte eigentlich das Hauptstück evangelischen Christentums, nämlich der Artikel von der Rechtfertigung allein aus Glauben sein.

Und die Freiheit eines Christenmenschen sollte bekannt und attraktiv sein als eine Lebensweise, die sich dieser Rechtfertigung allein aus Glauben verdankt und für den einzelnen wie für die Gesellschaft von fundamentaler Bedeutung ist.

Ich fürchte freilich, daß wir in Kirche und Gesellschaft ganz andere Prioritäten setzen. Viel wesentlicher erscheint uns in der Regel das zu sein, was getan werden muß.

Die Situations-, besonders die Fehleranalyse erscheint als das Entscheidende, und alle Kraft muß eingesetzt werden, damit Gerechtigkeit, Frieden und Bewahrung der Schöpfung und vieles andere gelingen.

Außerdem, die Werte, so ist allerorts zu hören, das Entscheidende sind die Werte, oder etwas altertümlicher gesagt: die Gebote. Man muß, so wissen wir, dafür sorgen, daß die Werte wieder Ansehen bekommen und die Menschen das auch verinnerlichen und als Orientierung einsetzen.

Angesichts des ungeheuren Handlungsdrucks, unter dem die Verantwortlichen in unserer Zeit stehen, erscheint als das Wichtigste das Tun, die Motivation zum Tun und die Einpflanzung der sachgemäßen und verantwortlichen Ausrichtung solches Tuns.

Das ist ja nicht falsch.

Was ist es aber demgegenüber mit der Freiheit eines Christenmenschen?

Sie erscheint angesichts der vielfältigen Aufgaben, die den verantwortlich handelnden Menschen brauchen, als höchstens zweitrangig.

Ich will über die Freiheit eines Christenmenschen in drei Schritten nachdenken:

I. Die Hoffnung auf Befreiung

II. Die Quelle christlicher Freiheit

III. Die Freiheit eines Christenmenschen leben

I. Die Hoffnung auf Befreiung

a) Erfahrungen von Befreiung

Wir sprachen über die Erlebnisse bei der allmählichen Öffnung der deutsch-deutschen Grenze nach dem Durchbruch am 9. November 1989 in Berlin. Ich ließ mir Einzelheiten erzählen von der verzweifelten Unsicherheit der Offiziere der Grenztruppen-Ost. Sie wußten nicht, was war jetzt richtig, was falsch. Von Berlin kamen keine klaren Meldungen mehr. Dagegen der unbändige Freiheitswille der Menschen in der zusammenbrechenden DDR. Wir sind das Volk. Die Begeisterung, als dann die Tore des Gitterzauns, der doch fast für die Ewigkeit verschlossen schien, unter dem Stimmungsdruck jener Novembertage des Jahres 1989 tatsächlich erst für Stunden und dann auf Dauer geöffnet wurden. „Es war ein Wunder", sagte mein Gesprächspartner. Ich stimmte ihm zu. Wo gab es so etwas je zuvor? Ein Unrechtsregime fiel zusammen. Kein Schuß fiel. Kein Verletzter und kein Toter.

Die Freiheit wurde gefeiert. In den grenznahen Dörfern und Städten war geradezu ein Rausch an Menschenfreundlichkeit ausgebrochen. Wildfremde Menschen luden sich gegenseitig ein. Was war alles zu erzählen und auszutauschen, das ungläubige Staunen, die tiefe Dankbarkeit. Das entlud sich ganz selbstverständlich in den Gottesdiensten. Auf dem Grenzstreifen, in den Kirchen. Es war eine Zeit zur Dankbarkeit. Wachen wir oder träumen wir? Was werden nur die Russen sagen? Was die Westmächte? Durfte wieder zusammenwachsen, was zusammengehört hat? Die Loccumer Erklärung vom 17./18. Januar 1990 mit ihren für das Zusammenwachsen der Kirchen in den beiden Teilen Deutschlands wegweisenden Sätzen. Ich hatte das mitformuliert und erzählte davon.

Mein Gesprächspartner, er hatte selbst später dem Runden Tisch in seinem Ort vorgesessen, erzählte von den unglaublichen Gesprächen und Chancen jener Tage. Er sagte noch einmal: „Das darf man doch sagen: Es war ein Wunder? Gott hat doch seine Finger da mit dringehabt." Ich sagte: „Ich habe es auch so empfunden." Ich bin noch heute dankbar dafür. Nur man darf sich sein Gottesbild davon nicht bestimmen lassen. Wir kennen Gott nur durch Christus.

Im Nachsinnen über dieses Gespräch fällt mir ein, daß ich in den Predigten jener Tage und Wochen immer wieder gesagt hatte: Gott hätte auch seine Finger mit drinnen gehabt, wenn es ausgegangen wäre wie auf dem Platz des himmlischen

Friedens in Peking. Gott hat – und das ist oft erschreckend – immer seine Finger mit drin in den guten, aber auch in den bösen Tagen. Es gibt einen tiefen Grund zur Dankbarkeit Gott gegenüber, wenn die Ereignisse dank der Besonnenheit der Menschen und der glücklichen Verknüpfung der guten und bösen Handlungen, dessen, was getan und was nicht und was falsch getan wird, so verläuft.

Es ist ja nicht einfach die Umsicht der Menschen gewesen, die das bewirkt hat. Auch Gorbatschow war es nicht einfach oder die Ungarn, gar die Nikolaikirche. Sicherlich waren das wesentliche Faktoren. Aber es gehörte genauso hinzu, daß Gott das Herz des Pharao Erich Honecker verstockte, so daß er nicht mehr flexibel und überlebenstrickreich genug zu agieren vermochte. Das ist nur ein kleiner Hinweis. Wer sich getraute, das Gewirr der Ereignislinie nachzuzeichnen, würde eine Fülle von ganz unterschiedlichen Zusammenhängen entdecken und schließlich sagen: Dies Deutschland verdankt seine Freiheit im Osten und seine Wiedervereinigung sicherlich vielen Menschen, die handelten oder etwas zuließen oder auch nichts taten, die von einem Geist erfaßt waren, der erst auf dem Hintergrund des jahrzehntelangen Leides und Unrechts, der großen Hoffnung auf Veränderung, aber auch der Verdrossenheit über die faulen Kompromisse, die Stasitücke, die Verlogenheit des staatlichen Redens und Handelns, so möglich war. Freilich bleibt der Gedanke wahr: Das alles hätte auch ganz anders ausgehen können!

Nein, der Dank gegenüber den Menschen ist wichtig, aber redlicherweise wird jeder Nachdenkliche sagen müssen: Diese Befreiung verdanken wir einem höchst unwahrscheinlichen Zusammenspiel von unterschiedlichen Faktoren. Es war eben Glück, oder wenn man davon ausgehen will, daß diese Welt und unser Leben Teil eines sinnhaften Ganzen sind – es war in, mit und unter menschlichen Großtaten, Bosheiten, Irrungen, Wirrungen und unwahrscheinlichem Zusammentreffen von Ereignissen – das Handeln des uns in dieser Situation als wohlgesonnen erscheinenden Gottes.

So wie ihn das Volk Israel beim Auszug aus Ägypten erlebte.

Ich könnte mir vorstellen, daß jetzt der Gesprächspartner vom Anfang fragen würde: Warum sagen Sie das so vorsichtig? Darf man nicht, muß man nicht sogar – Bedenken hin, Bedenken her – sagen: Da es dem, was Gott will, viel mehr entspricht, daß Menschen frei sind, als daß Menschen unfrei sind, dürfen wir Ereignisse der Befreiung schon von sich aus als Gott näher empfinden, als wenn es Ereignisse sind, die zu Unfreiheit und Unterdrückung führen. Im übrigen ist der Zusammenbruch der Mauer wirklich ein Wunder Gottes, die Freiheit ist von Gott geschenkte Freiheit.

Wenn ich das höre, sage ich immer etwas störrisch: Da Gott, wenn er denn in, mit und unter den Ereignissen handelt, auch beim sehr erfolgreichen Heraufziehen des Nationalsozialismus, des Kommunismus seine Hand mit im Spiel hatte, ist er auch für das Unrechtsregime, das er durch die Ereignisse, die Sie als Wunder empfinden, beseitigt hat, verantwortlich. Gott bleibt hinter den Ereignissen dieser Welt – auch hinter dem positiv Erscheinenden – der rätselhafte, der verborgene Gott.

Wir erkennen ihn wirklich nur in Christus.

Die Freiheit, die Menschen dem eigenen Kampf und dem von Gott geschenkten Glücken verdanken, wir sollen sie mit Dank, Freude und Begeisterung annehmen. Aber solche Art Freiheit, das ist nie die Freiheit eines Christenmenschen. Nie dürften wir unser Herz daran hängen.

Das Volk Israel war in kürzester Zeit nach der Befreiung von der harten Hand Pharaos in die Wüste gekommen. Manche sehnten sich in dieser Situation sogar nach den Fleischtöpfen der Unterdrücker zurück.

Es wiederholt sich offenbar alles. Warum hat wohl die PDS heute wieder so viele Stimmen?

Wenn die äußere Freiheit mit Gottes Handeln direkt identifiziert wird, wenn die Träume vergöttert werden, wenn – säkularisiert – die Bedingungen äußerer Freiheit und äußeren Wohlbefindens zum Letzten, also zum mit Gott direkt Identifizierbaren werden, dann ist die innere Stabilität der Menschen ganz von ihrer jeweiligen Situation abhängig. Dann wären wir mit unserer Gotteserfahrung abhängig vom Glücken oder Mißglücken, von Freiheitswegen. Wenn ich bedenke, wie selten solche Befreiungen sind, wie viele in den Zeiten der Diktatur darüber hinweggestorben sind, ohne die Freiheit je erfahren zu haben, dann sage ich, nein, die Freiheit eines Christenmenschen muß noch etwas ganz anderes sein. Sie muß eine innere Freiheit sein, die unabhängig von äußerer Freiheit erfahrbar ist, damit sie dann, soweit das unter den Bedingungen der Zeit und unserer Welt möglich ist, auch dem Gelingen äußerer Freiheit dienen kann.

Ich könnte jetzt Ähnliches am Beispiel eines schwerkranken Freundes durchspielen, dessen Heilung, so sagen die Ärzte, nur als Wunder zu bezeichnen ist. Es ist klar, die beschreiben damit die extreme Unwahrscheinlichkeit seiner Genesung, und sie drücken mit dem Ausdruck Wunder die völlig sachgemäße Empfindung aus: Angesichts einer solch unwahrscheinlichen Heilung ist das Staunen und der Dank Gott gegenüber nötig.

Wer so etwas am eigenen Leibe erlebt hat, sollte den Rest seines Lebens eigentlich auch aus tiefer Dankbarkeit leben. Wenn wir freilich aus solch einem Geschehen unser Gottesbild zu entwickeln suchten, aus solchem Geschehen auch auf die Gedanken Gottes uns gegenüber schließen wollten, kämen wir spätestens bei der letzten tödlichen Krankheit ins Schleudern. Denn wenn dann keine Heilung käme, dann müßte das bedeuten, daß Gott nun seine Freundlichkeit uns gegenüber aufgegeben hat, und wir müßten mit dem Empfinden, nun ist es aus mit meiner Glückssträhne, dahinscheiden.

Es ist einfach unpraktisch, die irdische Befreiung zum höchsten Gut zu machen – sei es als Hoffnungsziel, sei es als Ursprungsereignis, sei es als Vermutung über Gottes Gedanken –, denn was mache ich mit den Gefängnissen, in denen ich lebenslang bleibe, was mit den Durststrecken, den Wüstenwanderungen, dem letzten Stündlein?

b) Verheißungen im Supermarkt

Wenn es stimmt, daß der moderne Mensch sich hier „zur Freiheit verdammt" (Sartre) vorfindet und es seine unausweichliche, aber auch mit irren Hoffnungen besetzte Eigentümlichkeit ist, daß er autonom zu sein versuchen kann und wählen darf, dann gleicht unser Leben der Wanderung durch einen großen Supermarkt. So möchten wir es jedenfalls, und so werden uns auch die vielen Wahlmöglichkeiten angeboten. Nicht wenige versetzt heute der Tante-Emma-Laden in Unbehagen, weil die Wahlmöglichkeiten dabei so eingeschränkt erscheinen und weil man immer sofort wissen muß, was man will.

Wer einmal mit der Familie im Urlaub in Frankreich, vielleicht bei Regenwetter durch einer jener riesigen Euromarchées in den Urlaubsgebieten geschlendert ist, nicht gar zu knapp bei Kasse, der weiß, was für ein Lustgefühl es ist, dies und jenes anzusehen, anzufassen, zu überlegen, wie es sich in Küche und Keller ausmachen würde, und ob es nicht doch ein Lustgewinn wäre, das zu haben. Die Verheißungen unserer Angebotsgesellschaft sind faszinierend. Das Erlebnis, wählen zu können, erscheint als Urbild der Freiheit.

Gegenwärtig weitet sich der Supermarkt auch auf das Gebiet des Religiösen aus. Hier ein wenig lutherisch etikettierte Moral, da etwas vom pietistisch-reformierten Erfolgsglauben und statt des christlichen ewigen Lebens doch wohl besser so eine anthroposophierende fernöstliche Re-Inkarnationslehre.

Zu solcher Wahrnehmung angebotener Wahlmöglichkeiten gehören freilich einige notwendige Einsichten:

Ich habe immer nur ein schmales Spektrum zur Wahl. Das meiste, was ich nicht wähle oder nicht mehr wählen kann, blende ich aus. Meine Eltern habe ich nicht gewählt, diese Zeit und die Zugehörigkeit zu diesem Volk auch nicht.

Alles, was ich hier als Schöpfungswesen bin, kann ich vielleicht hier und da variieren, besser und schlechter nutzen, aber der Spielraum ist begrenzt. Ich finde mich doch zuerst vor, und erst danach gibt es Räume der Entscheidungsfreiheit, gewichtige Räume zweifellos, aber immer auf dem Hintergrund von schicksalhaften Zugewiesenem, wie oft mich der Teufel reitet oder ein Engel führt, wer weiß es. Wenn wir nur für das Handeln Sprache haben und das Empfangen aus unserem Bewußtsein und unserer Sprache ausschließen, sind wir dumm.

Außerdem, jede Wahl bedeutet Verlust an Freiheit. Ich bin danach nicht mehr der, der ich vorher war. Bei manchen, oftmals jungen Menschen, kann man das erleben: Sie kaufen etwas. Ich staune, was sie investieren. Drei Monate später haben sie es schon wieder verkauft. Es gab noch etwas Besseres oder anderes. Nur sich nicht festlegen. Die Wahl des Ehepartners, gar sich für Kinder entscheiden, welche Festlegung! Nichts bleibt wie gestern. Was schleppt man dann mit sich herum. Also möglichst bindungslos bleiben, Supermarktmöglichkeiten erhalten! Bis man merkt, auch die Bindungslosigkeit ist eine Wahl mit verheerenden, schicksalhaften Folgen, die ich mir später selbst zuschreiben muß.

Die Freiheit des Supermarktes ist eine faszinierende Lebenserfahrung. Sie enthält, wenn wir uns nur an die Verheißungsschalmeien halten, einen teuflischen Wahrnehmungsmangel. Wir vergessen, daß wir uns mit dem, was wir nicht oder nicht mehr wählen können, ernsthaft auseinandersetzen müssen.

c) Das Paradies der Macher

Wissenschaft und Technik haben uns zu einer Erweiterung an Freiheitserfahrung verholfen, die schier unglaublich ist.

Manchmal, wenn ich zu einer kirchlichen Konferenz fliegen muß und nur noch einen Fensterplatz erwischt habe, fällt es mich an. Dieser große Vogel mit den mehreren hundert Menschen im Bauch, angewiesen auf das ordentliche Funktionieren der Triebwerke, die Stabilität des Materials, die Schaltfähigkeit der elektronischen Anlagen, die Tüchtigkeit der Piloten und die Verläßlichkeit des Bodenpersonals. In wenigen Stunden bin ich in einem anderen Kontinent. Die Seele kommt kaum nach.

Welche paradiesischen Möglichkeiten!

Freilich, ein Bösewicht dazwischen, eine Materialermüdung, eine Schlamperei, und alles ist anders. Es darf eigentlich keine Versager oder Halunken in diesem großartigen System geben.

Und während ich aus dem Fenster schaue, wenn ich den Platz hinter den Triebwerken habe, sehe ich an dem flimmernden Dunst, der da aus den Triebwerken kommt, daß diese paradiesische Möglichkeit erkauft ist mit kräftiger Verschmutzung der Atmosphäre. Die neuen Freiheiten gebären neue Zwänge. Die wiederum, so lerne ich, sind nur mit technischen Mitteln zu beseitigen, die ihrerseits allerdings auch wieder Nebenwirkungen haben und so fort.

Die wissenschaftlich-technischen neuen Möglichkeiten in allen Bereichen, in der Landwirtschaft, in der Medizin – wie viele lebten nicht mehr ohne sie (allerdings sind wir zu viele Menschen auf unserem Planeten, also müssen wir die Geburten begrenzen und geraten in neue Zwänge) –, im Verkehrswesen, sie sind großartig, ohne sie könnten wir nicht so leben, wie wir leben.

Aber an Freiheit kommt daraus wiederum nur eine begrenzte, die neuen Zwänge werden frei Haus mitgeliefert, und es ist töricht, nur die neuen Freiheiten und Möglichkeiten zu bedenken oder auch, nur von den Zwängen zu reden. Es ist freilich so: Aus den Paradiesen, die wir schaffen wollen, werden offenbar notwendigerweise – jedenfalls wenn man sein Herz dran hängt – immer mit der Zeit Gefängnisse. Die Ideologien dieses Jahrhunderts haben es uns gezeigt.

Theologisch sagen wir: Das Gebot Gottes, die Verhältnisse gerechter, besser, menschenverträglicher zu gestalten, ist gut und richtig. Das muß getan werden. Der ständige Appell ist wegen des alten Adam und der alten Eva unvermeidbar. Aber es ist nicht zu vergessen, daß nach christlicher Auffassung das Gesetz Gottes nicht nur gut und richtig ist, sondern uns auch gleichzeitig in die Verzweiflung treibt. Diese Seite des Gesetzes, der Forderungen Gottes – daß sie nämlich den Menschen überfordern, in die Verzweiflung oder – was nur eine andere Form derselben ist – in die Lüge bzw. den Bau Potemkinscher Dörfer treiben – wird meist übersehen.

In unseren christlichen Forderungskatalogen neuerer Art, besonders denen, die sich mit den globalen Fragen der Gerechtigkeit des Friedens und der Bewahrung der Schöpfung auseinandersetzen – was ja gut, richtig und unbedingt nötig ist –, fehlt immer wieder der Hinweis, daß solche Forderungskataloge eigentlich geeignet sind, den, der das ernst nimmt, in die Depressivität zu treiben.

Wenn er nicht Christus hätte.

Wenn nicht die Freiheit eines Christenmenschen etwas ganz anderes wäre.

II. Die Quelle christlicher Freiheit

Nun ist von dem zu reden, was Inhalt und Hauptsache der christlichen Verkündigung ist. Alles, was im Gottesdienst, in der Predigt, in Taufe und Abendmahl geschieht, zielt auf das Ereignen christlicher Freiheit. Immer geht es darum, zu begreifen, daß wir unsere Existenz Gott verdanken und vor ihm zur Verantwortung gerufen sind, daß wir scheitern, schuldig werden und um Christi willen freigesprochen, neu anfangen dürfen. Es ist also zuerst festzustellen, daß das, was ich nun zu beschreiben versuche, in der christlichen Kirche ständig geschieht. Es ist für den, den es ergreift, ein Grund zu großer Dankbarkeit.

Es muß allerdings auch sofort die schon oben angedeutete kritische Frage gestellt werden: Ist es in unseren Gemeinden, in unserer Kirche bekannt, daß die Rechtfertigung allein aus Glauben und die daraus folgende Freiheit eines Christenmenschen unser entscheidender Markenartikel sind? Sind wir stolz darauf, daß wir diese befreiende Nachricht haben und den Menschen weitergeben dürfen?

Oder sind wir eher verlegen, weil wir das Empfinden haben, die Leute brauchen uns mit unserer Botschaft nicht mehr. Sie kommen anders mit sich zurecht. Es ist nicht mehr modern, sich für die Grundaussagen des christlichen Glaubens zu interessieren.

Ich habe gerade wieder mit einer Gruppe von Vikarinnen und Vikaren – nachdem wir die Probleme der Stellenplanung und derjenigen, die keine Stelle finden, bedacht und beklagt hatten – über den zukünftigen Dienst und die Ordination gesprochen. Sie fragten zwischendurch: „Was erwarten Sie von uns?"

Ich sagte: „Wenn Sie mich so fragen, dann will ich Ihnen sagen, daß ich vor allem anderen von Ihnen erwarte, daß Sie das, was die Reformation in der Heiligen Schrift wiederentdeckt hat, die Rechtfertigung allein aus Glauben, das solus Christus, sola gratia (allein durch die Gnade), sola fide (allein durch den Glauben) und sola scriptura (allein durch die Schrift), das richtige Verständnis von Gesetz und Evangelium, von den beiden Regierweisen Gottes, vom verborgenen und offenbaren Gott Ihrer Gemeinde lieb und schmackhaft machen.
Dafür muß es Ihnen natürlich zuerst schmecken."

Die Versammelten nahmen es mit Fassung entgegen. Ich hatte nicht den Eindruck, daß es ihnen viel sagte.

Was ist das Faszinierende an der Freiheit eines Christenmenschen?

a) Das seltsame Freiheitsverständnis des Dr. Martinus

1520 hat Luther – während die Bannandrohungsbulle veröffentlicht wurde – den Traktatus de libertate Christiana (von der Freiheit eines Christenmenschen) zusammen mit einem Brief an Papst Leo X. gesandt.

Der Traktatus ist eine eindrucksvolle Arbeit. Wir hatten das Thema jetzt bei der Generalsynode der Vereinigten Evangelisch-Lutherischen Kirche in Deutschland (VELKD) zu bedenken. Die Organisatoren der Synode hatten vorher das Reclamheftchen, in dem auch der Text von Luthers Freiheitsschrift stand, versandt. Es war interessant zu sehen, wie dadurch, daß es einfach zur Hand war und es bei den unterschiedlich spannenden Passagen solch einer Synode auch Zeit zum Lesen gab, der eine und die andere immer wieder danach griff und es mit Interesse und Gewinn las. Es lohnt sich, wieder einmal da hineinzutauchen.

Luther als Mönch. Das erste weit verbreitete Bild Luthers.
Kupferstich von Lukas Cranach d. Ä. 1520.
(Kupferstichkabinett der Sächsischen Landesbibliothek Dresden)

„Daß wir gründlich mögen erkennen, was ein Christen Mensch sei und wie es bestellt sei um die Freiheit, die ihm Christus erworben und gegeben hat, wovon Paulus viel schreibt, will ich diese zwei Thesen setzen:

Ein Christen Mensch ist ein freier Herr über alle Dinge und niemandem untertan.

Ein Christen Mensch ist ein dienstbarer Knecht aller Dinge und jedermann untertan ...

Um diese zwei widerständigen Reden von der Freiheit und der Dienstbarkeit zu verstehen, sollen wir bedenken, daß ein jeder Christen Mensch ist zweierlei Natur, geistlicher und leiblicher ... Um dieses Unterschieds willen werden von ihm Aussagen gemacht in der Schrift, die stracks gegeneinander stehen ... So nehmen wir uns vor den inwendigen geistlichen Menschen, um zu sehen, was dazu gehört, damit er ein frommer, freier Christen Mensch sei und heiße. Es ist ja offenbar, daß kein äußerliches Ding ihn frei oder fromm machen kann ... Denn seine Frommheit und Freiheit, wiederum seine Bosheit und sein Gefängnis sind weder leiblich noch äußerlich ... Die Seele hat kein anderes Ding weder im Himmel noch auf der Erde, worin sie lebt, fromm und frei und Christ ist, als das heilige Evangelium, das Wort Gottes von Christus gepredigt. Wie er selbst sagt ... Johannes 14: Ich bin der Weg, die Wahrheit und das Leben ... Darum sollte das billigerweise aller Christen einziges Werk und Übung sein, daß sie das Wort und Christus wohl in sich bildeten, solchen Glauben stetig übten und stärkten. Denn kein anderes Werk vermag einen Christen zu machen."[1]

Man muß sich klarmachen, was Luther hier behauptet: Die Freiheit eines Christenmenschen ist eine innere Freiheit. Ihre Quelle ist die Verkündigung des Evangeliums, die dem an sich selbst verzweifelnden Sünder gilt. Solch eine Freiheit kommt nicht einfach geheimnisvoll von oben, sondern bedarf der Arbeit am Text und an sich selbst. In diesem Zusammenhang nennt Luther den Weg zum Glauben sogar ein Werk, das der Christenmensch zu erbringen hat. Es geht darum, das Evangelium, dessen Mitte, nämlich Christus, so in sich hineinzubilden, daß dadurch der Glaube eingeübt und gestärkt wird.

Wir sollen uns also ganz bewußt einer fremden Wahrheit, dieser existenzbestimmenden Nachricht von Christus aussetzen mit dem Ziel, dadurch in die verlorene Gottesnähe zu gelangen. Immer wieder, im Zusammenhang mit den unterschiedlichen Bibeltexten, betont Luther diese Erkenntnis.

---

[1] WA 7, 20–23.

Das bedeutet, der Mensch gerät in seine eigentliche gottgemäße Existenzweise nicht aus sich selbst. Weder wird er sie in sich selbst finden, noch kann er sein eigentliches Wesen, seine Identität durch sein Tun herstellen.

Wenn er aus sich selbst die Erlösung zu finden versucht, seine Identität, sein Selbstbewußtsein, seinen aufrechten Gang, landet er immer nur bei sich selbst, versucht, sich am Schopf aus dem Sumpf zu ziehen und bleibt doch in seiner Gottesferne. Nein, sagt Luther, sein eigentliches Wesen liegt in Christus. Das ist zweifellos für uns ein fremder Gedanke. In den letzten Sätzen seiner Freiheitsschrift sagt Luther dies noch einmal überdeutlich:

> „Aus dem allen folgt der Schluß, daß ein Christen Mensch lebt nicht in sich selbst, sondern in Christus und in seinem Nächsten, in Christus durch den Glauben, im Nächsten durch die Liebe ..."[2]

Dahinter steht ein Verständnis vom menschlichen Sein, das seine Würde und sein Wesen aus seinen Beziehungen erhält.

Wir pflegen anders zu denken, Luthers Zeitgenossen übrigens auch. Wir beurteilen die Qualität eines Menschen und somit auch seine Würde, sein Recht, mit sich selbst zufrieden zu sein, danach, was er getan hat, was er geleistet hat, wieweit man sich auf ihn verlassen kann, was er für ein Mensch ist.

Für Luther ist die Frage der menschlichen Würde, der eigenen Identität eine Sache des Glaubens, des Vertrauens, der Relation. Würde ist zugesprochene Würde. In der Freiheitsschrift gibt es dazu eine interessante Passage:

> „... ist es mit dem Glauben so, daß welcher dem anderen glaubt, der glaubt ihm darum, daß er ihn für einen frommen, wahrhaftigen Mann achtet, welches die größte Ehre ist, die ein Mensch dem anderen geben kann. Wie es auch wiederum die größte Schmach ist, wenn er ihn für einen losen, lügenhaften, leichtfertigen Mann achtet. So ist es auch, wenn die Seele Gottes Wort fest glaubt, so hält sie ihn für wahrhaftig, fromm und gerecht. Damit tut sie ihm die allergrößte Ehre, die sie ihm tun kann. Denn da gibt sie ihm Recht, da läßt sie ihm Recht, da ehrt sie seinen Namen und läßt mit sich handeln, wie er will. Denn sie zweifelt nicht, er sei fromm, wahrhaftig in allen seinen Worten. Wiederum kann man Gott keine größere Unehre tun, als ihm nicht glauben, wodurch die Seele ihn für einen untüchtigen, lügenhaften, leichtfertigen (Gott) hält und so viel an ihr ist, ihn verleugnet mit solchem Unglauben und einen Abgott ihres Eigensinns im Herzen gegen Gott aufrichtet, als wollte sie es besser wissen als er. Wenn nun Gott sieht, daß ihm die Seele die Wahrheit gibt und ihn so ehrt durch ihren Glauben, so ehrt er sie wiederum und hält sie auch für fromm und wahrhaftig, und sie ist auch fromm und wahr-

---

[2] WA 7, 38.

haftig durch solchen Glauben; denn daß man Gott die Wahrheit und Frommheit gäbe, das ist Recht und Wahrheit und macht recht und wahrhaftig. Derweil es wahr ist und recht, daß Gott die Wahrheit geben wird. Welches die nicht tun, die nicht glauben und doch sich mit vielen guten Werken treiben und mühen."[3]

Es ist eindrucksvoll, wie Luther hier einzuschärfen weiß, daß der Glaube den Menschen zu dem macht, was er ist, und Gott durch den Glauben für ihn zur bestimmenden Realität wird. „... und hält sie auch für fromm und wahrhaftig, und sie ist auch fromm und wahrhaftig durch solchen Glauben ..."

Das Verständnis der Freiheit eines Christenmenschen hängt fundamental von solcher Seinsbestimmung ab. Deshalb ist die Frage, ob wir das heute nachvollziehen können. Ist eine solche relationale Ontologie sinnvoll? Martin Heidegger hat einst in seinem berühmten Aufsatz „Das Ding"[4] erläutert, was es heißt, einen Krug in seinem Wesen zu bestimmen. Es ist ausgesprochen unterhaltsam, Heideggers Denkschritte nachzuvollziehen. Er zeigt, daß die naturwissenschaftliche Betrachtung, die einen solchen Krug zu einem Gefäß mit einem bestimmten Rauminhalt macht, das aus einem präzise bestimmbaren Material besteht usw., dadurch zwar Richtiges entdeckt, aber doch immer nur Aspekte wahrnimmt und den Krug in seinem Wesen überhaupt nicht zu Gesicht bekommt. Im Grunde ist der Krug als Krug durch die reduktionistische Wahrnehmung der Naturwissenschaft schon vernichtet. Der Krug kann in seinem Wesen erst bestimmt werden, wenn das Beziehungsgefüge, in dem er wirksam ist, mit einbezogen wird. Heidegger kommt schließlich zu dem heiter anmutenden aber zutreffenden Satz: „Das Krughafte des Kruges west im Geschenk des Gusses." Das heißt, die Wirklichkeit eines Kruges ist nur sachgemäß beschrieben, wenn seine Bedeutung, nein, sein Wesen für den, der Durst hat, ja, sogar für den, der Durst nach dem sakramentalen Trunk hat, bedacht ist.

So ist auch das Wesen menschlicher Würde nur angemessen zu bestimmen, wenn nicht einfach angenommen wird, daß Taten, Eigentümlichkeiten, Fähigkeiten, Leistungsnachweise, alle Werke, das Wesen eines Menschen bestimmen, sondern daß auch hier das Wesentliche ist, welchen Rang solche Arbeit im Beziehungsgeflecht menschlichen Zusammenlebens hat und welche in der absoluten göttlichen Würdigung.

Was einer mit dem, was er ist und tut, vor anderen Menschen und – was noch einmal eine andere Dimension ist, die das, was vor den Menschen gilt, verstärken oder relativieren kann – vor Gott ist, das macht sein Wesen aus.

---

[3] WA 7, 25.
[4] Martin Heidegger: Vorträge und Aufsätze. Pfullingen, 1954, S. 163 ff.

Luther sagt: Wenn Du in Deiner Gottesbeziehung die Zusage unverlierbarer Würde hast, dann gilt das. Vertrau darauf, „glaubst Du, so hast Du. Glaubst Du nicht, so hast Du nicht."[5]

Die Schwierigkeit heute ist, daß für uns die göttliche Zusage geschenkter Würde keine gesellschaftlich abgestützte Plausibilität und dadurch allenfalls individuelles Gewicht hat. Wir müssen uns die Kraft der göttlichen Zusage beinahe durch eine Art religiöser Selbstbeeinflussung verschaffen. Allenfalls verhelfen uns das Binnenklima einer engagierten Gemeinde und die dort eingespielten Plausibilitäten dazu, solche zugesprochene Würde als wahr und wirksam anzusehen. Manchmal gelingt es auch durch Rückgriff auf Erfahrungen in der eigenen Kindheit oder die vergangene Beheimatung im Glauben in einer Gemeinde, solche innere Stabilität aufgrund der im Namen Christi zugesprochenen Würde wiederzugewinnen.

Aber wahrscheinlich bleiben solche Überlegungen noch zu sehr im Bereich des Denkmöglichen. Es gilt, auf Luthers entscheidende Erfahrung der Rechtfertigung aus Glauben als den Grund christlicher Freiheit zu kommen.

b) Der fröhliche Wechsel

Auszugehen ist von der entscheidenden reformatorisch-biblischen Grundvoraussetzung, die uns am meisten Schwierigkeiten macht: Der Mensch ist Sünder. Er ist durch einen tiefen Sund, einen unüberwindbaren Graben von Gott getrennt. Weil alles, was er tut, aus dieser grundlegenden Situation des von Gott Getrenntseins heraus geschieht, muß jeder Versuch dieses gottfernen Menschen, den Graben zu überwinden, ihn nur noch weiter von Gott wegtreiben. Dieser Mensch bleibt mit sich selbst beschäftigt. Er bleibt von Gott getrennt. Allenfalls sucht er sich andere Götter, nimmt sich selbst als letzte und damit göttliche Instanz und bleibt doch nur incurvatus in se, verkrümmt in sich selbst.

Darum, sagt Luther, ist zu lernen,

> „und ist zu wissen, daß die ganze Heilige Schrift wird in zweierlei Worte geteilt, welche sind Gebot oder Gesetz Gottes und Verheißung oder Zusagung. Die Gebote lehren und schreiben uns vor mancherlei gute Werke, aber damit sind sie noch nicht geschehen. Sie weisen wohl hin, aber sie helfen nicht. Sie lehren, was man tun soll, aber sie geben keine Stärke dazu. Darum sind sie nur dazu angeordnet, daß der Mensch darin sehe sein Unvermögen zum Guten und lerne, an sich selbst zu verzweifeln ... und anderswo Hilfe zu suchen ... so ist er recht gedemütigt und zunichte geworden, in seinen Augen findet er nichts in sich, womit er möge fromm werden ... Dann, so kommt das andere

---

[5] WA 7, 24.

Wort: Die göttliche Verheißung und Zusagung und spricht: ... glaube an Christus, in welchem ich Dir zusage alle Gnade und Gerechtigkeit, Frieden und Freiheit. Glaubst Du, so hast Du, glaubst Du nicht, so hast Du nicht."[6]

„Aber der Glaube gibt nicht nur, daß die Seele dem göttlichen Wort gleich wird, aller Gnaden voll, frei und selig, sondern vereinigt auch die Seele mit Christus als eine Braut mit ihrem Bräutigam. Aus welcher Ehe folgt, wie St. Paulus sagt, daß Christus und die Seele ein Leib werden. So werden auch beider Güter, Glück, Unglück und alle Dinge gemeinsam; das, was Christus hat, das ist der gläubigen Seele zu eigen; was die Seele hat, wird Christus zu eigen. So hat Christus alle Güter und Seligkeit; die sind auch der Seele zu eigen. So hat die Seele alle Untugend und Sünde auf sich; sie werden Christus zu eigen. Hier erhebt sich nun der fröhliche Wechsel und Streit. Weil Christus Gott und Mensch ist, der noch nie gesündigt hat, und seine Frommheit unüberwindlich, ewig und allmächtig ist, so macht er denn die Sünde der gläubigen Seele durch ihren Brautring – das ist der Glaube – sich selbst zu eigen und tut nicht anders, als hätte er sie getan. So müssen die Sünden in ihm verschlungen und ersäuft werden; denn seine unüberwindliche Gerechtigkeit ist allen Sünden zu stark. So wird die Seele von allen ihren Sünden durch ihren Brautschatz geläutert, das heißt: des Glaubens wegen ledig und frei und begabt mit der ewigen Gerechtigkeit ihres Bräutigams Christus. Ist nun das nicht eine fröhliche Wirtschaft, da der reiche, edle, fromme Bräutigam Christus das arme, verachtete, böse Hürlein zur Ehe nimmt und sie von allem Übel entledigt, ziert mit allen Gütern? So ist es nicht möglich, daß die Sünden sie verdammen; denn sie liegen nun auf Christus und sind in ihm verschlungen."[7]

Können wir das heute verstehen, gar in unser Denken und Empfinden übernehmen? Das Bild des reichen Bräutigams, der das arme Hürlein ehelicht und ihr dadurch unverlierbare Würde gibt, ist ja wunderschön. Aber wie ist solche Vereinigung zu denken?

Luther wird nicht müde, seine Hörer und Leser immer wieder aufzufordern, auf die Zusage, daß Christus für mich gesandt, geboren, gestorben und auferstanden ist, zu vertrauen. Glaubst du, so hast du, sagt er immer wieder. Aber auch, daß wir das Bild seiner Geburt, seines Todes, seiner Auferstehung in uns hineinbilden sollen, den Glauben stetig zu üben und zu stärken.

Freilich bleibt die Frage: Muß es mir nicht einleuchten, plausibel, zumindest verständlich sein, was ich da in mich hineinbilde? Ist es einsichtig, darauf zu setzen, daß vor bald zweitausend Jahren jemand für meine Sünden, der ich im letzten Jahrzehnt dieses Jahrhunderts lebe, als Opferlamm gestorben ist? Wir gehen selten

---

[6] WA 7, 23 f.
[7] WA 7, 25 f.

an solche Fragen heran. Stelle ich sie Theologiestudenten, bricht zumeist eine große Verlegenheit aus. Auch die Lehrer der Theologie sind selten nur dazu bereit zu sagen, wie sie sich das zurechtlegen.

Anläßlich der sehr zu begrüßenden jüngsten Diskussion um die Kreuze in bayerischen Schulen wäre eine gute Gelegenheit gewesen, verständlich zu machen, wie das Kreuz Christi erlöst. Das ist kaum geschehen.

Ich meine, wir müssen, um zu verstehen, inwiefern das Kreuz erlöst, einzusteigen versuchen in die Erfahrungen der ersten Jüngerinnen und Jünger mit Karfreitag und Ostern.

Man muß sich klarmachen, daß sie das, was mit Jesus geschah, im Koordinatensystem des Alten Testamentes, des Spätjudentums, des Hellenismus und natürlich besonders auf dem Hintergrund ihrer persönlichen Erfahrungen mit Jesus zu verstehen suchten.

Um es in aller Kürze anzudeuten: Die Menschen um Jesus haben durch ihn offenbar eine unglaublich dichte Erfahrung der Nähe des Reiches Gottes, ja der Nähe Gottes selbst gemacht. In seinem Reden – besonders in den Gleichnissen können wir es noch nachempfinden –, in seinem Verhalten gegenüber den outlaws, denen, die Hilfe brauchten, schien Gott selbst am Werke zu sein. Durch die Gefangennahme und Kreuzigung Jesu, ohne daß der Himmel einfiel, war dies alles in Frage gestellt. Er hatte offenbar Gott doch nicht vertreten. Gott hatte sich von ihm losgesagt. Man sah es an der Kreuzigung. Er mußte ein Scharlatan gewesen sein. Der Karsamstag steht für mich als jener Tag, an dem alles tot und Gott unendlich fern ist. Wo ist er überhaupt?

Wir kennen solche Karsamstage. Das Erleben der Jünger, die Verleugnung des Petrus, die Flucht, ja sogar der Verrat des Judas, alles das ist uns verständlich. Es symbolisiert gleichzeitig unsere Situation. Es ist eine zeitlose menschliche Urerfahrung, die hier geschieht. Da liegen keine zweitausend Jahre dazwischen. Der Karfreitag ohne Ostern, das ist unsere Situation der Gottesferne in ihrem tiefsten Schrecken.

Es ist den Jüngerinnen und Jüngern dann der österliche Schock zugestoßen (Ebeling).

Dieser österliche Schock mußte größer sein als der Schock vom Karfreitag. Die entscheidende Aussage lautete nun nach Ostern: Also hat ihn Gott doch nicht verstoßen. Also ist er doch nicht nur das Urbild der Gottesferne. Gott hat ihn auch im Kreuzestod nicht verlassen. Es gilt nicht: Wer am Holz stirbt, ist von Gott verflucht. (5. Mose 21,23)

Es gelten vielmehr Jesaja 52/53, Psalm 22 und andere Texte.

Es gilt, Gott hat diesen Weg ans Kreuz gewollt. So, wie Jesus Gottes Nähe für die Ausgestoßenen verkörpert hat, indem er sie an seinen Tisch geholt, sich unter sie gemischt hat, so ist er auch unter die Karfreitagsmenschen gegangen, um sie der unverlierbaren Gottesnähe in aller Empfindung der Gottesferne zu versichern.

Der Sünder, der sich seine Gottesferne selbst zuzuschreiben hat und seinen Karfreitag als Konsequenz seines Lebens erfährt, er weiß nun, Jesus steht neben mir. Er leidet meinen Tod mit als der, der ihn nicht verdient hat, und garantiert mir dadurch die unverlierbare Gottesnähe. Dieser Jesus bleibt die Verkörperung Gottes auch in seinem Gleichwerden mit den Sündern.

Aber auch Hiob, der bis in unsere Tage Gott nicht versteht und für den seine Karfreitage nur die Bekundung der unverständlichen Handlungsweise eines fernen Gottes sind, Hiob, der allenfalls angesichts der göttlichen Majestät schweigt, die Hand auf den Mund legt – für uns zutiefst unbefriedigend –, er kann nun wissen, Gott hat in Christus diese Unbegreiflichkeit Gottes selbst mit durchstanden und dadurch aufgehoben.

Wenn ich in dieser Weise versuche, die Erfahrungen der Menschen um Jesus zu begreifen, dann ist nicht nur der Karfreitag ohne Ostern, sondern auch der Karfreitag mit Ostern nicht mehr einfach ein Geschehen von vor zweitausend Jahren. Es ist gleichzeitig das zentrale Ereignis der Christenheit, und es ist von daher verständlich, wenn die Jesusgeschichte, aber besonders Tod und Auferstehung, als Zeitenwende, als grundlegende ein für alle Mal geschehene Offenbarung Gottes begriffen wird.

Die Frage bleibt freilich: Reicht ein solches „Es-sich-Zurechtlegen" ohne den ausgeführten Opfergedanken aus? Mit diesem Opfergedanken haben wir ja heute vielfach Schwierigkeiten.

Es lohnt sich, noch einmal auf Luther zu hören. Ein Jahrzehnt später, in der Galater-Vorlesung von 1531, hat er sich noch einmal ausführlich dieses Themas angenommen.

In Luthers Gedanken sorgfältig einzusteigen ist übrigens auch sinnvoll, weil bei der gegenwärtigen Diskussion um den gemeinsamen Entwurf zur Rechtfertigungslehre zwischen dem Lutherischen Weltbund und dem Vatikan solche Überlegungen eine erhebliche Rolle spielen.

Galater 3,13:

> „Christus aber hat uns erlöst von dem Fluch des Gesetzes, da er ward ein Fluch für uns, denn es steht geschrieben (5. Mose 21,23): ‚Verflucht ist jedermann, der am Holz hanget.' ... Der ganze Nachdruck liegt auf dem Wörtchen ‚für uns'. ... Wir sind ja Sünder und Räuber, darum sind wir des Todes und der ewigen Verdammnis schuldig. Aber Christus hat all unsere Sünde auf sich

genommen und ist dafür am Kreuz gestorben. Darum mußte er, wie Jesaja 53,12 sagt, unter die Räuber gerechnet werden. ... Christus ist der, der hat und trägt an seinem Leibe alle Sünden aller Menschen. Nicht, als hätte er sie selbst begangen, aber er hat die von uns begangenen Sünden aufgenommen an seinem Leibe, um dafür mit seinem eigenen Blute genug zu tun. Darum behaftet ihn jenes allgemein geltende Gesetz des Mose, ihn, der für seine Person völlig unschuldig ist, aber das Gesetz hat ihn unter den Sündern und Räubern gefunden. So nimmt die Obrigkeit als straffällig und bestraft, wenn sie jemanden unter den Räubern ergreift, wenn er auch niemals etwas Böses oder Todeswürdiges begangen hat. Christus aber ist nicht nur unter den Sündern gefunden worden, sondern er hat selbst nach seinem und des Vaters Willen der Genosse der Sünder sein wollen, hat Fleisch und Blut derer angenommen, die Sünder und Räuber sind, in allen Sünden versunken. Da also das Gesetz Christus unter den Räubern gefunden hat, hat es ihn als Räuber verdammt und getötet.

Diese Erkenntnis Christi und diesen allersüßesten Trost, daß Christus für uns zum Fluch gemacht ist, um uns von dem Fluch des Gesetzes zu erlösen, nehmen uns die Sophisten, wenn sie Christus von den Sünden und den Sündern scheiden und ihn lediglich als Beispiel, das wir nachahmen sollen, vorstellen. ... Wenn es nicht absurd ist, zu bekennen und zu glauben, daß Christus unter den Räubern gekreuzigt wurde, dann wird es auch nicht absurd sein, ihn einen Verfluchten zu nennen und einen Sünder, der mit allen Sünden beladen ist. Das sind keine nichtigen Worte bei Paulus: ‚Christus ist für uns zum Fluch gemacht.' – ‚Gott hat Christus, der von keiner Sünde wußte, für uns zur Sünde gemacht, damit wir zur Gerechtigkeit Gottes in ihm selbst gemacht würden.' (2. Korinther 5,21) ... Das ist unser höchster Trost, Christus so anziehen und ihn so einhüllen zu dürfen in meine, deine und der ganzen Welt Sünden, und daß wir ihn sehen dürfen als den, er unser aller Sünde trägt. ... Die Papisten erträumen einen Glauben, der durch die Liebe erst richtige Gestalt gewinnt; durch diesen Glauben wollen sie die Sünde beseitigen und gerechtfertigt werden. Aber das heißt Christus wegtun von den Sünden und völlig aus ihnen herausnehmen und ihn unschuldig sprechen, uns aber beladen und belasten mit den eigenen Sünden. Wenn man von dem durch die Liebe gestalteten Glauben ausgeht, dann erblickt man die Sünde nicht in Christus, sondern in uns selbst. Aber das heißt, Christus aus der Mitte tun und ihn müßig machen. Denn wenn es wahr ist, daß wir durch unsere eigenen Werke, durch die Liebe die Sünde austun, dann trägt sie nicht Christus, sondern wir tragen sie. Wenn aber Christus das Lamm Gottes ist, das der Welt Sünde trägt, wenn er der ist, der für uns zum Fluch gemacht und in unsere Sünden eingehüllt ist, dann folgt notwendig, daß wir nicht durch unsere Liebe gerechtfertigt werden und daß nicht wir die Sünde beseitigen können. Gott hat unsere Sünde nicht auf uns, sondern auf Christus, seinen Sohn, gelegt …

Als der barmherzige Gott sah, daß wir durchs Gesetz niedergeworfen werden und unter dem Fluch festgehalten sind und daß wir durch nichts uns selbst befreien können, da sandte er seinen Sohn in die Welt und warf auf ihn unser aller Sünden und sprach zu ihm: Du sollst Petrus sein, jener Verleugner, du sollst Paulus sein, jener Verfolger, Lästerer und Gewaltmensch. Du sollst David sein, jener Ehebrecher. Du sollst jener Sünder sein, der die Frucht im Paradies aß, jener Räuber am Kreuz. In Summa: du sollst aller Menschen Person sein und sollst aller Menschen Sünde getan haben, du also sieh zu, wie du Lösung schaffst und für sie Genugtuung. Da kommt das Gesetz her und spricht: Ich finde jenen Sünder, der aller Menschen Sünde auf sich nimmt, und außerdem sehe ich keine Sünde, außer in ihm, darum sterbe er am Kreuz. Und so fällt das Gesetz über ihn her und tötet ihn. Durch diese Tat ist die ganze Welt gereinigt und von allen Sünden entsühnt. Und darum ist auch volle Freiheit von dem Tod und allen Übeln vorhanden …

Aber siehe nun zu, wie in dieser Person Christi zwei extreme Gegensätze sich begegnen. Da stürmen auf ihn ein nicht nur meine, deine, sondern der ganzen Welt Sünde, aus Vergangenheit, Gegenwart und Zukunft und versuchen, ihn zu verdammen, und sie verdammen ihn tatsächlich. Aber weil in dieser gleichen Person, die der höchste, größte und der alleinige Sünder ist, außerdem die ewige und unbesiegbare Gerechtigkeit ist, stehen diese zwei gegeneinander: die höchste, größte Sünde und eben nichts als Sünde und die höchste, größte Gerechtigkeit und eben nichts als Gerechtigkeit. Da ist es notwendig, daß eines dem anderen weichen und sich besiegt geben muß, wenn sie mit ganzer Kraft gegeneinander angehen und zusammenstoßen. Die Sünde der ganzen Welt stürzt sich mit ganzer Kraft und Wut auf die Gerechtigkeit. Was geschieht? Die Gerechtigkeit ist ewig, unsterblich und unbesiegt. Die Sünde ist auch voller Gewalt, sie ist der allergrausamste Tyrann und herrscht und regiert in der ganzen Welt, nimmt gefangen alle Menschen in ihre Knechtschaft, ja die Sünde ist ein höchster und stärkster Gott, der das ganze Menschengeschlecht verschlingt, alle Gelehrten, Heiligen, Mächtigen, Weisen, Ungelehrten etc. Und diese Sünde, sage ich, stürzt sich auf Christus und will auch ihn, wie alle, verschlingen. Aber sie sieht nicht, daß er die Person mit der unbesiegten und ewigen Gerechtigkeit ist; darum muß sie in diesem Zweikampf besiegt und getötet werden, und die Gerechtigkeit muß siegen und leben. So wird die ganze Sünde in Christus besiegt, getötet, begraben, und es bleibt Siegerin und Königin die Gerechtigkeit in Ewigkeit …

Wenn Du diese Person, Christus, ansiehst, siehst Du Sünde, Tod, Zorn Gottes, Hölle, Teufel und alle Übel besiegt und zu Tode gebracht …

Diese göttliche Kraft, die Fluchmacht zu besiegen und Gerechtigkeit und Leben zu schenken, haben die Papisten den Werken zugeschrieben und gesagt: Wenn Ihr dieses oder jenes Werk getan habt, werdet Ihr Sünde, Tod und Zorn Gottes überwinden, und so haben sie uns in Wirklichkeit und der Natur nach zu Gott gemacht ... Sie werden allein durch den Glauben gerechtfertigt, weil der Glaube allein diesen Sieg richtig ergreift. Sofern du also diesen Sieg richtig glaubst, soviel hast du ihn. Wenn du glaubst, daß Sünde, Tod und Fluch abgetan sind, sind sie abgetan ..."[8]

Trägt diese Auslegung Luthers zu Galater 3,13 etwas aus zu unserer Frage, ob der „fröhliche Wechsel", von dem er in seinem Freiheitstraktat spricht, ein uns im ausgehenden 20. Jahrhundert einleuchtender Gedanke ist? Dieser Text hat den Vorteil, daß wir ein wenig genauer verstehen, wie Luther es sich im Anschluß an die Aussagen des Neuen Testamentes, besonders Paulus, und eingebunden in die Auslegungsgeschichte der Christenheit zurechtgelegt hat, daß Christus uns erlöst.

Hat solche nachösterliche Sicht des Karfreitags auch für uns ihre Vernunft? Ich versuche, daran herumzudenken:

Dieser Jesus, der Gott für die im Dunkeln verkörpert und ihnen das Licht gebracht hat, wird plötzlich selbst in der Finsternis und Gottesferne der schlimmsten Sorte, nämlich am Kreuz, aufgefunden. Er ist den Verbrechern gleich geworden. Er ist denen gleich geworden, die in der äußersten Gottesferne sind.

Trägt er damit – wie es Jesaja 52,53 entspräche und dem Gedanken des Gotteslammes – die Sünde aller Menschen? Luther versucht, diesen schwierigen Gedanken in der Auslegung von Galater 3,13 zu denken als konsequente Stellvertretung. „Du sollst aller Menschen Person sein und sollst aller Menschen Sünde getan haben ..." Luther denkt diese Stellvertretung – durchaus biblisch – als eine Art mythischen Kampfes:

„... diese Sünde, sage ich, stürzt sich auf Christus ..., darum muß sie in diesem Zweikampf besiegt und getötet werden, und die Gerechtigkeit muß siegen und leben ..."[9]

Wenn wir an dem Karfreitag im österlichen Licht herumdenken, also überlegen, daß dieser Tod Jesu als erfahrene Gottverlassenheit gleichzeitig das Ereignis der Anwesenheit Gottes in dem Erleben der Gottverlassenheit ist – denn das begreifen die Menschen um Jesus ja durch die österliche Erscheinungen: Gott war in Jesus Christus auch in seinem Sterben und Schreien –, dann komme ich zu Gedanken, die denen Luthers nahekommen.

---

[8] WA 40. I, 432–444. Zitiert nach Hermann Kleinknecht (Hrsg.): D. Martin Luthers Epistel-Auslegung. Der Galaterbrief. Göttingen, 1980, S. 168 ff.
[9] WA 40. I, 439. Zitiert nach: Kleinknecht. A. a. O., S. 168 ff.

Wenn der da am Kreuz Sterbende gerade durch diesen Tod die Zusage der Nähe Gottes für die in der Gottesferne sein soll, dann ist es möglich, zu sagen, daß in diesem Sterben mit der darin erfahrenen Gottesferne alle von Menschen erfahrene Gottesferne für uns versammelt ist. „Du sollst aller Menschen Person sein."

Wenn die Jünger durch Ostern begriffen, daß der Gekreuzigte das ein für allemal gültige Wort der Liebe Gottes auch für die ist, die unter ihren Kreuzen zerbrechen, dann ist damit ein Kampf entschieden, wie er prinzipieller nicht gedacht werden kann. Es siegt ja am Karfreitag dem Augenschein entsprechend die Gottesferne, die Sinnlosigkeit, die Absurdität unserer Welt. Der Karfreitag, jeder Karfreitag, ist ein Nein zur Sinnhaftigkeit unserer Welt. Das Kreuz steht für den Nichtsinn unserer Existenz und des Kosmos. Das ist unsere Erfahrung. Aber gegen unsere Erfahrung, gegen den Augenschein steht die österliche Gegenerfahrung: Gottes Liebe ist unter dem Gegenteil verborgen! Das Kreuz im österlichen Licht ist das Zeichen, daß die Sinnlosigkeit besiegt ist. Luther zitiert in diesem Zusammenhang 1. Johannes 5,4: Unser Glaube ist der Sieg, der die Welt überwunden hat.

Dem nachzusinnen bleibt eine immerwährende Aufgabe. Jeder muß es sich für sich selbst zurechtlegen. Ich kann von dem, was Luther in seinem Galaterbriefkommentar entwickelt, viel aufnehmen.

Entscheidend ist freilich, daß ich im Zuspruch der Predigt, in der Erinnerung an meine Taufe, im Empfangen von Brot und Wein – „Christi Leib für dich gegeben, Christi Blut für dich vergossen" – weiß, dieses gilt! Durch Christi Tod ist für mich real das Entscheidende geschehen. Das gilt im Augenblick des Zuspruchs, im Augenblick des Empfangens des eß- und trinkbaren Wortes. Das Wort in der Beichte – Dir sind um Christi willen deine Sünden vergeben – gilt über alle Zurechtlegungen hinaus. „Denn wo Vergebung der Sünden ist, da ist Leben und Seligkeit." (Kleiner Katechismus)

c) Die köstliche Freiheit und Gewalt der Christen

Das Kreuz im österlichen Licht gibt uns innere Stabilität, gerade auch dann, wenn alles zu wackeln scheint. Stat crux dum volvitur orbis – das Kreuz steht, wie auch die Welt verwandelt wird – sagt ein alter Zisterzienserspruch.

Luther schreibt:

> „... daß ein Christen Mensch durch den Glauben so hoch über alle Dinge erhoben wird, daß er geistlich ein Herr aller Dinge wird, denn es kann ihm kein Ding zur Seligkeit schaden ... Nicht daß wir aller Dinge leiblich mächtig wären, sie zu besitzen oder zu gebrauchen wie die Menschen auf Erden; denn wir müssen leiblich sterben, und niemand kann dem Tod entfliehen. Auch in

vielen anderen Dingen müssen wir so unterliegen, wie wir es in Christus und seinen Heiligen sehen. Denn dieses ist eine geistliche Herrschaft, die da regiert in der leiblichen Unterdrückung, d. h.: Ich kann mich nach der Seele an allen Dingen bessern, so daß auch der Tod und das Leiden mir zur Seligkeit dienen und nützlich sein müssen. Das ist eine gar hohe, ehrenvolle Würdigkeit und eine recht allmächtige Herrschaft, ein geistliches Königreich, in dem kein Ding so gut, so böse ist. Es muß mir zu gut dienen, wenn ich glaube; und doch bedarf ich seiner nicht, sondern mein Glaube ist mir genug. Siehe, welch eine köstliche Freiheit und Gewalt der Christen ist das!"[10]

Man muß sich deutlich machen, was Luther hier schreibt.

Plausibel ist in unserer Zeit die Freiheit eines Christenmenschen im Sinne der Freiheit durch Veränderung der Verhältnisse, als Freiheit von Druck und Zwang, als Niederreißen von Grenzen, als Befreiungserlebnis, das man fühlt. Diese Befreiung ist nach wie vor orientiert an der Exodus-Tradition, an der Befreiung Israels aus der Knechtschaft. Sie lebt von der Gleichsetzung erfahrener, äußerer Freiheit mit der von Gott geschenkten Freiheit.

Es wäre nun höchst problematisch, diese erfahrbare Freiheit abzuwerten. Die Freude über die Befreiung von Krankheit, von Unterdrückung, die Freude über den gewonnenen Frieden, über den Zusammenbruch der Mauer, auch die Freude über die Befreiung von zu engen kirchlichen Ordnungen – ich habe vor 26 Jahren die Gruppe „Offene Kirche" mit gegründet –, solche Befreiungserlebnisse sind als kleiner Vorschein des Reiches Gottes dankbar zu feiern.

Aber die Freiheit eines Christenmenschen meint nicht zuerst die Befreiung aus dem Gefängnis, sondern bedeutet – so problematisch das zunächst auch klingt – Befreiung im Gefängnis. Luthers Überlegung zeigt das deutlich. Paulus und Silas singen Lob- und Danklieder nicht erst, als sie aus dem Gefängnis befreit sind, sondern in der finstersten Nacht im Gefängnis. (Apostelgeschichte 16,23 ff.)

Innere, geistliche Befreiung im Gefängnis, das klingt uns natürlich verdächtig nach Stabilisierung ungerechter Verhältnisse. Das ist es jedoch keineswegs. Es geht nicht um die Stabilisierung ungerechter Verhältnisse, sondern es geht um die Stabilisierung des Menschen am Ort ungerechter Verhältnisse. Das ist etwas ganz anderes! Die Erfahrung innerer Befreiung in der schrecklichen Situation – das bedeutet, daß ich die Situation nicht als das Letzte nehme, mich von ihr nicht total fertig machen lasse – ist vielmehr die Voraussetzung dafür, daß die ungerechten Verhältnisse, die gefängnishaften Situationen, wenn es denn möglich ist, verändert werden. Aber vieles läßt sich auch nicht oder nur partiell verändern. Die Freiheit eines Christenmenschen hilft, solche Situationen durchzustehen, ohne dabei

---

[10] WA 7, 27 f.

selbst verlorenzugehen. Die Freiheit eines Christenmenschen besteht vor und neben den wichtigen, aber immer nur relativen Verbesserungen von Verhältnissen. Solche Veränderungen dürfen auch gar nicht den ganzen ideologischen Ballast der Verheißung eines Reiches der Freiheit tragen müssen. Wenn die äußere Befreiung mit Heilserwartungen oder übertriebenen Glücksversprechungen geschmückt wird, führt das zwangsläufig in tiefste Depressionen, wie wir das angesichts der durch die Wiedervereinigung ausgelösten unrealistischen Hoffnungen erleben.

Wer durch die unverlierbare Gottesnähe auch in den Situationen der Gottesferne innerlich immer wieder neu durch das Wort der Verkündigung stabilisiert wird, hat den Kopf und die Hände freier für den Nächsten.

„… denn der innerliche Mensch ist mit Gott einig, fröhlich und lustig, um Christi willen, der ihm so viel getan hat, und all seine Lust besteht darin, daß er wiederum Gott auch umsonst dienen möchte in freier Liebe …"[11]

Aus der Freiheit eines Christenmenschen geschehen, wie Früchte an einem guten Baum wachsen, nun die notwendigen Taten der Liebe.

Hier ist freilich auch von Luthers Erfahrung her die Frage unausweichlich, ob die Verkündigung der Freiheit eines Christenmenschen als Schaltstelle zu den aus freiem Herzen selbstverständlich getanen, für die Menschen nötigen, guten Werke genügt.

III. Die Freiheit eines Christenmenschen leben

Was bedeutet es, die Freiheit eines Christenmenschen zu leben?

a) Oratio, Meditatio, Tentatio

In seiner Vorrede zum ersten Band der Wittenberger Ausgabe der deutschen Schriften Luthers von 1539 nennt Luther drei Regeln, die er im 119. Psalm gelehrt findet: „und heißen so: Oratio, Meditatio, Tentatio".[12]

Zuerst also die Oratio, das Gebet.

Es bezieht sich zuerst auf die Heilige Schrift:

„Erstens sollst du wissen, daß die Heilige Schrift ein solches Buch ist, was die Weisheit aller anderen Bücher zur Narrheit macht, weil keines vom ewigen Leben lehrt als dieses allein. Drum sollst du an deinem Sinn und Verstand

---
[11] WA 7, 30.
[12] WA 50, 657–661. Zitiert nach Bornkamm/Ebeling. A. a. O., Bd. 1, S. 8 ff.

stracks verzagen. Denn damit wirst du es nicht erlangen ... Sondern knie nieder in deinem Kämmerlein und bitte mit rechter Demut und Ernst zu Gott, daß er dir durch seinen lieben Sohn wolle seinen Heiligen Geist geben, der dich erleuchte, leite und Verstand gebe."

Dieses erste also ist für uns schon ziemlich überraschend. Es geht nicht zuerst darum, daß ich mich selbst finde, mir meine eigenen Gedanken mache und dann von diesen Gedanken aus das, was in der Heiligen Schrift steht, zu begreifen versuche. Vor allem anderen soll ich Gott bitten, daß er mir durch das Lesen der Heiligen Schrift das rechte Licht aufstecke.

Das zweite ist die Meditatio:

„Zum anderen sollst du meditieren, das ist: nicht allein im Herzen, sondern auch äußerlich die mündliche Rede und im Buch geschriebenen Worte immer treiben und reiben, lesen und wiederlesen, mit fleißigem Aufmerken und Nachdenken, was der Heilige Geist damit meint. Und hüte dich, daß du nicht überdrüssig werdest oder denkest, du habest es ein Mal oder zwei Mal genug gelesen, gehört und gesagt und verstehst das alles bis auf den Grund. Denn daraus wird nimmermehr ein guter Theologe. Solche sind wie das unzeitige Obst, das abfällt, ehe es halb reif wird. ... Denn Gott will dir seinen Geist nicht geben ohne das äußerlich Wort. Danach richte dich. Denn er hat es nicht vergeblich befohlen, äußerlich zu schreiben, predigen, lesen, hören, singen, sagen usw."

Erstaunlich ist, daß dieser Umgang mit der Heiligen Schrift nicht etwas ist, was man einmal lernt, und dann hat man es, sondern offenbar eine lebenslange Aufgabe bleibt.

Drittens ist da Tentatio, Anfechtung:

„Die ist der Prüfstein, die lehrt dich nicht allein Wissen und Verstehen, sondern auch Erfahren, wie recht, wie wahrhaftig, wie süß, wie lieblich, wie mächtig, wie tröstlich Gottes Wort sei, Weisheit über alle Weisheit. ... Denn sobald Gottes Wort aufgeht durch dich, so wird dich der Teufel heimsuchen, dich zum rechten Doktor machen und durch seine Anfechtungen lehren, Gottes Wort zu suchen und zu lieben. Denn ich selber (damit ich Mäusedreck mich auch unter den Pfeffer menge) habe sehr viel meinen Papisten zu danken, daß sie mich durch des Teufels Toben so zerschlagen, zerdrängt und zerängstet, das ist einen rechten guten Theologen (aus mir) gemacht haben, wohin ich sonst nicht gekommen wäre."

Ein seltsamer Heiliger ist es, der bei solcher Beschreibung des wahren Theologen, des wahren Christenmenschen herauskommt. Er wird hin- und hergerissen durch die Widrigkeiten, die auftreten, sobald der Widersacher gewahr wird, daß das Evangelium aufzugehen droht. Er ist „zerängstet", und das macht einen guten Theologen und kundigen Christenmenschen aus.

An sich scheint die Anfechtung ja nicht zu den ersten beiden Aufgaben, dem Gebet und der Meditation, zu passen. Aber Luther legt größten Wert darauf, daß die Widerfahrnisse des Lebens, besonders diejenigen, die der Kreuzeserfahrung nahestehen, ein entscheidender Teil des Lernprozesses sind, durch den das Wesen des Glaubens begriffen wird. Immer wieder (z. B. in den Briefen aus der Pestzeit 1527, aber auch in den Zeiten seiner Krankheit) weist Luther darauf hin, daß die Höllen, durch die er gehen muß, Teil des lebenslangen Begreifens der Wirklichkeit des verborgenen und offenbaren Gottes sind. Damit kommt man nie ans Ende.

In der oben zitierten Vorrede beschäftigt sich Luther gleichzeitig mit den Skrupeln, ob es nicht ein Element der Eitelkeit und des Stolzes auf die eigenen Werke ist, wenn er seine deutschen Schriften, wie es die Freunde und die Buchdrucker wollen, veröffentlicht.

Deshalb weist er darauf hin, daß das Studieren der Bibel wichtiger ist als das Studieren aller anderen menschlichen Erzeugnisse.

„Fühlst du dich aber und läßt dich dünken, du habest es gewiß, und schmeichelst dir mit deinen eigenen Büchlein, Lehren und Schreiben, als habest du es hier köstlich gemacht und trefflich gepredigt, gefällt dir auch sehr, daß man dich vor andern lobe, willst du auch vielleicht auch gelobt sein, sonst würdest du trauern oder nachlassen, – bist du von der Art, Lieber, so greif dir selber an deine Ohren. Und greifst du recht, so wirst du finden ein schön Paar, großer, langer, rauher Eselsohren. So wende vollends die Kosten dran und schmücke sie mit güldnen Schellen, auf daß, wo du gehst, man dich hören könnte, mit Fingern auf dich weisen und sagen: Seht, seht, da geht das feine Tier, das so köstliche Bücher schreiben und trefflich wohl predigen kann. Alsdann bis du selig und überselig im Himmelreich. Vielmehr da, wo dem Teufel samt seinen Engeln das höllische Feuer bereitet ist. Summa, laßt uns Ehre suchen und hochmütig sein, wo wir es vermögen. In diesem Buch ist Gottes die Ehre allein, und es heißt: ‚Gott widersteht den Hoffärtigen, den Demütigen aber gibt er Gnade.' (1. Petrus 5,5) Ihm sei Ehre in alle Ewigkeit."

Zur Anfechtung gehört auch, daß man sich mit großen Eselsohren vorfindet. Ja, der Prediger, die Predigerin, sie ertappen sich dabei, daß sie nach der Predigt dringend Bestätigung brauchen, geradezu süchtig sind nach dem zustimmenden Wort und dünnhäutig gegenüber dem Schweigen der Gemeinde oder der Andeutung einer Kritik. Das gehört mit zum Christenleben.

Die Freiheit eines Christenmenschen leben heißt nicht, unbeschädigt durchzukommen, furchtlos und unangefochten. Es bleibt immer beim „simul justus et peccator" (zugleich Gerechtgesprochener und Sünder), zugleich zerängstet und getröstet für den Christenmenschen.

Es bedeutet auch, schonungslos und getrost mit dem eigenen Schuldigwerden leben zu können.

Am 1. August 1521 schreibt Luther von der Wartburg an Melanchthon:

> „Wenn Du ein Prediger der Gnade bist, dann predige die Gnade nicht fiktiv, sondern wahrhaftig; denn es ist wahre Gnade, und ich tue wahre und nicht fiktive Sünde. Gott macht nicht fiktive Sünder heil. Sei ein Sünder und sündige tapfer, aber stärker glaube und freue Dich in Christus, der ein Sieger ist über Sünde, Tod und Welt. Es muß gesündigt werden, solange wir hier sind. Dieses Leben ist nicht eine Wohnung der Gerechtigkeit, sondern wir erwarten – wie Petrus sagt – einen neuen Himmel und eine neue Erde, in welchen die Gerechtigkeit wohnt."[13]

Zumeist wird nur das „pecca fortiter" (sündige tapfer) zitiert und unterschlagen, daß es weitergeht „sed fortius fide et gaude in Christo, qui victor est peccati, mortis et mundi" (aber stärker glaube, und freue Dich in Christus, der ein Sieger ist über Sünde, Tod und Welt).

Es geht dabei z. B. um die Situation der Pflichtenkollision, bei der ich nur die Wahl zwischen zwei Übeln habe und durch die Wahl des kleineren Übels, so richtig und nötig sie ist, keineswegs gerechtfertigt bin. Als zur Freiheit in Christus Befreiter muß ich da nichts übertünchen oder verharmlosen, sondern kann getrost die Sünde und das Übel als das bezeichnen, was es – nun auch durch meine Mithilfe – in solch einer schwierigen Situation ist.

b) Dein bin ich, o Herr

Was für eine Lebenseinstellung und Zielangabe für mein Leben kommt dabei heraus? Mir sagen zwei Texte Dietrich Bonhoeffers aus der Haft in dieser Hinsicht am meisten.

Da ist einmal jener berühmte Brief vom 21. Juli 1944. Dieser Brief ist einen Tag nach dem mißglückten Attentat auf Hitler geschrieben. Bonhoeffer ahnt, daß es ihm nun ans Leben gehen kann. Er schreibt einen grundsätzlichen, seine konkreten Gedanken natürlich verschleiernden Brief, da er damit rechnen muß, daß er abgefangen wird. Bonhoeffer schreibt an Eberhard Bethge:

> „Ich habe in den letzten Jahren mehr und mehr die tiefe Diesseitigkeit des Christentums kennen und verstehen gelernt. Nicht ein homo religiosus, sondern ein Mensch schlechthin ist der Christ, wie Jesus – im Unterschied wohl

---

[13] WA Br 2, 372.

zu Johannes dem Täufer – Mensch war. Nicht die platte und banale Diesseitigkeit der Aufgeklärten, der Betriebsamen, der Bequemen oder der Lasziven, sondern die tiefe Diesseitigkeit, die voller Zucht ist, und in der die Erkenntnis des Todes und der Auferstehung (Christi) immer gegenwärtig ist, meine ich. Ich glaube, daß Luther in dieser Diesseitigkeit gelebt hat.

Ich erinnere mich eines Gespräches, das ich vor dreizehn Jahren in A. mit einem französischen jungen Pfarrer hatte. Wir hatten uns ganz einfach die Frage gestellt, was wir mit unserem Leben eigentlich wollten. Da sagte er: Ich möchte ein Heiliger werden (– und ich halte für möglich, daß er es geworden ist –); das beeindruckte mich damals sehr. Trotzdem widersprach ich ihm und sagte ungefähr: Ich möchte glauben lernen. Lange Zeit habe ich die Tiefe dieses Gegensatzes nicht verstanden. Ich dachte, ich könne glauben lernen, indem ich selber so etwas wie ein heiliges Leben zu führen versuchte. Als das Ende dieses Weges schrieb ich wohl die ‚Nachfolge'. Heute sehe ich die Gefahren dieses Buches, zu dem ich allerdings nach wie vor stehe, deutlich.

Später erfuhr ich, und ich erfahre es bis zur Stunde, daß man erst in der vollen Diesseitigkeit des Lebens glauben lernt. Wenn man völlig darauf verzichtet hat, aus sich selber etwas zu machen – sei es einen Heiligen oder einen bekehrten Sünder oder einen Kirchenmann (eine sogenannte priesterliche Gestalt!), einen Gerechten oder Ungerechten, einen Kranken oder einen Gesunden – und dies nenne ich Diesseitigkeit, nämlich in der Fülle der Aufgaben, Fragen, Erfolge und Mißerfolge, Erfahrungen und Ratlosigkeiten leben, – dann wirft man sich Gott ganz in die Arme, dann nimmt man nicht mehr die eigenen Leiden, sondern das Leiden Gottes in der Welt ernst, dann wacht man mit Christus in Gethsemane, und ich denke, das ist Glaube, das ist ‚Metanoia' (Umkehr, Buße); und so wird man ein Mensch, ein Christ (vgl. Jerem. 45!). Wie sollte man bei Erfolgen übermütig oder an Mißerfolgen irre werden, wenn man im diesseitigen Leben Gottes Leiden mitleidet?

Du verstehst, was ich meine, auch wenn ich es so kurz sage. Ich bin dankbar, daß ich das habe erkennen dürfen, und ich weiß, daß ich es nur auf dem Wege habe erkennen können, den ich nun einmal gegangen bin. Darum denke ich dankbar und friedlich an Vergangenes und Gegenwärtiges. – Vielleicht wunderst Du Dich über einen so persönlichen Brief. Aber, wenn ich einmal so etwas sagen möchte, wem sollte ich es sagen? … Gott führe uns freundlich durch diese Zeiten; aber vor allem führe er uns zu sich."[14]

Die Freiheit eines Christenmenschen besteht darin, daß er nichts aus sich machen muß, weder einen Heiligen noch einen vorbildlich Glaubenden. Er hat die Frei-

---

[14] Dietrich Bonhoeffer: Widerstand und Ergebung. Briefe und Aufzeichnungen aus der Haft. Hrsg. von Eberhard Bethge. München, 1956, S. 247 ff.

heit zu einer Diesseitigkeit, die sich Gott ganz in die Arme wirft und die Höhen und Tiefen des Lebens zu durchstehen vermag. Ja mehr noch, wer sich an Christus hält, kann das eigene Leiden begreifen als ein Gleichgestaltetwerden mit Christus. Diese Wendung zum leidenden Christus ist die wahre Umkehr. Noch stärker nachempfindbar erlebe ich Bonhoeffers Gedicht:

„Wer bin ich?"

Wer bin ich? Sie sagen mir oft,
ich träte aus meiner Zelle
gelassen und heiter und fest
wie ein Gutsherr aus seinem Schloß.

Wer bin ich? Sie sagen mir oft,
ich spräche mit meinen Bewachern
frei und freundlich, klar,
als hätte ich zu gebieten.

Wer bin ich? Sie sagen mir auch,
ich trüge die Tage des Unglücks
gleichmütig, lächelnd und stolz,
wie einer, der Siegen gewohnt ist.

Bin ich das wirklich, was andere von mir sagen?
Oder bin ich nur das, was ich selbst von mir weiß?
Unruhig, sehnsüchtig, krank, wie ein Vogel im Käfig,
ringend nach Lebensatem, als würgte mir einer die Kehle,
hungernd nach Farben, nach Blumen, nach Vogelstimmen,
dürstend nach guten Worten, nach menschlicher Nähe,
zitternd vor Zorn über Willkür und kleinlichste Kränkung,
umgetrieben vom Warten auf große Dinge,
ohnmächtig bangend um Freunde in endloser Ferne,
müde und leer zum Beten, zum Denken, zum Schaffen,
matt und bereit, von allem Abschied zu nehmen.

Wer bin ich? Der oder jener?
Bin ich denn heute dieser und morgen ein andrer?
Bin ich beides zugleich? Vor Menschen ein Heuchler
und vor mir selbst ein verächtlich wehleidiger Schwächling?
Oder gleicht, was in mir noch ist, dem geschlagenen Heer,
das in Unordnung weicht vor schon gewonnenem Sieg?

Wer bin ich? Einsames Fragen treibt mit mir Spott.
Wer ich auch bin, Du kennst mich, Dein bin ich, o Gott![15]

---

[15] D. Bonhoeffer, a. a. O., S. 242 f.

Ich empfinde es als bewegend, wie Bonhoeffer versucht, diese fast trotzige Haltung souveräner Gelassenheit durchzuhalten, und dadurch für viele Menschen – wie wir wissen – eine Hilfe war. Jemand, der sich nicht selbstbemitleidend durchhängen läßt, das ist eine Hilfe für die Mitgefangenen unseres Daseins. Auch die Ehrlichkeit, die eigene Verzweiflung und Wut sich zuzugeben, die Zerrissenheit – „Wer bin ich? Der oder jener?" – zu durchstehen ohne Beschwichtigungen, verdankt sich dem letzten Halt: Dein bin ich, o Herr.

Es ist wichtig, daß wir uns solche Lebenserfahrungen nicht als Heldenepos, sondern als alltäglichen Lebensversuch vor Augen stellen.

Der Umgang des Christenmenschen, der die Quelle seiner Befreiung kennt, mit der Schuld, kann ganz unterschiedliche Formen haben.

Wir hatten früher in der Heide immer am Bußtag und Karfreitag Abendmahl. Zusammen mit der Mutter saßen wir als Kinder – mein Vater war früh gestorben – vor dem Gottesdienst oben in der Wohnung. Der Großvater wohnte unten. Er kam eigentlich nie herauf. Er war pensionierter Oberweichenwächter. Am Tag des Abendmahls jedoch, da warteten wir immer schon, hörten wir seinen Schritt auf der Treppe. Er klopfte, machte die Türe auf, schaute meine Mutter und uns an und sagte: „Martha, Jungs – vergebt mir meine Schuld, was ich falsch gemacht habe." Er stand da. Die Mutter sagte: „Ist gut, Vater." Dann ging er wieder die Treppe hinunter. Wir fanden das toll. Er war nämlich manchmal schwierig. Aber an solch einem Tag fanden wir ihn einfach gut.

Wir wissen, wo das herkommt. „… Geh zuerst hin und versöhne dich mit deinem Bruder, und dann komm …" (Matthäus 5,24)

Eine alte Tradition, die längst weg ist. Wir selbst waren Beispiel dafür, denn wir hätten ja von uns aus auch sagen müssen: „Opa, vergib uns unsere Schuld." Aber das sagten wir typischerweise schon nicht mehr. Es ist ein sehr archaisches Modell, ich weiß.

Übrigens: In Siebenbürgen gehörte es Freitag abends vor jedem Abendmahlsgottesdienst dazu, daß sich das ganze Dorf in einer geordneten Weise, die aber zu Herzen gehen sollte, gegenseitig um Vergebung bat.

Solche Dinge wahrzunehmen, wiederzuentdecken und in unsere Zeit umzusetzen ist kein romantischer Gedanke. Es ist eigentlich ein vernünftiger Umgang mit der gegenseitigen Schuld und freier Menschen würdig.

Es wäre jetzt auch auf die Stuttgarter Schulderklärung vom 18./19. Oktober hinzuweisen, in der der damals kurz vorher neugewählte Rat der EKD aufgrund der Gespräche mit Vertretern der Ökumene jene berühmte und die Atmosphäre reinigende Erklärung abgeben konnte. Diese Erklärung hatte in der Ökumene eine beachtliche Wirkung. Wie wenig selbstverständlich diese Freiheit eines Christenmenschen ist, zeigte sich an der Reaktion in Deutschland. Selbst der größte Teil der Pfarrerschaft hat dieses Schuldbekenntnis so nicht akzeptieren wollen.

c) Die Welt weltlich sein lassen können

Kürzlich fragte mich jemand etwas überraschend, was für mich eigentlich eine lutherische Lebenshaltung sei. Ich sagte spontan ungefähr:

– daß jemand mit mittlerem Augenmaß vernünftig sein kann und

– sein Herz nicht an seine Erfolge oder Mißerfolge hängt, sondern

– mit der Welt weltlich umgeht und weiterführende Kompromisse fördert.

Mein Gesprächspartner zeigte sich verwundert: Mehr nicht? Das ist aber doch ziemlich harmlos.

Ich habe es ihm zu erklären versucht, was ich meinte: Der christliche Glaube bringt das Leben auf eine ganz schlichte Weise ins Lot.

Dem Menschen wird zugesagt, daß er in dieser Welt sein darf und Ansehen hat vor allem Tun und trotz allem Tun. Wir sollen diese Welt verbessern, wo es nur geht, aber wir müssen keine heile Welt schaffen und müssen uns keine solche vorgaukeln. In unserer Misere steht vielmehr der gekreuzigte Christus im österlichen Licht neben uns, gibt uns die Zusage gültiger Gottesnähe und unverlierbarer Würde, macht uns innerlich stabil und gibt uns dadurch die Möglichkeit, immer wieder neu und selbstvergessen anfangen zu können.

Die Rechtfertigung allein aus Glauben gibt Freiheit

– von der Vorstellung, aus der Welt das Heil gewinnen zu können;

– von der Angst um mich selbst und der Illusion, den Ast, auf dem ich sitze, selbst stützen zu können;

– von der Notwendigkeit, mich über andere auf deren Kosten erheben zu müssen.

Die Rechtfertigung allein aus Glauben gibt Freiheit

– zur Solidarität mit den Versagern, weil ich weiß, daß ich selbst dazugehöre;

– zum selbstvergessenen, liebevollen Dienst für die Welt;

– zu jener Nüchternheit, die uns selbst und unsere Welt nicht dauernd kompromißlos überfordern muß.

Es ist sehr interessant, in diesem Zusammenhang die „Denkschrift" des sogenannten „Freiburger Kreises" (Adolf Lampe, Constantin von Dietze, Walter

Eucken, Gerhard Ritter u. a.) im November 1942 auf eine Bitte der Bekennenden Kirche hin, die von Dietrich Bonhoeffer am 9. Oktober 1942 überbracht wurde, zu lesen. Es war dieses eine Ausarbeitung unter konspirativen Verhältnissen für die Zeit nach dem Kriege. Die dabei versammelten Professoren, zu denen bei der entscheidenden Sitzung auch noch als auswärtige Teilnehmer Otto Dibelius, Walter Bauer, Carl Goerdeler und der junge Helmut Thielicke stießen, verstanden sich bewußt als lutherische Christen.

Einige Zitate:

> „Im öffentlichen Leben hat der Staat die Kirche vollständig überschattet. In den modernsten, den sogenannten totalitären Staaten, ist er dabei, diese nicht bloß in den Winkel zu drängen, sondern von ihren Lebenswurzeln her zum Aussterben zu bringen, indem er die christliche Gesinnung als solche verfemt … Dieser mit gewaltigen äußeren Machtmitteln unternommene Versuch trifft keinen Teil der Christenheit in so hilfloser Lage wie das deutsche Luthertum. Den deutschen Territorialkirchen lutherischen Ursprungs fehlt … die Sicherheit einer klaren Gewissensorientierung in Fragen der politischen und sozialen Lebensgestaltung. Luther selbst hat diese Orientierung keineswegs gefehlt … Die Folge ist der viel beredete, ebenso oft als besonderer Vorzug wie als Schwäche beklagte ‚unpolitische' Charakter des deutschen Luthertums. Die entschiedensten Lutheraner (besonders in Bayern und Hannover) sind heute noch stolz darauf. Mit Recht … insofern, als so das politisierende Priestertum der katholischen und anglikanischen Kirche vermieden wurde. Mit Unrecht, sofern es nicht nur Furcht vor einer Verfälschung des Evangeliums durch wesensfremde Elemente ist, was dahintersteckt, sondern weithin einfach Beschränktheit des geistigen Horizonts, Traditionalismus, Scheu vor Verantwortung, vielleicht sogar Kleinglaube, geheime Schwäche und Unsicherheit, in jedem Falle eine schwere Verkennung der heutigen geschichtlichen Lage, Wirklichkeitsblindheit – ja Verblendung.
>
> Es gibt heute keinen Appell mehr an das christliche Gewissen der Machthaber. Er wäre widersinnig … Ein christliches Gewissen gibt es nur da, wo Gott, der persönliche Gott, der Vater Jesu Christi und Endrichter dieses Aeons als eine übermächtige Wirklichkeit auch über den größten irdischen Machthabern gefürchtet wird. Nicht aber da, wo die Verantwortung ‚vor der Geschichte' an die Stelle der Verantwortung vor dem allmächtigen Gott getreten ist. Verantwortung ‚vor der Geschichte' ist in Wahrheit nichts anderes als Verantwortung vor sich selbst, vor dem eigenen irdischen Nachruhm …
>
> Ob sich die praktische Politik darum kümmert oder nicht: Es gibt für den christlichen Politiker und für jeden einzelnen Christen als Staatsbürger genau ebenso eine Verantwortung vor Gott in seinem Handeln … wie für jeden Christen überhaupt. Und es ist nicht nur unchristlich, sondern auch unrefor-

matorisch, sich dieser Verantwortung durch den Hinweis auf die angebliche ‚Eigengesetzlichkeit' des politischen Lebens zu entziehen. Das Reich Gottes und das Reich der Welt stehen für Luther nicht unverbunden nebeneinander, sondern überschneiden einander total. Es gibt kein weltliches Tun, das nicht vor dem Angesicht Gottes, in Furcht und Zittern vor seinem Zorn und aus Liebe zu seinem Dienst zu geschehen hätte. Es gibt aber auch keinen abgesonderten Kirchenwinkel, in den sich der Christ verkriechen dürfte zu frommer Erbauung und mit dem Rücken gegen die bösen Händel der Welt ...

Aber freilich: Wenn nun hier ein christliches Wissen raten und helfen soll, so muß es selbst ein wohlberatenes Gewissen sein, nämlich zugleich ein Wissen um die Sache, um die es geht. Es gibt so wenig eine politische Ethik ohne Sachverstand, wie es etwa eine Ethik der Wirtschaft ohne Kenntnis ihrer Sachnotwendigkeiten gibt. Was die Zeit braucht, sind nicht Moralpredigten, die ins Leere gehen, sondern ist Einsicht in die wirkliche Struktur des Gemeinschaftslebens, um überhaupt sehen zu können, was sein soll, und was nicht sein darf.

Eben an solchem Sachverständnis der politischen Dinge aber fehlt es im deutschen Luthertum in geradezu erschütterndem Maße ..."[16]

Anlage 4, Wirtschafts- und Sozialordnung

... Wir wollen nicht versuchen, eine besondere evangelische oder auch nur allgemein-christliche Wirtschaftsordnung zu entwerfen; denn wir können nicht aus den Grundlagen unseres Glaubens für die Wirtschaftsordnung genaue Regelungen mit dem Anspruch auf unverbrüchliche Gültigkeit ableiten ... Worauf es uns ankommen muß, ist: eine Wirtschaftsordnung vorzuschlagen, die – neben ihren sachlichen Zweckmäßigkeiten – den denkbar stärksten Widerstand gegen die Macht der Sünde ermöglicht, in der die Kirche Raum für ihre eigentlichen Aufgaben behält und es den Wirtschaftenden nicht unmöglich gemacht oder systematisch erschwert wird, ein Leben evangelischer Christen zu führen ...

In ihrer Stellungnahme zur Wirtschaftsordnung muß die Kirche von Christus zeugen. Sie dient damit der Befreiung von allen weltlichen Heilslehren. Sie weiß, daß keine Wirtschaftsordnung die Macht des Bösen in der Welt beseitigen kann, muß aber von jeder Wirtschaftsordnung verlangen, daß sie dem Ziele dient, dieser Macht zu widerstehen, daß sie also den göttlichen Geboten, namentlich dem Dekalog, zu entsprechen sucht. ..."[17]

---

[16] In der Stunde Null. Eingeleitet von Helmut Thielicke. Tübingen, 1979, S. 31 f.
[17] A. a. O., S. 128 f.

Es würde zu weit führen, die Denkschrift und ihre Hintergründe im einzelnen darzustellen. Beeindruckend ist, in welch nüchterner und bewußt ideologievermeidender Argumentation mit den politischen und wirtschaftlichen Problemen umgegangen wird. Das Zeugnis von Christus dient der Befreiung von allen weltlichen Heilslehren. Da wird deutlich, was die Freiheit eines Christenmenschen für einen sachgemäßen Umgang mit einer schwierigen Welt, durch die man nicht hindurchkommt, ohne naß zu werden, bedeutet.

Zum Abschluß einige Fragen: Genügt es eigentlich für das Erlangen der Freiheit eines Christenmenschen, daß Christus gepredigt und gehört wird? Luther geht ja ganz bewußt davon aus. Ich zitiere noch einmal:

> „Dieser Glaube erwächst und wird erhalten dadurch, daß mir gesagt wird, was er mir gebracht und gegeben hat."[18]

Genügt es eigentlich, daß wir das hören, daß es uns verkündigt wird? Geschieht da beim Zuspruch des Evangeliums in der Realität überhaupt genug? Erleben die Menschen wirklich solch eine Befreiung? Oder wirkt die Botschaft von der Rechtfertigung allein aus Glauben doch wie ein abstraktes Theologengewächs zwischen den vielen anderen, viel lebensvoller wirkenden, viel greifbareren Angeboten auf dem modernen Markt der Möglichkeiten?

Wenn man einmal auf solch eine Spur gekommen ist, taucht die Frage auf, ob das möglicherweise ein ganz altes evangelisches Phänomen ist.

Ich denke an den 1. Januar 1530, als Luther auf der Kanzel in der Stadtkirche zu Wittenberg steht und predigt, lieber wolle er in Zukunft tollen Hunden predigen als weiter dieser undankbaren Gemeinde. Die hatten nämlich die Freiheit allein aus Glauben mißverstanden und gesagt, wenn man sowieso alles umsonst hat, warum sollen wir dann noch zum Gottesdienst kommen. Luther war darüber tief empört. Er machte seinem Herzen Luft. Natürlich, wie es üblich ist, gegenüber dem kleinen Häuflein, das nicht gemeint war.

Luther ist von Stund an in den Predigtstreik getreten und hat gesagt: Ich predige nicht mehr! Die ganze Stadt war natürlich entsetzt. Der Kurfürst schrieb am 18. Januar einen Brief, Luther möge doch wenigstens einmal in der Woche wieder predigen. Luther, der sonst bis zu zehnmal in der Woche predigen konnte, hat bis zum Mai, zu seiner Abreise nach Coburg, nur noch viermal in Wittenberg gepredigt, weil er tief enttäuscht war.

Die große Erweckung war ausgeblieben. Wenn Gott gnädig war, dann war er wohl auch nicht so gefährlich. Wenn man das ganze geistliche Korsett von Messen und Wallfahrten, geistlichen Übungen und guten Werken nicht mehr brauchte für die

---

[18] WA 7, 29.

Seligkeit, dann war ja alles einfacher. Das ist 1530 die erste deutliche Krise des Protestantismus. Die damit zusammenhängende Frage lautet: Läßt sich mit der Rechtfertigungsbotschaft der Mensch prägen? Oder braucht er doch mehr, nämlich ein Umfeld von religiösen Verpflichtungen und Verabredungen, von sozialer Kontrolle und Ermutigungen und Rippenstößen? Muß die christliche Freiheitsbotschaft nicht eingebettet sein in Plausibilitätsstrukturen, Selbstverständlichkeiten des religiösen Denkens wie des gesellschaftlichen Verhaltens, um überhaupt ankommen zu können? Der radikale Traditionsabbruch unserer Zeit, die extreme Ablenkung durch Anreize, die Fülle der werbenden Verheißungen, dies oder jenes müsse man noch haben, um glücklich zu sein, die mit dem marktwirtschaftlichen Angebot verbundene Individualisierung und Pluralisierung der Gesellschaft machen das Verstehen der Rechtfertigungsbotschaft jedenfalls schwierig.

Luther hat später dann doch seinen Predigtdienst wieder aufgenommen und hat sich in der für ihn typischen Weise über diese enttäuschende Erfahrung hinwegzusetzen vermocht. In einer Predigt am 3. Advent 1532 über Matthäus 11,1–10 sagt er:

> „… so es dazumal nichts geholfen hat, als der Herr Christus selbst gepredigt und unzählige Wunderzeichen vollbracht hat, daß die Blinden sehen, die Tauben hören, die Lahmen gerade, die Aussätzigen rein, die Toten lebendig geworden sind, sondern das Wort gleichwohl verachtet und er, der liebe Herr Christus, darüber ans Kreuz geschlagen worden … was soll's jetzt helfen? Was wollen wir denn sehr darüber klagen? Was kann es verwundern, daß die Welt das heilige Evangelium und rechtschaffene Prediger in unserer Zeit so verachtet und gewissermaßen mit den Füßen darüber hinwegläuft? … Deshalb müssen wir uns daran gewöhnen … daß das Evangelium eine Predigt ist, die man so jämmerlich verachtet und daß wir uns nicht daran kehren sollen, daß Bürger und Bauern nach dem Evangelium nicht fragen … Darum sprich: Wohlan, lieber Herr Christus, ist dir solches widerfahren … so will ich wohl schweigen und nicht klagen … wir nehmen diesen König ohne Ärgernis an, halten uns an seinem Wort fest und werden durch ihn selig … Das verleihe uns unser lieber Herr Jesus Christus. Amen."[19]

Solche Nüchternheit ist sicher nützlich. Dennoch darf uns das nicht hindern, immer wieder zu fragen: Reden wir in richtiger Weise vom Gesetz und vom Evangelium, verstehen die Leute, was wir mit der Rechtfertigung allein aus Glauben meinen? Ist es begreiflich, wenn wir von der geschenkten Würde des Menschen sprechen? Wird deutlich, was das für den Auftrag der Christen bedeutet? Erleben

---

[19] WA 36, 383–387.

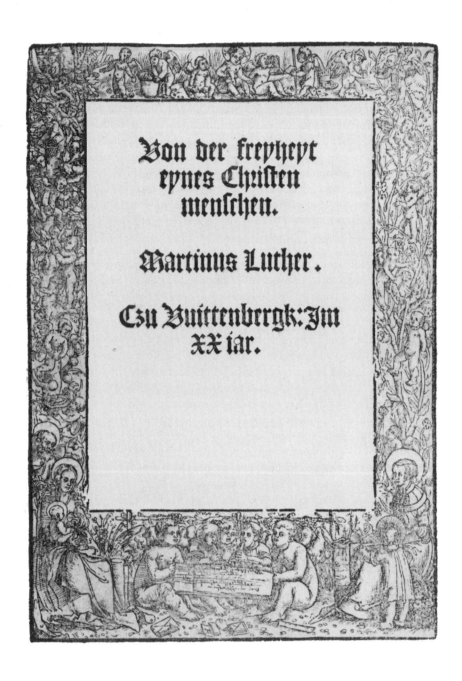

Buchtitel „Von der Freyheyt eynes Christen menschen".
Erstdruck von 1520. (Herzog-August-Bibliothek Wolfenbüttel)

die Menschen die Freiheit eines Christenmenschen als innere Stabilität, die sie mutig und getrost in dieser Zeit leben, reden und handeln läßt?

Es gilt Luthers Empfehlung: Beten, als ob alles Arbeiten nichts nützte, arbeiten, als ob alles Beten nichts nützte. Das gilt auch für die Verkündigung. Das gilt auch für die Frage, ob Wesentliches durch das Weitersagen und Weitererzählen der biblischen Botschaft geschieht, was wir an anderen Methoden der Weitergabe der Glaubensbotschaft fördern und entdecken müssen.

Das ist deutlich, daß die ganze Breite unserer kirchlichen Arbeit, vom gemeindlichen bis zum übergemeindlichen Dienst, vom Seelsorgebesuch bis zur Präsenz in den Medien, von der Beerdigung bis zum Religionsunterricht, vom diakonischen Dienst bis zur Partnerschaftsarbeit mit den Kirchen in Übersee, daß dies ganze Geflecht an kirchlichen Aktivitäten gebraucht wird als Umfeld und Hintergrund, um immer wieder neu und in vielfältigen Varianten zu erleben, wie das ist mit der Rechtfertigung allein aus Glauben und der daraus erwachsenden Freiheit eines Christenmenschen.

Wir müßten uns nur verabreden, daß wir unseren Markenartikel nicht länger verschweigen oder für unwesentlich halten. Er ist für die Menschen, er ist für unsere Welt grundlegend. Denn es werden Menschen gebraucht, die begreifen, daß alles an der in Christus geschenkten Freiheit liegt. Und es wäre gut, wenn wir einstimmen könnten in den Schluß von Luthers Freiheitsschrift:

„Siehe, da ist die rechte, geistliche, christliche Freiheit, die das Herz freimacht von allen Sünden, Gesetzen und Geboten, die alle andere Freiheit übertrifft wie der Himmel die Erde. Das gebe uns Gott recht zu verstehen und zu behalten. Amen."[20]

---

[20] WA 7, 38.

IV. Das hat Gott selbst gesagt
Predigen lernen bei Dr. Martinus

I. Zur Predigt heute

Vorbemerkung:

Manchmal, wenn ich samstags in irgendeinem der Pfarrhäuser anrufe, frage ich: „Na, sind Sie morgen auch dran? Schon fertig?" Die Antwort ist in der Regel ein Aufstöhnen: „Nein, noch lange nicht." Oder auch: „Fertig ist sie, aber ich bin ganz unzufrieden. Ich muß mich nachher noch einmal daransetzen." Dann tauschen wir gegenseitig Predigteinfälle aus. Später sitzt man wieder und formuliert. Oft geht das bis in die Nacht. Mancher steht sonntags morgens um 5.00 Uhr schon auf, feilt und verbessert und wartet immer noch auf den rettenden Einfall.

Es gibt auch Bewundernswürdige, die sind freitags mittags schon fertig.

Es gibt auch solche, die die Predigtaufgabe sehr locker nehmen. Aber die Gemeinde merkt es.

Wie dem auch sei. Man muß sich das vor Augen stellen: Freitags, sonnabends, da werden Predigten gemacht, überall in Deutschland und weltweit. Schriftauslegung, Weitergabe des Evangeliums in eigenständiger Verantwortung, gesättigt mit Erfahrungen aus Seelsorgebesuchen, aus dem innerbetrieblichen Ärger, aus dem persönlichen Erleben, aus dem sorgfältigen Durchackern des Predigttextes.

Zur Predigt heute ist deshalb als erstes zu sagen: Diese Predigtarbeit, die Sonntag für Sonntag geschieht, kann man nur mit großer Dankbarkeit und Respekt, mit Staunen und Hoffnung wahrnehmen.

Im Pfarrhaus brennt noch Licht. Es ist beachtlich, wie die vielen Predigerinnen und Prediger die Erfahrungswirklichkeit unserer Welt, die Glaubenserfahrungen der Bibel durchstöbern, sich auf die Reihe zu bringen versuchen und daraus die Predigt an die Gemeinde formulieren. Woche für Woche geschieht das in unserer Gesellschaft, wird für diese Aufgabe gebetet. Ohne Segen bleibt das nicht.

Wenn wir freilich aus Luthers Predigten Honig saugen wollen, lohnt es sich, auch auf die Schwierigkeiten zu achten, denen Predigerinnen und Prediger sich heute ausgeliefert sehen. Solche Schwierigkeiten liegen zu einem Teil in uns selbst, zum anderen in den gegenwärtigen Verhältnissen, aber auch im Umgang mit der biblischen Wahrheit.

Für mich ist die leitende Frage immer wieder: Was müssen wir neu begreifen, damit die Predigt ihrem Auftrag besser entsprechen kann?

Was können wir dazu bei Luther lernen?

Zunächst zu den Schwierigkeiten:

A. Wir erhoffen uns zu wenig von der Predigt

1. Die mangelnde Zuversicht in die Wirksamkeit der Predigt

Wollten wir von der „Predigtnot heute" reden, so wäre das zu pauschal. Die Erfahrungen der Predigerinnen und Prediger sowie der Hörerinnen und Hörer sind sehr unterschiedlich.

Was ich allerdings in vielen Gesprächen mit einzelnen und in den Pfarrkonferenzen spüre und beim Lesen vieler Predigten immer wieder entdecke, ist eine sehr gebremste Erwartung im Blick auf die Wirkungsmächtigkeit des gepredigten Wortes. Äußerung eines Predigers: „Es ist, als würfe man einen Schneeball in ein Schneefeld. Man wirft ihn, er wird wohl irgendwo ankommen, aber man sieht ihn nicht mehr, und die Landschaft bleibt unverändert."

Sicherlich, wer sich regelmäßig an Text und Wirklichkeit abarbeitet, der hat auch heute selbstverständlich seine dankbare Hörergemeinde. Die Menschen merken, daß ihnen das hilft. Aber diese Gemeinde bleibt doch sehr überschaubar.

Menschen „in die Kirche zu predigen" gelingt offenbar nur wenigen. Der Versuch, durch die Predigt etwas in Gang zu setzen, hat selten Erfolg.

Ja, man kann sich mühelos das Hören der Predigt abgewöhnen.

Es scheint realistisch zu sein, nicht so viel von der Predigt zu erwarten. Dieses zu wissen lähmt.

2. Die Unsicherheit über die Aufgabe der Predigt

„Die Predigt soll gut sein, sie soll mir persönlich etwas geben." Das hören Predigerinnen und Prediger immer wieder, wenn Gemeindeglieder – was selten ist – über die Predigt sprechen.

Aber was ist eine gute Predigt? Was soll, was kann eine Predigt bewirken?

Die Prediger selbst packt es bei der Vorbereitung manchmal: „Warum soll ich eigentlich reden? Was will ich mit meinem Predigen überhaupt?" Die Unsicherheit über den Sinn des Redens von der Kanzel schwächt die Wirksamkeit der Predigt. Es gibt ja eine Fülle von Predigtdefinitionen.

- Ist Predigt einfach Auslegung eines Bibeltextes, auch dann, wenn der biblische Text gar nicht mehr die gemeinsam vorausgesetzte Autorität ist? Was wird der Predigt zugemutet, wenn ich durch meine Auslegung gleichzeitig die Autorität des Textes herstellen soll?

- Oder ist die Predigt viel schlichter zuerst aufklärende, biblische und weltliche Zusammenhänge erörternde und ordnende Rede? So daß die Predigt ein Stück Erwachsenenbildung von der Kanzel wäre. Die Gemeinde hört ja sehr interessiert zu, wenn ihr eine sachliche, möglichst neue Information über Bibel oder Welt gegeben wird.

  Aber läuten dafür die Glocken?

- Soll die Predigt dann doch mehr orientierende Rede sein? Wegweiser in unübersichtlicher Zeit? Erörterung dessen, was ein Christenmensch heute zu tun und zu lassen hat, vielleicht gar prophetischer Aufruf zu Gerechtigkeit, Frieden und Bewahrung der Schöpfung?

  Manchem gerät jede Predigt zum offenen oder versteckten Appell. Nach kurzer Zeit sitzen bei ihnen nur noch Fans unter der Kanzel. Bei anderen freilich auch.

- Oder ist die Predigt als Verständigungsbemühung zwischen biblischem Text und gegenwärtiger Welterfahrung zu begreifen? Der Prediger oder die Predigerin hätte dann sowohl als Anwalt der Hörer wie als Anwalt des Textes zu fungieren, wie es Ernst Lange uns beigebracht hat. Das Wort Gottes muß sich dazwischen irgendwie ereignen. Der Prediger ist nicht dafür verantwortlich, daß die Predigt Wort Gottes wird. Das ist Gottes Sache. Er hat eine für die Menschen relevante Verständigungsbemühung zu erbringen. Aber reicht das zur Bestimmung der Predigt aus?

- Vielleicht aber ist es menschengemäßer, wenn man die Aufgabe der Predigt seelsorgerlich bestimmt. Dann wäre die wesentliche Aufgabe der Predigt, die Zuhörer seelsorgerlich anzusprechen, aufzuzeigen, wie ihre Lebenswelt, ihre Entfremdung und Freude, ihr Leid und Glück, durch das Kommen, Leiden, Sterben und Auferstehen Jesu Christi in Gottes Leben hineingenommen und damit angenommen worden ist. Oder ist diese seelsorgerliche Bestimmung der Predigt doch zu schmal?

- Müßte man nicht auch fragen, was die Sprechhandlung Predigt eigentlich als Anforderung an die Hörerinnen und Hörer bedeutet? Soll die Gemeinde in einer Art inneren Offenheit hineinhören in die Predigt, ob in, mit und unter den Worten Gott selbst spricht? Kann man so zuhören? Wenn sich bei einem schweren Schicksalsschlag die Wirklichkeit in ihrer Bodenlosigkeit gezeigt hat, spricht plötzlich jedes Ereignis auf überraschende Weise. Bei Liebenden übrigens auch! Wer in dieser Weise auf Gottes Wort wartet, findet es auch.

Da wäre das Ziel des Predigens und des Hörens die Gottesberührung und die innere Stabilisierung des einzelnen durch Gottes Wort. Ist es das?

- Oder soll die Gemeinde ganz bewußt durch die Predigt zum selbständigen kritischen Wahrnehmen sowohl der Predigt selbst wie unserer Welt erzogen werden? Predigt hören als emanzipatorisch-pädagogisches Geschehen? Vorbereitung für ein kritisches und offenes Predigtnachgespräch? Aber bringt das die Freiheit der Kinder Gottes?

- Schließlich ist die Frage angesichts der vielen (zumeist unrealistischen) Handlungsanweisungen in der Predigt, ob nicht das unbewußt intendierte Ziel all der Predigten doch die christliche Tat, die Erneuerung der Gemeinde und Kirche, der Umbau der Gesellschaft zu einer gerechten, der Welt zu einer friedlichen usw. ist. Dann wäre das eigentliche Ziel der Predigt doch der besser handelnde Mensch als Mittelpunkt der Welt? Sind Glaubenszuversicht und Glaubensgehorsam so gedacht?

In der sonntäglichen Predigt kommen in der Regel mehrere dieser Intentionen jeweils gleichzeitig zum Zuge.

Für die Wirksamkeit der Predigt ist es nötig, daß der Intention der Predigt und den Erwartungen der Hörer ein in etwa gemeinsames Verständnis des Auftrags der Verkündigung zugrunde liegt.

Anders schadet es der Predigt.

3. Die Sorge, daß die Bibel veraltet ist

Wenn Predigende und Hörende mit der existentiellen Erwartung und Gewißheit auf biblische Texte hörten, daß ihr gegenwärtiges Leben mit den Freuden, Irritationen und Ängsten darin Klärung finden könnte, brauchte man sich um die Wirkung der Predigt keine Sorge zu machen.

Gegenwärtig wird jedoch in der Öffentlichkeit kaum vermittelt, daß die Bibel eine ernsthafte Hilfe zur Lebensbewältigung sein könnte. Im Gegenteil: Sie hat eher das Image eines komplizierten altehrwürdigen Werkes, für das nur fromme Experten zuständig sind.

Das wird verstärkt durch die Neigung selbst der engagierten Gemeindeglieder, aber auch der kirchlichen Mitarbeiterinnen und Mitarbeiter bis hin zur Pfarrerschaft, mit biblischen Texten außerhalb kirchlicher Mauern nicht aufzutreten und nicht zu argumentieren.

Nun könnte man überlegen, ob es im Kontext unserer modernen Lebenswelt mit ihrer Handlungs- und Erfolgsfixiertheit überhaupt möglich sein kann, die Inhalte der Bibel ins alltäglichen Leben zu vermitteln.

Die biblische Wahrheit entzieht sich in der Regel der Nutzung zur Effektivitätssteigerung, läßt sich nur auf problematische Weise vermarkten. Um ihre Kraft zu entdecken, bedarf es einer grundlegenden Umkehr und Einsicht, daß nämlich der Mensch sich vor allem eigenen Tun als Empfangender begreifen muß und dadurch erst die Freiheit zum sachgemäßen Handeln gewinnt.

Andererseits hat sich im „Jahr der Bibel" gezeigt, daß die weithin anzutreffende Bibelvergessenheit nichts anderes ist als eine kulturelle Unbildung, die sich nicht unwesentlich der Trägheit und dem mangelnden Selbstbewußtsein der Christenmenschen verdankt.

Sobald umsichtig und kreativ Bibeltexte zum Umschlagplatz der Erkenntnis in Predigt, Bibelarbeit und öffentlichem christlichem Statement gemacht werden, zeigt sich eine erstaunliche Aufmerksamkeit und Hörbereitschaft. Der Zustrom zu den Bibelarbeiten bei den Kirchentagen ist ein viel zu wenig beachtetes Zeichen für solches Interesse.

Ich erlebe es immer wieder, wenn ich in Vorträgen bei Kurzstatements in Diskussionen an einem biblischen Text in alltäglicher Sprache etwas aufzeigen kann, daß die Reaktion anschließend überraschend positiv ist.

Die Bibel ist nur veraltet, wenn wir sie zu einem Ladenhüter machen.

B. Wir predigen in einem schwierigen Umfeld

1. Die Konkurrenz der Predigt zu den Medien

Für die Medien, sowohl im Bereich des Hörfunks wie des Fernsehens, aber auch der Printmedien, besteht die Notwendigkeit mit einem gewaltigen Einsatz an Intelligenz, Kreativität und Finanzen durch immer neue und stärkere Reize die Aufmerksamkeit der Menschen auf sich zu ziehen. Einschaltquoten und Auflagenhöhen sind für die Werbeagenturen entscheidend. Auch Rockkonzerte und ähnliche Großveranstaltungen versuchen, die Menschen durch möglichst intensives Aufputschen der Gefühle anzuziehen.

Für Predigt und Gottesdienst heißt das, sie müssen sich in einem Umfeld behaupten, in dem die Menschen gewohnt sind, wenn keine intensiven Reize vorhanden sind, abzuschlaffen und ab- oder umzuschalten.

Man kann einen Augenblick überlegen, ob vielleicht deshalb Familiengottesdienste nicht unbeliebt sind, weil in ihnen ein gewisser Medienwechsel stattfindet. Es treten ganz unterschiedliche Personen auf. Es wird anders agiert als sonst im Gottesdienst. Es regiert nicht nur das Wort. Es gibt Bilder, etwas zum Anfassen, das Singen ist anders usw. Man muß sich nicht nur auf die einsame Predigerin oder den monologisierenden Prediger auf der Kanzel mit ihren vertrauten Stimmen konzentrieren. Es gibt Abwechslung.

Im Grunde muß auch vom Kanzelredner erwartet werden, wenn er schon 20 Minuten allein redet, daß er jedenfalls alle 60 Sekunden einen Szenenwechsel vornimmt, die Fragestellung ändert, daß ein Auf und Ab der die Aufmerksamkeit anheizenden Erzählungen, Bilder, geprägten Sätze und den Hörer sich erholen lassenden Teile stattfindet.

Fatal ist freilich die Auffassung mancher Predigerinnen und Prediger, mehr als zwölf Minuten Predigt könne die Gemeinde nicht mehr ertragen. Da bei solchen Predigten nicht mehr Vorbereitungszeit, eher weniger investiert wird, sind auch die zwölf Minuten von der Art, daß die Zuhörer froh sind, wenn es vorbei ist. Wer kürzer predigen möchte, muß sehr viel mehr Zeit einsetzen. Diejenigen, die das Wort zum Sonntag im Fernsehen zu machen hatten, wissen das. 4,5 Minuten kosten sehr viel mehr Vorbereitungszeit als 20 Minuten. Nicht die Länge ist das Problem, sondern die Lang-, bzw. die Kurzweiligkeit. Es ist bei ordentlicher Vorbereitung unschwer möglich, eine Gemeinde eine Stunde lang mit einer Kanzelrede zu faszinieren. Es muß nur die Verabredung entsprechend sein, und es muß in der Predigt genug auf dem Spiel stehen, daß die Menschen merken, da wird meine Sache verhandelt in einer Sprache, die verständlich ist und mit einem Wechsel der Gesichtspunkte und sprachlichen Mittel, die das Zuhören erleichtert.

2. Das Handeln Gottes und das Handeln der Menschen

Die Rede vom Handeln Gottes wird angesichts des unglaublichen Zuwachses an Handlungsmöglichkeiten des Menschen in der wissenschaftlich-technischen Welt undeutlich. Die medizinischen Möglichkeiten, zum Beispiel, die unser Lebensschicksal viel stärker als früher vom menschlichen Können, vom Funktionieren technischer Systeme abhängig machen, bringen Gott in Wohnungsnot. Worauf ist Verlaß? Auf Gott oder auf das Können von Menschen?

Für die Predigt hat das zur Folge, daß längst der handelnde Mensch als neue Gottheit etabliert ist. Die Ethisierung der Theologie ist eine Folge der Entmachtung Gottes in der Erlebniswelt der Neuzeit.

Wenn die Sicherheit des Atomkraftwerkes nur durch ein perfektes Gestrüpp von technischen und menschlichen Sicherheitssystemen gewährleistet werden kann, dann läßt sich zwar theologisch theoretisch noch komplementär mit Luther sagen: Es gilt, für die Sicherheit zu beten, als ob alles Arbeiten nichts nützte, und für sie zu arbeiten, als ob alles Beten nicht nützte. Im Abendgebet des leitenden Ingenieurs mag auch die Bitte ihren Platz haben, es möge alles, was technisch möglichst perfekt organisiert ist, unter Gottes Schutz stehen, damit kein Unfall noch Gefahr geschieht. Aber die notwendige Aufmerksamkeit gilt notwendigerweise dem Handeln des Menschen. Gott ist nur noch dafür zuständig, daß es glückt und nicht mißglückt, was wir tun. Wirkmächtig ist er nicht mehr. Das gilt entsprechend für alle Bereiche.

Die Predigt appelliert deshalb auch systemkonform und dem Zeitgeist entsprechend nur noch an die Verantwortlichkeit der Menschen. Gottes Gebot wird ein religiöser Druckverstärker für die notwendigen Forderungen an den allein verantwortlichen Menschen. Christus hat keine anderen Hände als meine Hände, Christus hat keine anderen Füße als meine Füße usw. Das Evangelium verkommt zum Ermutigungsmittel für die verbesserte Übernahme menschlicher Verantwortung. Im Mittelpunkt steht immer der handelnde Mensch. Das zeigt sich nicht nur bei Betriebsschließungsverhinderungsgottesdiensten wie einst bei den politischen Nachtgebeten, auch die Fürbittengebete in den Gottesdiensten sind längst zu verkappten Appellen an die Gemeinde geworden.

Da die Predigthörer instinktiv spüren, daß sie das, was da gesagt wird, auch im säkularen Bereich ständig hören, wird nicht mehr deutlich, was Gottesdienst und Predigt eigentlich über den Appell hinaus noch bringen.

Auch die Predigenden spüren das. Was soll die Predigt eigentlich, wenn das Reden von Gott nur im Tun des Menschen weltlich relevant zu werden scheint?

3. Säkulare Weltsicht und personaler Gott

Für die Predigt ist es schwierig, wenn von Gott nur noch als von einem die Welt durchwaltenden Prinzip geredet werden kann und der lebendig handelnde Gott als uns Menschen in Gericht und Gnade Begegnender, als personales Gegenüber sich verflüchtigt.

Der Glaube lebt im Gebet. Die Ansprechbarkeit Gottes ist konstitutiv für jede Gottesbeziehung. Ohne die Erfahrung des mir gegenüberstehenden, mich hörenden, mich mit Vater- und Mutterhänden geleitenden und mein Geschick in, mit und unter den Verhältnissen bestimmenden Gottes, den ich durch Christus im Glauben kenne, ist der Glaube ohne Fundament.

Die gegenwärtigen Tendenzen, von Gott – wenn überhaupt – lieber wie von einem Neutrum, einer kosmischen Kraft zu reden, lieber vom „Göttlichen" oder vom göttlichen Geist zu sprechen, verdanken sich einer kulturell vermittelten Sprachlosigkeit und einem unzureichenden alltäglichen Nachdenken über das Geheimnis des Menschen in seiner Welt. Wir als Kirche sind mitschuldig daran.

Um es kurz anzudeuten: Jedem Menschen ist klarzumachen, welch verrücktes Geheimnis es ist, daß etwas ist und nicht nichts. Wie seltsam, daß wir Menschen da sind und unsere Welt wahrnehmen können! Wie seltsam, daß es mich gibt. Was hat es zu bedeuten, daß ich in diesem Jahrhundert, in diesem Land, mit diesen Eltern, in dieser Umgebung mit meinem biographischen Geschick auftauche, die Wirklichkeit wahrnehme und nachfragen kann, was das alles soll?

Schon mein Leben ist nicht ohne Staunen und fundamentales Nachfragen überhaupt menschengemäß zu leben. Aber was bedeutet es, daß solch ein Stück Natur, wie ich es bin, wie wir es sind, hier auftauchen kann? Durch mich hindurch beäugt die Wirklichkeit gleichsam sich selbst. Wie seltsam. Was hat das zu bedeuten? Was hat es zu bedeuten, daß ich nicht instinktiv weiß, wofür ich da bin, was ich zu tun habe, sondern mich in einer Freiheit vorfinde, deren Sinn mir dunkel ist. Was bedeutet es, daß ich hier – ohne gefragt worden zu sein – zu leben habe und eines Tages wieder verschwinde? Was war das dann? In welchem Sinne kann ich mein Leben gewinnen und verlieren, was soll diese irrwitzige Geschichte der Menschheit mit ihren versprochenen Paradiesen, die immer wieder zu Gefängnissen werden?

In solchen Fragen zeigt sich das Wesen des Menschen. Ich bin Person als Teil dieser Welt. Es wäre nun ein schwerer Denkfehler, wollte ich das Geheimnis der mich aus sich heraussetzenden Wirklichkeit als ein Etwas, als ein Neutrum, als eine Kraft, als ein unpersönliches Schicksal zu begreifen versuchen. Natürlich kann man nihilistisch behaupten, alles wäre ein sinnloser Zufall. Aber schon die einfachste Bemühung um ein zielgerichtetes sinnvolles Handeln zeigt, daß ein solcher Nihilismus nicht lebbar ist.

Da jedenfalls zu dieser geheimnisvollen Welt die Personalität des Menschen konstitutiv hinzugehört, wäre es unsinnig, von Gott als dem Geheimnis der Welt unterpersonal oder unpersönlich zu reden. Etwas Überpersonales können wir als für uns relevant kaum denken.

Deshalb ist es schon sehr vernünftig, daß die Urgeschichte behauptet, Gott habe sich den Menschen zum Gegenüber geschaffen, sogar zu einem ihn angesichts der Welt vertretenden Gegenüber. Er ist wenig geringer als ein Gottwesen (Psalm 8), d. h., er hat Teil – wenn auch als von seinem Ursprung um seiner Freiheit willen Entfremdeter – am Geheimnis der Welt.

Deshalb ist es nötig, daß der Prediger, die Predigerin – trotz des allgemeinen Trends zur Abwertung Gottes zu einem göttlichen Fluidum o. ä. – wissen, von Gott rede ich einzig sachgemäß, wenn ich ihn wie eine Person anspreche. Gott ist kein Opa auf der Wolke. Aber jeder Versuch, ihn gleichsam von der Seite betrachtend zu einem Etwas zu machen, geht am Entscheidenden vorbei. Das Geheimnis der Welt kann als mich betreffend nur sachgemäß wahrgenommen werden in der personalen Anrede. Die sachgemäße Gestalt des Redens von Gott ist das Reden zu Gott, das Gebet. Deshalb rede ich mit Gott und von Gott in den personalen, symbolisch verstandenen Beziehungsworten als dem Vater, dem Freund, dem Erlöser, dem Helfer.

Die gegenwärtige Tendenz, im Gebet nur noch „Gott" zu sagen aus Angst vor einer angeblich geschlechtsspezifischen Einseitigkeit, wenn von Gott als Vater geredet würde, zerstört die symbolische Kraft dieser Anredemöglichkeit. Es ist nötig, mit Gott Vorstellungen zu verbinden: Gott, unser Vater, der du uns mit Mutterhänden geleitest; Gott, der du dein Volk aus Israel geführt hast; Gott, der du uns in Jesus Christus erschienen bist. Aber auch dabei kann Gott noch ein die Wirklichkeit durchwaberndes Neutrum sein. Deshalb hat die Christenheit sehr bewußt trinitarisch geredet; von Gott als dem Vater, von Gott als dem Sohn und von Gott als dem Glauben schaffenden Heiligen Geist.

Für die Predigt ist es wichtig, daß von Gott bewußt personal geredet wird. Gott ist nicht nur eine Person, aber er ist auch nicht weniger als eine Person (Tillich).

4. Die Predigt als autoritär verdächtigte Rede

Die Predigt droht als „autoritäre Rede von oben" mißverstanden zu werden. Angesichts des neuzeitlichen Grundempfindens der Autonomie und Wahlfreiheit des aufgeklärten Menschen, der sich nichts sagen läßt, sondern lieber alles – auch seine Fehler – selbst ausprobieren möchte, greifen Prediger gern in der monologischen Rede zu dialogischen Sprachformen. Das neuzeitliche Grundempfinden soll möglichst nicht angetastet werden. Sie vermeiden freilich dadurch auch oft den direkten Zuspruch des Evangeliums, die Gottesrede des fordernden, richtenden und vergebenden Gottes. Sie verbreiten – ein Bild vom Glauben als einer Moral.

Dem müßte abgeholfen werden.

Das Evangelium, als die Nachricht von Gottes Erbarmen, rechnet zunächst ziemlich erbarmungslos mit dem Menschen, der durch einen Sund als Sünder von Gott getrennt ist, der aus Angst um sich selbst kreist – selbstverliebt und selbstverängstigt.

Das Evangelium rechnet damit, daß der Mensch sich nicht am eigenen Schopf aus dem Sumpf ziehen kann. Wenn das den modernen Menschen kränkt, ist es eine Kränkung, die zum Heile führt. Der wahrhaft autonome Mensch, der sogar neue Dekaloge schaffen darf, ist nach Luther der durch das Evangelium befreite Mensch. Der zur Freiheit verdammte, auf sein einsames Ich sich zurückziehende Mensch ist hingegen ein Blatt im Winde. Das müßte die Predigt – freilich sorgfältig argumentierend – weitergeben.

Die manchmal gerügte autoritäre Grundstruktur der Kanzelrede und der gehorsam schafsköpfig zuhörenden Gemeinde relativiert sich, wenn man sich einen Augenblick die monologische Struktur des Bildschirms allabendlich klarmacht. Wenn man darüber hinaus die Predigt als Einladung zum Mitdenken, zum kreativen Zuhören und als Anregung auf die eigenen Gedankenreise zu gehen, konzipiert und ihr den Zuspruch des Evangeliums nicht nur erlaubt, sondern abfordert, kann das ein die Selbständigkeit des Menschen vor Gott und den Menschen ausgesprochen stärkendes Unternehmen sein.

C. Chancen der Predigt neu entdecken

1. Die Verabredung zwischen Predigenden und Hörenden

In Gottesdiensten in der Lüneburger Heide, aber auch anderswo, kann man es manchmal noch erleben: Vor Beginn der Predigt senken sich viele Köpfe in der Gemeinde zum Gebet, der Prediger verharrt selbst einen Augenblick auf der Kanzel und betet, dann spricht er den Kanzelgruß, der Predigttext wird verlesen, die Predigt beginnt.

Man merkt, das ist kein geistlicher Vortrag, den die Gemeinde sich neugierig, abständig oder interessiert anhört, das ist eine Predigt.

Es bedeutet, es ist ein Geschehen, bei dem die hörende Gemeinde ebenso beteiligt ist wie der Prediger. Es ist sogar ein sakramentales Geschehen, könnte Luther gesagt haben, bei dem der Prediger das Wort Gottes darreicht und die Hörer es empfangen.

Sie beten vor der Predigt, daß ihnen das Wort des Predigers zum Wort Gottes werden möge, und der Prediger – der ja doch eigentlich weiß, wie seine Predigt zustande gekommen ist, durch sein nächtliches Arbeiten, durch seine ganze Einfallslosigkeit oder auch wohl das Gestrüpp der vielen verschiedenartigen Ideen mühsam hindurch entstanden, die halbe Nacht hat er gefischt und nach seinen Gefühlen nichts gefangen –, nun bittet er, daß dennoch durch dieses sein Wort hindurch Gott sprechen möge.

Aufgrund einer alten Verabredung zwischen Gemeinde und Prediger ist die Predigt ein Geschehen, durch das von Gott her Erleuchtung durchs Wort erwartet wird. Werkzeuge dafür sind sowohl die Hörer, die Hörerinnen wie die Predigerin, der Prediger.

Wenn solche Verabredungen vergessen werden, degeneriert die Predigt zur Kanzelrede, die man sich mehr oder weniger interessiert anhört. Da kann man auch mühelos wegbleiben.

2. Die Predigt braucht das kreative Hören der Gemeinde

Die Predigt ist von ihrem Ansatz her auf Autonomie und Wahlfreiheit angelegt. Sie ist etwas, zu dem immer zwei gehören: einer, der auf die Schrift im Kontext seines Lebens gehört hat und daraus redet, und einer, der zuhört und das Gehörte auf dem Hintergrund seiner eigenen Schrift- und Lebenserfahrung verarbeitet.

Die Macht und die Machtlosigkeit der Predigt liegen in diesem freiheitlichen Vorgang. Die Predigt kann und soll – recht verstanden – keine Manipulation durch Rede sein wollen. Sie ist Aufweis der Forderung Gottes und Zuspruch seiner heilenden Verheißung.

Aber zwischen Reden und Hören liegt ein weites Feld. Der Hörer, die Hörerin muß „gestimmt" sein, aufnahmebereit sein. Sicherlich kann der Prediger dazu im Positiven wie im Negativen beitragen. Die Sätze der Predigt sollen die Hörunwilligkeit der Hörer unterlaufen, sollen sie zum Hören auch in gewissem Sinne „überlisten". Man kann das bei Erzählstücken in der Predigt erleben, wie eine Gemeinde gleichsam selbstvergessen zuhört, auch ganz abständige Zeitgenossen lachen plötzlich an der richtigen Stelle. Aber die redliche Predigt braucht und schafft Freiräume zum selbständigen, kritischen Mitdenken. Die Predigt ist keine Rede, die „besoffen macht" (Apostelgeschichte 2).

Die Hörer freilich müssen bereit sein, produktiv mitzuhören. Hörvorgänge in der Predigt sind keine passiven Ereignisse. Das läßt sich nachweisen. Die hörende Gemeinde wird durch die Predigt angestoßen. Die einzelnen gehen auf ihre jeweils individuelle, biographisch vermittelte Gedankenreise, verbinden mit dem, was die Predigerin, der Prediger sagt, ganz persönliche, einmalige Erfahrungen, Bilder und Vorstellungen. Der Heilige Geist hat viel zu tun während einer Predigt.

3. Die Predigt als sakramentales Geschehen

Luther hat zeitweilig vom sakramentalen Charakter der Predigt gesprochen, um deutlich zu machen, daß hier ein bewußtes Weitergeben und ein bewußtes Empfangen der menschenverändernden Christusbotschaft stattfindet. Er hat das einmal für das Abendmahl eindrücklich beschrieben, man kann es auf die Predigt übertragen:

> „Da tritt vor den Altar unser Pfarrherr, Bischof, oder Diener im Pfarramt, recht und redlich und öffentlich berufen, zuvor aber in der Taufe geweiht ... zum Priester Christi. Der singt öffentlich und deutlich die Ordnung Christi, im Abendmahl eingesetzt. Er nimmt das Brot und Wein und dankt, teilt es aus und gibt es in Kraft der Worte Christi: Das ist mein Leib, das ist mein Blut. Und wir, die das Abendmahl nehmen wollen, knien neben, hinter und um ihn her, Mann, Frau, jung, alt, Herr, Knecht, Magd, Eltern und Kinder, wie uns

Gott da zusammenbringt, allesamt rechte, heilige Mitpriester, durch Christi Blut geheiligt und durch den Heiligen Geist gesalbt, geweiht in der Taufe ... und lassen unseren Pfarrherrn nicht allein für sich, als für seine Person die Ordnung Christi sprechen, sondern er ist unser aller Mund, und wir alle sprechen sie (die Worte Christi) mit ihm von Herzen und mit aufgerichtetem Glauben zu dem Lamm Gottes, das da für uns und bei uns ist und uns speist mit seinem Leib und Blut."[1]

Das ist gut gesagt: „Wir lassen unseren Pfarrer nicht allein für sich, als wenn er nur für seine Person stünde und spräche ..., sondern er ist unser aller Mund." Das gilt auch für die Predigtverabredung in der christlichen Kirche. Die Predigt als gottesdienstliches Geschehen zwischen Prediger, Predigerin und Hörer, Hörerin ist ein Ereignis, das vom Vertrauen auf Gottes Wirken in, mit und unter seinem Wort lebt. Es lebt vom „Mitpredigen", vom kreativen Hören der Gemeinde. Wir geben etwas weiter, das für die Hörerinnen und Hörer heilende Kraft haben soll, sie wiederum kennen Gottes Wort, wie rudimentär auch immer, und wollen es aktuell empfangen. Ohne diese Verabredung ist die Predigt nichts.

Die Frage ist freilich, ob das unser heutiges Predigen und Hören prägt.

Luther hat freilich auch immer wieder auf die Unverfügbarkeit des Predigterfolgs hingewiesen. Das ist Gottes Sache. Auch das liegt im Wesen der Predigt. Sie ist auf freie Zustimmung angewiesen.

Es ist das unverfügbare Geheimnis Gottes, in welcher Weise die allgemeine Rede des Predigers, der Predigerin auf einen biographischen „Kairos" trifft, der die Sätze der Predigt für die Hörerinnen und Hörer zum Wort Gottes machen. Die Predigt als ein Geschehen zwischen Hörendem und Redendem im Kontext der Erwartung der realen Wirksamkeit des Wortes Gottes[2] ist also ein Ereignis des selbständig hörenden und handelnden Menschen sowohl auf der Kanzel wie unter der Kanzel.

Allerdings ist das Entscheidende dabei nicht zuerst der handelnde oder zum Handeln aufgerufene Mensch, nicht jener Mensch, der sein will wie Gott, sondern der auf Gottes wirksames Wort bewußt wartende, weil darauf angewiesene Mensch.

II. Zu Luthers Predigtweise

Vorbemerkung:

Ist es sinnvoll, bei Martin Luther auf unsere Fragen nach der heute sachgemäßen und im evangelischen Sinne effektiven Weise des Predigens eine Antwort zu

---

[1] Von der Winkelmesse und Pfaffenweihe (1533). WA 38, 247.
[2] Siehe Hans Weder: Die Energie des Evangeliums. ZThK. Beiheft 9. 1995, S. 93 ff.

erhoffen? Ist er als voraufklärerischer Prediger – wir begehen demnächst seinen 450. Todestag – nicht doch längst inkompetent?

Freilich, die Urkunde des Glaubens, die Bibel, deren Kraft er neu entdeckt hat, und der Grund des Glaubens, der gekreuzigte und auferstandene Christus, das ist alles noch viel altertümlicher.

Es gibt Kompetenz, die zeitlos ist. Sie liegt m. E. bei Luther in der Art vor, in der er die Christusbotschaft weiterreicht. Da es hier nicht um die historische Frage geht, wie Luther in der Regel oder vornehmlich gepredigt hat – er hat natürlich auch vielfach nur mit Wasser gekocht, konnte furchtbar weitschweifig sein usw. –, sondern um die Frage, was wir von Luther lernen können, beschränke ich bewußt auf Beispiele aus wenigen Predigten und hebe eine berühmte Predigt besonders heraus.[3]

Die leitenden Fragestellungen sind:

1) Wie entschlüsselt Luther solch einen alten Text?

2) Wie bestimmt Luther Wesen und Auftrag des Menschen?

3) Wie geht Luther mit der Gotteserfahrung der Bibel im Alten und Neuen Testament um?

4) Was ist der Auftrag des Predigers?

5) Welche Wirkung soll die Predigt haben?

A. Eine Predigt Martin Luthers

1. Der Text der Predigt

In der Fastenpostille von 1525 findet sich für den Sonntag Reminiscere eine Predigt zu Matthäus 15,21–28 (Die kanaanäische Frau).[4]

Es handelt sich um eine Postillenpredigt, von Luther 1525 für die im Spätherbst d. J. erschienene Fastenpostille geschrieben. Sie ist also keine Nachschrift einer von Luther gehaltenen mündlichen Predigt, dafür ist sie aber in dieser Fassung wörtlich von Luther verfaßt. Sie ist durch den Zeitdruck, unter dem die Postille, nachdem ein Teil des Manuskriptes gestohlen und als Raubdruck in Regensburg veröffentlicht worden war, erstellt werden mußte, verhältnismäßig kurz geraten. Das ist für unseren Zweck nützlich. Luther hat diese Predigt ebenso wie die Predigten der Wartburgpostille von 1522, deren Fortsetzung die Fastenpostille ist,

---

[3] Vgl. Horst Hirschler: biblisch predigen. Hannover, 1988, S. 61 ff.
[4] Martin Luther: Fastenpostille. (1525) WA 17,2, S. 200–204.

Luther hat die Wartburg verlassen, er trägt noch die Kutte eines Augustinermöchs, aber keine Tonsur mehr. Die Bibel ist sein Halt.
Gemälde von Lukas Cranach d. Ä. 1522-1524.
(Germanisches Nationalmuseum Nürnberg)

als Musterpredigt konzipiert, als Modell und Hilfe zum sachgemäßen Predigen. Auch das ist für unseren Zweck nicht schlecht.[5]

Auf den anderen Sonntag in den Fasten Evangelium, Matthäus 15. Und Jesus ging von dannen und entwich in die Grenze Thyros und Sidon, und siehe, ein kanaanäisches Weib ging aus derselbigen Grenze und schrie ihm nach und sprach: Ach Herr, du Sohn Davids, erbarme dich mein. Meine Tochter hat einen bösen Teufel. Und er antwortet ihr kein Wort. Da traten zu ihm seine Jünger, baten ihn und sprachen: Laß sie doch von dir, denn sie schreiet uns nach. Er antwortet und sprach: Ich bin nicht gesandt, denn nur zu den verlorenen Schafen von dem Hause Israel. Sie kam aber und fiel vor ihm nieder und sprach: Herr, hilf mir. Aber er antwortet und sprach: Es ist nicht fein, daß man den Kindern ihr Brot nähme und werfe es vor die Hunde. Sie sprach: Ja, Herr, aber doch essen die Hündlein von den Brosämlein, die von ihrer Herren Tisch fallen. Da antwortete Jesus und sprach zu ihr: Oh Weib, dein Glaube ist groß, dir geschehe, wie du willst. Und ihre Tochter ward gesund zu derselbigen Stunde.

Dies Evangelium hält uns vor ein recht Exempel eines beständigen, vollkommenen Glaubens. Denn dies Weib bestehet und überwindet drei große starke Streite und lehret uns fein, was die rechte Art und Tugend sei des Glaubens, nämlich, daß er ist eine herzliche Zuversicht auf die Gnade und Güte Gottes, die durch das Wort erfahren und offenbart wird. Denn S. Markus spricht, sie habe das Gerücht von Jesu gehört. Was für ein Gerücht? Ohn Zweifel ein gut Gerücht und gut Geschrei, daß Christus ein frommer Mann wäre, der jedermann gern hülfe. Solch Gerücht von Gott ist ein recht Evangelium und Wort der Gnaden. Daraus ist gekommen der Glaube in diesem Weibe. Denn wo sie nicht geglaubt hätte, wäre sie nicht so nachgelaufen etc. Also haben wir oft gehört, wie S. Paulus Römer 10 (17) sagt, daß der Glaube komme durchs Hören und das Wort müsse zuvor gehen und der Anfang sein der Seligkeit.

Wie geht es aber zu, daß dies gut Gerücht von Christo viel mehr gehört haben, die ihm doch nicht nachlaufen, achten auch solch gut Gerücht nichts? Antwort, dem Kranken ist der Arzt nütze und angenehm, die Gesunden achten sein nicht. Aber das Weiblein fühlet seine Not, darum liefs dem süßen Geruch nach, wie Hohes Lied 1 (3) stehet. Also muß auch Mose vorhergehen und die Sünden lernen fühlen, auf daß die Gnade süß werde und angenehm. Drum ists

---

[5] Die beste Untersuchung zu den Evangelienpredigten Luthers bietet immer noch Gerhard Ebeling: Evangelische Evangelienauslegung. München, 1942. Eine Fundgrube. Eine umfassende Monographie zu der Predigtweise Luthers fehlt noch immer. Als kurzer Überblick hilfreich ist Gerhard Winkler: Luther als Seelsorger und Prediger. In: Helmar Junghans (Hrsg.): Leben und Werk Martin Luthers von 1526 bis 1546. Göttingen, 1983, S. 222–239. Dort auch Hinweise auf weitere Literatur.

verloren, wie freundlich und lieblich Christus vorgebildet wird, wo nicht zuvor der Mensch durch seiner selbst Erkenntnis gedemütigt und begierig wird nach Christo, wie das Magnificat sagt: „Er füllt die Hungrigen mit Gutem, aber die Reichen läßt er leer." Das ist alles zu Trost gesagt und geschrieben der elenden, armen, dürftigen, sündigen, verachteten Menschen, daß sie in all ihrer Not wissen, zu wem sie sollen fliegen und Trost und Hülfe suchen.

Aber da siehe, wie Christus den Glauben in den Seinen treibt und jaget, daß er stark und fest werde. Erstlich, daß sie auf solch gut Geschrei ihm nachläuft und schreiet mit gewisser Zuversicht, er werde seinem Gerüchte nach auch gnädiglich mit ihr handeln, stellet sich Christus aller Ding (vollständig) anders, als wollt er ihren Glauben und gute Zuversicht fehlen lassen (enttäuschen) und sein Gerücht falsch machen, daß sie hätte mögen denken: Ist das der gütige, freundliche Mann? Oder sind das die guten Worte, die ich von ihm habe hören sagen, darauf ich mich habe verlassen? Es muß nicht wahr sein. Er ist dein Feind und will dein nicht, er möchte doch ein Wort sagen und zu mir sprechen: Ich will nicht. Nun schweigt er als ein Stock. Siehe, dies ist ein gar harter Puff, wenn sich Gott also ernst und zornig erzeigt und seine Gnade so hoch und tief verbirget, wie die wohl wissen, so es im Herzen fühlen und erfahren, daß sie dünkt, er wolle nicht halten, was er geredet hat, und sein Wort lassen falsch werden, wie den Kindern Israel auch geschah am Roten Meer und sonst viel andern großen Heiligen.

Nun, was tut das Weiblein hierzu? Sie tut solch unfreundlich und hart Gebärde Christi aus den Augen, läßt sich das alles nicht irren, nimmts auch nicht zu Sinn, sondern bleibt stracks und fest in ihrer Zuversicht hangen an dem guten Gerücht, das sie von ihm gehört und gefasset hatte, und läßt nicht ab. Also müssen wir auch tun und lernen, allein am Wort fest hangen, obgleich Gott mit allen Kreaturen sich anders stellet, denn das Wort von ihm saget. Aber, o wie wehe tut das der Natur und Vernunft, daß sie sich soll so nackt ausziehen und lassen alles, was sie fühlet, und allein am bloßen Wort hangen, da sie auch das Widerspiel (Gegenteil) fühlet. Gott helfe uns in Nöten und Sterben zu solchem Mut und Glauben.

Zum andern, da ihr Geschrei und Glauben nicht hilft, treten herzu die Jünger mit ihrem Glauben und bitten für sie und meinen, sie werden gewißlich erhöret. Aber da sie meinen, er solle weicher werden, wird er nur desto härter und läßt beide, ihren Glauben und Gebet, fehlen, wie sichs anziehet und fühlet. Denn er schweiget hie nicht und läßt sie zweifeln, sondern schlägt ihnen ihr Gebet ab und spricht: „Ich bin nicht gesandt, denn zu den verlornen Schafen des Hauses Israel." Dieser Puff ist noch härter, da nicht allein unsre eigne Person verstoßen, sondern auch der einzige Trost abgeschlagen wird, den wir noch übrig haben, nämlich Trost und Fürbitte frommer und heiliger Leute. Denn das ist unser letzter Behelf, wenn wir fühlen, daß uns Gott ungnädig ist, oder irgendeine Not leiden, daß wir zu frommen, geistlichen Leuten gehen, Rat und Hülfe suchen und sie auch willig sind, wie die Liebe fordert, und wird doch nichts draus, sie werden auch nicht erhört, sondern wird nur ärger mit uns.

Denn hie möchte man Christo aufrucken (vorwerfen) alle die Wort, darin er verheißen hat Erhörung seinen Heiligen, als: wo zween versammelt eins Dings einswerden zu bitten, das soll ihnen geschehen. Item, was ihr bittet, soll euch werden, glaubts nur. Und dergleichen viel mehr. Wo bleiben hie solche Verheißungen? Aber er antwortet bald und spricht: Ja, es ist wahr, ich höre alle Gebete. Ich habe aber solche Verheißung getan alleine dem Hause Israel. Wie dünkt dich? Ist das nicht ein Donnerschlag, der beide, Herz und Glauben, auf tausend Stücke zerschlüge, wenn es fühlet, daß Gottes Wort, darauf es bauet, sei nicht von ihm gesagt, es gehe andere an? Hie müssen alle Heiligen und alle Fürbitte stille stehen. Ja, hie muß das Herz auch das Wort lassen fahren, wo es nach dem Fühlen sich halten wollt. Aber was tut das Weiblein? Es läßt doch nicht ab, hält sich an das Wort, ob es ihm gleich aus dem Herzen will mit Gewalt gerissen werden, kehret sich an solche ernste Antwort nicht, trauet noch fester, seine Güte sei noch darunter verborgen, und will noch nicht urteilen, daß Christus ungnädig sei oder sein möge. Das heißt ja festgehalten.

Zum dritten läuft sie ihm nach ins Haus, wie Markus schreibt, hält an, fällt vor ihm nieder und spricht: „Herr, hilf mir." Da holet sie den letzten Mordschlag, daß er unter ihren Augen sagt, wie die Wort lauten, sie sei ein Hund und nicht wert, daß sie des Brots der Kinder teilhaftig werde. Was will sie hie sagen? Da hält er ihr schlechterdings vor, sie sei der Verdammten und Verlornen eine, die nicht solle mit den Auserwählten gerechnet werden. Das ist eine ewig unwiderrückliche Antwort, da niemand vorüber kann. Dennoch läßt sie nicht ab, sondern willigt auch in sein Urteil und gibts zu, sie sei ein Hund, begehrt auch nicht mehr denn ein Hund, nämlich daß sie die Brosamen, so vom Tisch des Herrn fallen, esse.

Ist das nicht ein Meisterstück?

Sie fängt Christum in seinen eigenen Worten. Er vergleicht sie einem Hunde, das gibt sie zu und bittet nicht mehr, denn er wollt sie einen Hund lassen sein, wie er selbst urteilt. Wo wollt er hin? Er war gefangen. Einem Hunde läßt man ja die Brösamlein unter dem Tisch, das ist sein Recht. Darum tut er sich nun gar auf und gibt sich in ihren Willen, daß sie nun nicht Hund, sondern auch ein Kind Israel sei.

Aber das ist uns allen zu Trost und Lehre geschrieben, daß wir wissen sollen, wie tief Gott vor uns seine Gnade verberge und wie wir nicht nach unserem Fühlen und Dünken von ihm halten sollen, sondern stracks nach seinem Worte. Denn hie siehest du, ob sich Christus gleich hart stellet, so gibt er doch kein endlich Urteil, daß er nein sage, sondern alle seine Antworten lauten wohl als Nein, sind aber nicht Nein, sondern Hangen und Schweben. Denn er spricht nicht: Ich will sie nicht hören, sondern schweiget still, sagt weder ja noch nein. Also spricht er auch nicht, sie sei nicht vom Hause Israel, sondern, er sei allein zum Hause Israel gesandt. Läßts also hangen und schweben zwischen nein und ja. Also spricht er nicht: Du bist ein Hund, man soll dir nicht vom Brot der Kinder geben, sondern, es sei nicht fein etc. Läßts abermal hangen, ob sie ein Hund sei oder nicht. Doch lauten alle drei Stück stärker aufs Nein denn aufs Ja, und ist doch mehr Ja drinnen denn Nein. Ja, eitel Ja ist drinnen, aber gar tief und heimlich und scheinet eitel Nein.

Damit ist angezeigt, wie unser Herz stehet in der Anfechtung. Wie sichs fühlet, so stellet sich hie Christus. Es meinet nichts anders, es sei eitel Nein da und ist doch nicht wahr. Drum muß sichs von solchem Fühlen kehren und das tiefe heimliche Ja unter und über dem Nein mit festem Glauben auf Gottes Wort fassen und halten, wie dies Weiblein tut, und Gott recht geben in seinem Urteil über uns, so haben wir gewonnen und fangen ihn in seinen eignen Worten, als wenn wir im Gewissen fühlen, daß uns Gott schilt für einen Sünder und nicht wert des Himmelreichs urteilet; da fühlen wir die Hölle und dünkt uns, wir sind ewiglich verloren. Wer nun hie dieses Weibleins Kunst könnte und Gott in seinem eignen Urteil fangen und sagen: Ja Herr, es ist wahr, ich bin ein Sünder und deiner Gnade nicht wert. Aber doch hast du verheißen Vergebung den Sündern und bist nicht gekommen, die Gerechten zu rufen, sondern, wie auch S. Paulus sagt, die Sünder selig zu machen. Siehe, so müßte sich Gott durch sein eigen Urteil über uns erbarmen.

Also tat der König Manasse in seiner Buß, wie sein Gebet ausweiset, daß er Gott recht gab in seinem Urteil und beschuldigt sich einen großen Sünder und ergreift doch Gott bei der verheißenen Vergebung über die Sünder. Also tut auch David im 51. Psalm (Psalm 51,6) und spricht: „Dir alleine hab ich gesündigt und übel vor dir getan, auf daß du gerecht bleibst in deinen Worten und rein seiest, wenn du gerichtet wirst." Denn das bringt uns alle Ungnade, daß wir Gottes Urteil nicht leiden noch ja dazu sagen könnten, wenn er uns für Sünder hält und urteilt.

Und wenns die Verdammten könnten tun, so wären sie des Augenblicks selig. Wir sagens wohl mit dem Munde, daß wir Sünder sind, aber wenns Gott selbst sagt im Herzen, so gestehen wir nicht und wollten gerne für fromm und als die Frommen gehalten und des Urteils los sein. Aber es muß sein, soll Gott recht sein in seinen Worten, daß du ein Sünder seist, so magst du denn brauchen des Rechts aller Sünder, das ihnen Gott gegeben hat, nämlich Vergebung der Sünde. So issest du denn nicht alleine die Brosämlein unter dem Tisch wie die Hündlein, sondern bist auch Kind und hast Gott zu eigen nach deinem Willen. Das ist die geistliche Deutung dieses Evangelii samt der schriftlichen Auslegung. Denn wie es diesem Weiblein gehet in der leiblichen Krankheit ihrer Tochter, welche sie durch ihren Glauben wunderlich gesund macht, also geht es auch uns, wenn wir von Sünden und geistlicher Krankheit sollen gesund werden, welche ist ein rechter böser Teufel, da muß sie Hund werden und wir Sünder und Höllenbrände werden, so sind wir schon genesen und selig. Was aber mehr in diesem Evangelium zu sagen ist, als daß durch eins anderen Glauben, ohn eigenen Glauben jemand kann Gnad und Hülfe erlangen, wie hie des Weibleins Tochter geschieht, ist anderswo genugsam gesagt. Wie auch Christus und die Jünger samt dem Weiblein in diesem Evangelium uns das Exempel der Liebe vortragen, daß keins für sich selbst, sondern ein jegliches für den andern tut, bittet und sorget, ist auch klar genug und wohl zu finden."

2. Die Gegenwärtigkeit biblischer Gotteserfahrung

An dieser Predigt lassen sich typische Merkmale von Luthers Predigtweise und Umgang mit dem biblischen Text aufzeigen.

Das ist keine Geschichte aus längst vergessener Zeit. Die Kanaanäerin könnte im Nachbarort wohnen. Der Prediger redet von ihr fast ausschließlich im Präsens. Luther sucht nicht ein vergangenes Ereignis von vor 1500 Jahren auf, befreit es mühsam vom Staub und bietet es dann der Gemeinde aktualisiert an. Er geht vielmehr davon aus, daß diese Texte allen Seiten gleich nahe sind. „Das ist uns allen zu Trost und Lehre geschrieben … Dies Weib lehret uns … Siehe, wie Christus den Glauben in den Seinen treibt und jaget, daß er stark und fest werde."

In einer Predigt über den zwölfjährigen Jesus denkt Luther darüber nach, welche Anfechtungen und Leiden Maria ausgestanden haben muß, als der Junge plötzlich weg war, und wie sie sich daran schuldig fühlt und des Menschen Herz in solchen Situationen nicht anders „fühlet, denn als habe ihn Gott mit seiner Gnade verlassen und wolle sein nicht mehr", und fährt dann fort:

> „Doch wird solch Exempel uns vorgehalten, daß wir daraus lernen, wie wir uns halten und trösten sollen in unseren Anfechtungen … Denn es ist nicht um dieser Jungfrauen, der Mutter Christi, sondern um unser willen geschrieben, auf daß wir daran beides Lehre und Trost haben mögen."[6]

---

[6] Martin Luther: Fastenpostille (1525). WA 17,II, 20 f.

Diese Gleichzeitigkeit ist nicht etwas, das Luther künstlich an den Text heranträgt, sondern es ist für ihn die einzig sachgemäße Weise, wie man diesen Texten der Bibel, die uns Christus vor Augen stellen wollen, begegnen kann. Diese Texte zielen, weil sie von Christus handeln, von ihrer Intention her daher darauf, daß wir sie als Gabe und Geschenk annehmen. Man trägt also mit solcher Nutzung der Texte nichts Fremdes in sie hinein. Luther hat 1519 für kurze Zeit sogar von „sakramentaler" Auslegung gesprochen, um zu zeigen, daß durch die Predigt das biblische Wort seiner Bestimmung gemäß wirken soll. Die Möglichkeit solcher Gegenwartswirkung hängt bei Luther daran, daß der in der biblischen Erzählung wirkende Christus durch Kreuz, Auferstehung und Erhöhung zur Rechten Gottes zu einer uns in dieser Welt überall geistlich gegenwärtigen Wirklichkeit geworden ist. Nur deshalb kann er hier im Wort wie auch im Sakrament gegenwärtig sein. Deshalb muß in dieser Gleichzeitigkeit von ihm geredet werden. Deshalb kann als gegenwärtiges Ereignis den Menschen zugesprochen werden und im Ereignis der Predigt wirken.

Von daher greift auch jede Auslegung zu kurz, die Christus als historisches Phänomen darzustellen versucht. Aber auch wer im Sinne eines gegenwartsbezogenen Exempels sich den biblischen Text nutzbar zu machen versucht, verfehlt ihn in seinem eigentlichen Wesen. Diese Texte weisen ja doch auf ein Geschehen hin, das uns zugut geschehen ist und uns zugut gepredigt wird, damit wir gleichsam in diese Texte hineinkriechen können. „Halt dich an diese göttlichen Worte, da kreuch ein und bleib drinnen wie ein Has in seiner Steinritzen."[7]

Das gepredigte Wort der Schrift eignet uns jetzt den gegenwärtigen Christus zu mit alledem, was er für uns getan hat.

> „Christi einstiges leibliches Kommen geschieht also gegenwärtig durch sein geistliches Kommen im Wort der Predigt."[8]

Besonders in den Weihnachtspredigten sind solche Überlegungen überall zu finden:

> „Christus muß vor allen Dingen unser und wir sein werden, ehe wir zu den Werken greifen. Das geschieht nun nicht anders, denn durch solchen Glauben; der lehrt die Evangelien recht verstehen. Er begreift sie auch am rechten Ort. Das heißet Christus recht erkannt, davon wird das Gewissen fröhlich, frei und zufrieden, daraus wächst Liebe und Lob gegen Gott als den, der solche überschwenglichen Güter uns umsonst gegeben hat in Christus. ... Das meint Jesaja 9: Ein Kind ist uns geboren und ein Sohn ist uns gegeben. Uns, uns, uns geboren und uns gegeben. Darum siehe zu, daß du aus dem Evangelium nicht allein nimmst Lust von der Historie an ihr selbst. Denn die besteht nicht

---

[7] M. Luther, Kirchenpostille (1522), WA 10, I, 1, 193.
[8] G. Ebeling, a. a. O.; S. 449.

lange. Auch nicht allein das Exempel, denn das haftet nicht ohne Glauben, sondern siehe zu, daß du die Geburt dir zu eigen machst und mit ihm wechselst, daß du deine Geburt loswerdest und seine überkommst, welches geschieht, so du glaubst, dann sitzt du gewißlich der Jungfrau Maria im Schoß und bist ihr liebes Kind. An dem Glauben hast du zu üben und zu bitten, so lange du lebst, kannst ihn nimmer genugsam stärken. Das ist unser Grund und Erbgut, darauf denn die guten Werke zu bauen sind."[9]

„… Also lehrt das Evangelium nicht allein die Geschichte und Historie Christi, sondern eignet sie zu und gibt sie allen, die daran glauben, welches auch (wie droben gesagt) die rechte, eigentliche Art des Evangeliums ist. Was hilft es mir, daß er 1000 Mal geboren wäre und mir das täglich würde gesungen aufs lieblichste, wenn ich nicht hören sollt, daß mir dasselbe gelte und mein eigen sein sollte?! …"[10]

Aus solcher Predigt der Gegenwärtigkeit des Christusgeschehens und der Zueignung durch das Wort der Predigt und durch ein das Gehörte In-sich-Hineinnehmen und durch ein Sich-hineinnehmen-Lassen durch den Hörer ergeben sich nun eine Reihe von Fragen. Zunächst einmal kritisch an unsere gegenwärtige Predigtpraxis.

Es ist ja sehr eindrücklich, wie Luther diese gegenwärtige Wirkmächtigkeit des biblischen Textes seinen Hörern einspricht. Die Zeitspanne zwischen damals und heute einfach überspringend.

Was machen wir eigentlich, wenn wir in unseren Predigten durchaus redlich gemeint den biblischen Text als eine vor langer Zeit geschriebene Botschaft vorführen, nicht für uns geschrieben, mühsam zu interpretieren, als einen fremden Gast zu achten, den man erst in die Gegenwart herüberholen muß? Es ist ja unbestreitbar, daß es sich um solche alten Texte handelt. Es ist auch klar, daß sie nicht an uns adressiert sind. In ihnen zeigt sich ein anderes Weltbild, andere Probleme und Lebensverhältnisse. Wir stellen dadurch die Worte der Bibel bewußt als weit entfernte Texte dar. Ist das eigentlich nötig?

Ist der Gegensatz zwischen damals und heute größer als zwischen Menschen, die aus unterschiedlichen Lebenshintergründen und Kulturkreisen heute kommen?

Andererseits ist es aber doch auch nötig, solche biblischen Texte – um ihrer selbst willen und um der Intention ihrer Verfasser gerecht zu werden – erst einmal so sprechen zu lassen, wie sie wahrscheinlich gemeint waren. Ich muß sie als Text aus einer anderen Zeit gerade in ihrer Fremdheit wahrnehmen. Ich darf sie nicht einfach unkritisch für mich vereinnahmen. Solche methodische Verfremdung der

---

[9] M. Luther, Kirchenpostille, WA 10, I, 1 S. 73, 4 ff.
[10] WA 10, I, 1 S. 79, 11 ff.

Texte ist ein notwendiges Mittel, um der Auslegungswillkür zu wehren. Die historisch-kritische Analyse des Textes ist nötig, damit ich ihn in seiner Besonderheit überhaupt wahrnehmen kann. Es ist durchaus sachgemäß, dem Text wie einem fremden Gast zu begegnen.[11]

Bei der vorliegenden Predigt Luthers zum Beispiel muß man sich der Frage stellen, warum Jesus der kanaanäischen Frau sagt, er sei nur gesandt zu den verlorenen Schafen des Hauses Israel. Luther fragt freilich nicht, wie dieses befremdliche Wort in die sonstige Verkündigung Jesu oder dem Missionsbefehl der Urgemeinde einzuordnen ist. Er überträgt das Verhalten Jesu sofort auf seine Erfahrung mit dem oft so rätselhaften Verhalten Gottes. Geht das eigentlich?

Wir müssen doch nachfragen, was dieses Wort soll. Freilich, was weiß ich eigentlich, wenn ich vermute, daß dieses Wort Jesu möglicherweise aus einer Phase stammt, in der die Heidenmission in der Urgemeinde umstritten war? Was habe ich damit vom Text und von der Intention des Evangelisten verstanden? Mit Sicherheit überhaupt nichts. Aus diesem Grunde überliefert der Evangelist das nicht. Wir sind ja exegetisch meist schon hoch zufrieden, wenn wir solch eine Zuordnung herausgearbeitet haben. Sie ist freilich für die sachgemäße Interpretation des Textes noch keineswegs hilfreich. Matthäus verschärft ja das Verhalten Jesu bewußt. Er will zeigen, daß Jesus angesichts dieser heidnischen Frau noch ganz andere Aufgaben sieht. Das macht freilich das Meisterstück der Frau um so größer. Aber warum überliefert Matthäus das für eine Gemeinde, die beim Hören von Jesus Geschichten weiß, das ist unser erhöhter Kyrios? Diese Erzählungen sind ja für die Gemeinde des Matthäus exemplarische urbildliche Szenen, die neben der Beschreibung des irdischen Weges Jesu gleichzeitig Urbilder für den Glauben sind. Was ist durch diese Geschichte über den erhöhten Herrn zu lernen? Wird mit dieser Szene mitgeteilt, daß Gott andere Dinge im Sinn haben kann, als der Beter wünscht? Soll hier gesagt werden, daß die bittenden Christen sich nicht durch die andersartigen Intentionen Gottes vom Gebet abbringen lassen sollen? Etwas in dieser Richtung muß der Matthäus gemeint haben. Denn daß er nur ein historisches Detail mitteilen will, ist unwahrscheinlich. Insofern trifft Luther mit seiner entschlossen gegenwärtigen Nutzung des biblischen Textes die Intention des Verfassers ziemlich genau.

Denn das wäre ja zu fordern. Unsere historisch-kritische Arbeit muß die geistliche Intention des Textes freilegen, sonst ist sie nur eine Hölzchen- und Stöckchensammelei.

Fazit: Luther führt uns vor, daß es sich lohnt hinzuschauen, ob der biblische Text von seiner Zielrichtung her als Urbild des Glaubens gemeint ist und deshalb unter Nutzung des historisch-kritischen Handwerkszeugs und der Interpretationsmög-

---

[11] Hans Weder: Neutestamentliche Hermeneutik. Zürich, 1986, S. 428 ff.

lichkeiten, die wir sonst haben, entschlossen als ein für uns geschriebener Text weitergegeben werden soll. Der historische Abstand verblaßt angesichts der im Text verborgenen Möglichkeit der Gotteserkenntnis.

3. Glaubenserfahrung als hermeneutischer Schlüssel

Wir können dieselbe Sache noch einmal von einer anderen Seite her betrachten. Luther bringt seine ganze Glaubenserfahrung in diesen Text ein. Solche Glaubenserfahrung schließt für ihn die ganze Welterfahrung ein, ja macht ihren Kern aus. In dieser Frau ist für Luther abgebildet der gegenwärtig glaubende, betende, angefochtene und verzweifelte Mensch vor Gott. Der Prediger denkt sich mit dem Erfahrungsmaterial seines eigenen Lebens in diese Frau hinein. Er schildert das anschaulich. Er denkt ihre Gedanken! „Daß sie hätte mögen denken: Ist das der gütige, freundliche Mann? ... Es muß nicht wahr sein. Er ist dein Feind ... Nun schweigt er wie ein Stock."

Im nächsten Satz schon steht die Erfahrung des angefochtenen Glaubens daneben: „Siehe, dies ist ein gar harter Puff, wenn sich Gott (! Christus spielt hier also die Rolle des verborgenen Gottes, des deus absconditus) also ernst und zornig erzeigt und seine Gnade so hoch und tief verbirget, wie die wohl wissen, so es im Herzen fühlen und erfahren, daß sie dünkt, er wolle nicht halten, was er geredet hat und sein Wort lassen falsch werden, ..." Luther nimmt also dieses Gespräch zwischen Jesus und der Frau als ein Geschehen, das vergleichbar ist mit seinen eigenen Gebeten und Anfechtungen und denen anderer Christen. Anfechtung ist für ihn eine Grunderfahrung des Glaubens, „denn geistliche Erfahrung, Glaubenserfahrung, ist die Erfahrung des Widerspruchs zwischen Glaube und Erfahrung und das Festhalten am Glauben in diesem Widerspruch".[12]

„tentatio, die lehret, was Christus ist ..."[13]

Die Anfechtung besteht in dieser Predigt darin, daß die Gotteserfahrung des Alltags dem, was die Schrift verheißt, zu widersprechen scheint, daß „Gott mit allen Kreaturen sich anders stellet, denn das Wort von ihm saget. Aber o wie wehe tut das der Natur und Vernunft, daß sie sich soll so nackt ausziehen und lassen alles, was sie fühlet, und alleine am bloßen Wort hangen ..." Ja, Luther entdeckt im Text die von ihm vielfältig beschriebene Anfechtung, daß der Teufel ihm das Wort der Schrift zu entwinden sucht. „Ist das nicht ein Donnerschlag, der beide Herz und Glauben auf tausend Stücke zerschlüge, wenn es fühlet, daß Gottes Wort, darauf es bauet, sei nicht von ihm gesagt, es gehe andere an? ... Ja, hie muß das Herz auch das Wort lassen fahren, wo es nach dem Fühlen sich halten wollt." Und

---

[12] G. Ebeling, a. a. O., S. 401.
[13] Martin Luther: Tischreden. WA Tr 1, Nr. 448.

als die Frau dann nach den Puffen, dem Donnerschlag und dem Mordschlag Christi ihr Meisterstück leistet und Christus in seinen eigenen Worten fängt, da geschieht dies wiederum, indem Luther seine eigenen Erfahrungen voll mit dieser Szene verbindet. Denn so ist es richtig, daß der Sünder im Vertrauen auf das tiefe heimliche Ja Gottes, das verborgen ist unter dem Nein, Gott in seinem eigenen Urteil fängt: „Ja, Herr, es ist wahr, ich bin ein Sünder und deiner Gnade nicht wert; aber doch hast du verheißen Vergebung ..." Man muß sich fragen, ob es richtig ist, nur zu sagen, daß Luther den Text mit seiner Erfahrung erschließt. Muß man nicht eher sagen, dies ist eine Art Regelkreis: Der Prediger steigt mit seiner anfänglichen Erfahrung in den Text ein. Er lernt dadurch Neues. Mit dieser neuen Einsicht geht er wiederum in den Text hinein und versteht ihn tiefer.

> „Ich hab mein theologiam nicht auf einmal gelernt, sondern hab immer tiefer und tiefer grübeln müssen, da haben mich meine Anfechtungen (tentationes) hingebracht, weil ohne Erfahrung (sine usu) nichts gelernt werden kann."[14]

Dem Prediger Luther erschließen sich Einzelzüge des Textes in diesem Prozeß des Eindringens und Vertiefens von Erfahrung in eindrucksvoller Weise. Bei dieser Art zu predigen, den Text mit Hilfe der eigenen Erfahrung auszuloten und durch die neu gewonnene Erfahrung immer tiefer in den Text einzudringen, bekommt nun allerdings die Person des Predigers, seine Glaubens- und Anfechtungserfahrung eine Schlüsselstellung für die Auslegung. Er soll jedoch nach Luthers Willen nie mehr sein wollen als ein Werkzeug. Sicher soll er ein Qualitätswerkzeug sein. Aber mehr als auf Christus verweisen, in diesem Sinne Gottes Wort zu sagen, soll er nicht. Zumal, wie unser Text zeigt, wenn der Glaube kein Werk, keine Leistung ist, mit der man vor anderen brillieren könnte, sondern das Festhalten des Sünders gegen allen Augenschein am Wort. Das ist auch die Aufgabe des Predigers, der Predigerin.

Wiederum stellt sich auch hier die Frage: Können wir das heute so nachmachen? Zunächst möchte ich sagen, genauso sollen wir das machen: mit dem Erfahrungsmaterial unseres Lebens hineingehen in die biblischen Texte, mit ihnen diskutieren, von ihnen lernen usw. Für die Erschließung solch eines Textes ist offenbar die Erfahrung der Anfechtung besonders geeignet. Glaube ohne Anfechtung ist kein christlicher Glaube.

Freilich muß gefragt werden: Wird hier nicht ein Text, der bei sorgfältiger historisch-kritischer Betrachtung vielfältige formgeschichtliche, überlieferungsgeschichtliche, sozialgeschichtliche Gesichtspunkte zu bedenken gäbe, zu einlinig zu einem Urbild des Glaubens stilisiert? Es geht dann nur noch um die Gotteserfahrung des einzelnen Menschen. In seinem Schicksal erlebt er den verborgenen Gott. Er soll aber durchdringen zum offenbaren Gott. Ist damit der Text nicht doch

---

[14] Martin Luther: Tischreden. WA Tr 1, Nr. 352.

sehr reduziert in seinen Aussagemöglichkeiten? Allerdings muß man sich die Predigt als ganze anschauen. Es ist beeindruckend, wie sich die Erzählung unter dem Gesichtspunkt des Glaubens trotz der Anfechtung geradezu aufschlüsselt. Ihre vielfältigen Aspekte werden von Luther sorgfältig erzählt. Man hat nicht den Eindruck, daß die Frau nicht zu ihrem Recht kommt. Gäbe es andere, bessere Interpretationsmöglichkeiten?

Mir steht eine Predigt vor Augen, in der der Prediger, ein bekannter Exeget, der gern mit sozialgeschichtlicher Fragestellung an die biblischen Texte herangeht, diese Erzählung von der kanaanäischen Frau auslegt.[15] Dieser Prediger geht völlig anders vor. Er stellt fest, daß die Frau wahrscheinlich zu der dünnen, wohlhabenden hellenistischen Oberschicht gehört, die an der Küstenregion des Mittelmeeres lebt. Ausgerechnet solch eine wohlhabende Frau kommt zu Jesus. Jesus ist aber einer von den einfachen, wenig geachteten Leuten des flachen Landes. Es ist hier also das Verhältnis von Arm und Reich zu bedenken. Es sind zu bedenken die Vorurteile, die es zwischen solchen verschiedenen Schichtungen und Gruppen einer Gesellschaft gibt, und daß die Frau diese Vorurteile von sich aus durchbricht. Der Prediger zeigt später die großartige Zähigkeit der Frau, weist darauf hin, daß der Text eine bestimmte urchristliche Situation widerspiegelt, in der man noch nicht auf die Heiden zugehen wollte, und daß die Gemeinde sich nicht gescheut hätte, diese, ihre eigenen Vorurteile, die sie einmal hatte, auch Jesus in den Mund zu legen oder ihm zuzutrauen. Damit hat die Gemeinde keine Schwierigkeiten gehabt, obwohl es sich um schwere Vorurteile handelt. Das Wort von den Hunden, denen man das Brot der Kinder nicht geben könne, sei, so erläutert der Prediger, nun wirklich ein schlimmes Wort. Die Exegeten, die das immer verharmlosen, bekommen einen kleinen Seitenhieb. Aber diese Frau gibt nicht auf. Sie hat vielleicht einen gewissen Anhaltspunkt gefunden in dem harten Wort Jesu, in dem die Liebe zu den Kindern immerhin ausgedrückt sei. Trotz des bösen Wortes über die Hunde hält sich die Frau vielleicht an diese gemeinsame Hochschätzung der Kinder, denn es geht ihr ja um ihr Kind. Es gelingt ihr, Jesus umzustimmen. Er kann nur noch ihren Glauben preisen. Was ist das für ein Jesus, der so daneben greift, der solche Vorurteile hat und sich von einer heidnischen Frau überzeugen lassen muß. Kann solch ein Jesus Vorbild sein? Ja, sagt der Prediger, gerade so einer, der imstande ist, Vorurteile aufzugeben, kann uns ein Vorbild sein.

Macht man sich den Ansatz dieser Predigt klar, dann merkt man, das Lokalkolorit, die gesellschaftlichen Bezüge, die sozialpsychologischen Zusammenhänge kommen deutlicher heraus. Aber was passiert mit der Erzählung? Sie wird vom Evangelium zum Gesetz. Es geht um die Frage, ob dieser Jesus, der solche Vorurteile hat gegenüber einer heidnischen Frau, wohl das Vorbild sein kann, das er

---

[15] Horst Hirschler: biblisch predigen. Hannover, ³1992, S. 95 ff.

für uns sein sollte. Die Antwort ist: Ja, er ist gerade darin ein Vorbild, daß er seine Vorurteile aufgeben kann. Das ist natürlich ein außerordentlich trübes Ergebnis. Mehr ist in dieser Erzählung nicht drin? Mußten dafür die Glocken läuten? Nein, dieser Umgang mit dem Text ist viel zu flach. Wenn man erst einmal in Luthers Auslegung eingestiegen ist, mag man solche Harmlosigkeiten nur noch schwer hören, obwohl sie allenthalben das Predigen immer wieder bestimmen.

Viel eindrücklicher wäre es gewesen, wäre jemand mit der Erfahrung leidender Kinder in diese Geschichte eingestiegen und hätte aus der Geschichte und der unverdrossenen Zähigkeit der Mutter den Schrei mütterlicher Liebe zum Himmel assoziiert, denn diese Frau steht exemplarisch für das Leiden unendlich vieler Mütter am Los ihrer Kinder. Auch daraus kann dann ein bewegender Appell werden – also Gesetz –, dem Leid der Kinder in unserer Welt, da, wo wir es können, abzuhelfen. Auch das wäre wiederum viel zu flach. Es gilt durchzustoßen zu der Frage: Warum schweigst du Gott wie ein Stock? Warum demütigst du mich noch zusätzlich? Warum gibst du nicht nach und hilfst meinem Kind? Da liegt die tiefste Anfechtung auch der Mütter heute. Und wieviele bekommen keine Antwort!

Vorbildlich an Luthers Auslegung ist, wie er diese Geschichte durchsichtig macht als eine Geschichte unseres verzweifelt eindringenden Gebetes. Dieses Gesetzeserfahrung der Verzweiflung an dem in, mit und unter den Verhältnissen unverständlich bleibenden Gott ist die Voraussetzung für das richtige Verständnis des Evangeliums.

Luther zeigt selbst am Ende der Predigt, welche Themen er noch hätte ansprechen können und vielleicht müssen. Nach seinem Predigtverständnis, das er öfter äußert, muß die Predigt bestimmt sein durch das Lehren des Glaubens und das Ermahnen zur Liebe. In dieser Predigt hat er sich fast ausschließlich mit dem Glauben beschäftigt. Die Liebe kann man woanders nachlesen oder kommt an einem anderen Sonntag. Das ist durchaus sachgemäß. Der Prediger muß nicht jedesmal alles sagen wollen. Es ist auch nicht möglich, weil der Text immer eine Fülle von Auslegungsmöglichkeiten bietet. Aber dadurch wird noch einmal die Frage wichtig: Wodurch wird solches Auslegen und besonders das Einbringen der Erfahrung vor Willkür geschützt? Als formales Prinzip: Hinein mit der eigenen Erfahrung in den Text, ist Luthers Predigt noch zu allgemein beschrieben. Damit könnte man die seltsamsten Inhalte eines Bibeltextes zum Leuchten bringen. Das ist in der Aufklärungszeit auf oft erheiternde Weise geschehen.[16] Das geschieht heute in mancherlei angeblich neuen Zugängen zur Bibel.

Luther hat sich mit der Frage der Auslegungsschwerpunkte sein Leben lang beschäftigt und nach der richtigen Weise der Auslegung gesucht.

---

[16] H. Hirschler, a. a. O., S. 220. Die Predigten von Franz Volkmar Reinhard.

Er fand in seiner Zeit die Auslegungstheorie des vierfachen Schriftsinnes vor. Danach sollte man bei einem Bibeltext beachten, was er im wörtlichen Sinne sagt, sein allegorischer Sinn zeige, was der Text für die Kirche bedeute; der tropologische Gesichtspunkt solle den Text auf den einzelnen Menschen beziehen, und der anagogische Schriftsinn schließlich solle den Text auf das Jüngste Gericht und die Wiederkunft Christi beziehen. Luther ist von der Bindung an dieses hermeneutische Schema im Verlauf seiner reformatorischen Erkenntnisse bald und souverän abgegangen. Er hat sich sehr kritisch darüber äußern können. Besonders wandte er sich gegen eine wildwuchernde Allegorese. Seltsamerweise hat ihn das jedoch nicht gehindert, wenn er es für hilfreich hielt, meist allerdings, wenn die Allegorese auf Christus und den Glauben beziehbar war, dennoch allegorische Passagen in seinen Predigten unterzubringen. Das umfänglichste Beispiel findet sich in der Fastenpostille von 1525 in seiner Predigt über die Brotspeisung. Die deutet er u. a. folgendermaßen aus: Das Gras auf das jüdische Volk, die fünf Brote auf das äußerliche leibliche Wort, weil wir fünf Sinne haben; diese Brote sind im Korbe, das ist in der Schrift verschlossen; die zwei Fische sind die Exempel und Zeugnis der Erzväter und Propheten. Zwei sind es, weil solche Exempel der Heiligen voller Liebe sind, welche nicht kann alleine sein; gebraten sind sie, denn solche Exempel sind durch viel Leiden und Marter wohl getötet; die zwölf Körbe voll Brocken sind alle Schrift und Bücher, die die Apostel und Evangelisten hinter sich gelassen haben, weil die zwölf sind, usw.[17]

Luther verzichtet, wie Gerhard Ebeling[18] gezeigt hat, zunehmend darauf, solche umfangreichen allegorischen Ausdeutungen vorzunehmen. In der Predigt über denselben Text Johannes 6,1–15 vier Jahre später verzichtet er völlig darauf.

In einer anderen Predigt in der Fastenpostille über Matthäus 8,22–27 (Sturmstillung) bringt Luther unter der Überschrift „Die geistliche Bedeutung dieser Geschichte" eine Auslegung der Jünger im sturmgeschüttelten Schiff als Allegorie auf das Predigtamt

> „daß, wenn die Verfolgung um Gottes willen sich erhebet, wir mögen sagen: Ja, ich dachts wohl, Christus ist im Schiff, darum tobet das Meer und der Wind, und fallen her die Wellen und wollen uns versinken. Aber laß toben, es ist doch beschlossen: Wind und Meer sind ihm gehorsam ... Daß aber die Leut sich verwundern und preisen den Herrn, daß ihm Wind und Meer untertan ist, bedeutet, daß durch Verfolgung das Evangelium und Gottes Wort nur weiter kommt, stärker wird und der Glaube zunimmt ..."[19]

---

[17] M. Luther, Fastenpostille, WA 17, II, 225 ff.
[18] G. Ebeling, a. a. O., S. 446 ff.
[19] M. Luther, Fastenpostille, WA 17, II, 109.

Die vorliegende Predigt über die kanaanäische Frau ist nun dadurch besonders interessant, daß wir dort, wie Ebeling[20] bemerkt, den „außerordentlich wichtigen Fall haben, daß die ‚geistliche Deutung' schon in und mit der ‚schriftlichen Auslegung', d. h. der buchstäblichen, ... erledigt ist." Zur Terminologie muß man sich klarmachen, daß Luther für „allegorische" Auslegung auch „geistliche" Auslegung sagen kann. In unserem Text verzichtet Luther völlig darauf, wie es in der traditionellen Auslegung vorgeschrieben war, die allegorische Deutung auf die Kirche in den Text einzubringen. Bei der traditionellen Auslegung unseres Textes geschah das in der Weise, daß die Frau auf die Kirche gedeutet wurde, die für die Seelen eintritt. Geistliche Deutung bei Luther heißt in diesem Falle, daß er dem Text seinen Sinn, den er für den gegenwärtigen Glauben und die gegenwärtige Christuserfahrung und Gottesbeziehung haben kann, abgewinnt. Diesen geistlichen Sinn, der eine auf den Glauben und Christus bezogene allegorische Auslegung darstellt, will Luther möglichst genau aus dem wörtlichen Schriftsinn erheben. Für diesen Versuch ist unser Text eines der schönsten Beispiele. Diese Verbindung von wörtlichem und geistlichem Schriftsinn verwendet Luther als allgemeine Richtschnur. Sie ist für ihn keine Fessel. Wenn man seine Predigten liest, kann man immer wieder nur staunen, wie er seine Grundtendenz festhält und mit welcher Freiheit er gleichzeitig in den Predigten damit umgeht. Alles ist jedoch untergeordnet der einen Aufgabe, Christus als Gottes Gabe und Gottes Geschenk mir, dem Hörer, ins Herz zu bilden.

Fazit: Es ist unabdingbar, gegenwärtige Glaubenserfahrung als Schlüssel zum Verstehen biblischer Texte zu nutzen. Dabei geht es nicht nur um die individuelle Glaubenserfahrung des Predigers, der Predigerin. Diejenigen, die predigen, haben die Aufgabe, gleichsam eine „ausgeweitete Glaubenserfahrung" zu kultivieren. In der christlichen Gemeinde gibt es sehr unterschiedliche Erfahrungen des Glaubens. In ihnen muß der Prediger, die Predigerin zu Hause sein. Aber auch die Glaubenserfahrungen der Ökumene, der Geschichte der Christenheit und Israels dürfen nicht ausgespart werden, wobei zur Erfahrung des Glaubens immer die gesamte Welterfahrung unter Einschluß der Erfahrung des Unglaubens hinzugehört.

Wer mit diesem Hintergrund den biblischen Text liest, wird erleben, daß er in erstaunlicher Weise spricht.

4. Kirchliche Lehre als Sortierungshilfe

Der Prediger Luther ist in der Bibel, in der Theologie und im Bekenntnis des Glaubens zu Hause. Bei der Auslegung des Einzeltextes ist sowohl das Ganze der

---

[20] G. Ebeling, a. a. O., S. 83.

Heiligen Schrift als Hintergrundwissen präsent wie auch die Mitte der Schrift: Christus. Das bedeutet gleichzeitig, daß auch die Gesamtheit der biblisch geprägten theologischen Grunderkenntnisse und der Bekenntnisse der Kirche die Predigt mit bestimmen.

Zunächst der biblische Hintergrund: In unserem Text wird der synoptische Vergleich ganz selbstverständlich zur Erweiterung der Auslegungsmöglichkeit herangezogen. Markus 7,25 heißt es, die Frau habe von Jesus gehört. Das ist für Luther der wichtige Ansatzpunkt für das Verstehen dieser Frau. Sie hat gehört „ein gut Gerücht und gut Geschrei, daß Christus ein frommer Mann wäre, der jedermann gern hülfe. Solch Gerücht von Gott ist ein recht Evangelium und Wort der Gnaden. Daraus ist gekommen der Glaube in dem Weibe." Römer 10,17 muß zur Verstärkung des Gedankens dienen, Paulus sagt, „daß der Glaube komme durchs Hören und das Wort müsse zuvor gehen und der Anfang sein der Seligkeit".

Später, als die Frau sich den Mordschlag holt, wird wiederum Markus herangezogen. Sie läuft Jesus nach ins Haus. Durch die synoptische Parallele läßt sich die Szene zusätzlich dramatisieren. Das Hohelied und das Magnificat werden herangezogen. Die aufbegehrende Verzweiflung hält Christus seine eigenen Worte vor (Matthäus 18,20; Markus 11,24). Zum Schluß der König Manasse und der Psalm 51.

Aber in dieser Weise wäre der Gebrauch der Schrift nach dem Prinzip, daß die Schrift sich selbst interpretiert, nur formal beschrieben, wenn man nicht gleichzeitig sieht, daß dies alles von den theologischen Grunderkenntnissen des biblischen Gesamtzeugnisses gesteuert ist. Nicht nur die Verwendung der Bibeltexte, sondern die gesamte Auslegung ist von einer mit der ganzen Existenz erfahrenen, aus der Bibel stammenden und mit ihr im Gespräch befindlichen Theologie geprägt.

Dann nur einige Hinweise: Natürlich muß die Frau, wenn auch anfänglich, etwas vom Evangelium, d. h. von der guten Nachricht, daß Christus hilft, begriffen haben. Warum kann sie sonst so durchhalten? Sie setzt auf das Gerücht und das Geschrei, auf das mündliche Wort, und hält sich daran. Aber warum kommt nur sie, und die anderen kommen nicht? Antwort: Die Gesunden bedürfen des Arztes nicht (wiederum eine biblische Anspielung), aber auch, weil die Unterscheidung und Nacheinanderordnung von Gesetz und Evangelium grundlegend für das Verstehen menschlicher Existenz ist.

Gesetz und Evangelium

Die sorgfältige Unterscheidung von Gesetz und Evangelium ist für Luther die Verstehensvoraussetzung, wenn es um das Wort Gottes geht. Wer Gesetz und Evangelium durcheinanderbringt, versteht überhaupt nichts mehr. „Also muß Mose vorhergehen und die Sünden lernen fühlen, auf daß die Gnade süß werde und angenehm." Es ist hier zu beachten, daß Luther, wenn er in dieser Weise von Mose spricht, nicht an Gottes Gebot, das gut und richtig ist und von uns erfüllt werden soll, denkt. Ihm geht es vielmehr um Gottes Gebot, sofern es uns in die Verzweiflung treibt, weil wir mit Gott und mit uns selbst nicht zurechtkommen.

Denn es ist „verloren wie freundlich und lieblich Christus vorgebildet wird, wo nicht zuvor der Mensch durch seiner selbst Erkenntnis gedemütigt und begierig wird nach Christo ..."

Die andere notwendige theologische Unterscheidung liegt im Bereich der Gotteserfahrung. Diese theologische Unterscheidung, die natürlich aus der existentiellen Erfahrung ständig ihre Konkretion bekommt, bestimmt Luthers entscheidenden Einfall für die Auslegung dieser Geschichte. Es ist die theologische Unterscheidung vom verborgenen und offenbaren Gott. Es ist die existentielle Feststellung: Was dieser Frau geschieht, das ist genau dasselbe, was mir in meinen Anfechtungen geschieht. Gott stellt sich stumm. Die Erfahrung des deus absconditus, Gott, der unter dem Gegenteil verborgen ist, er ist hier in dem Verhalten Christi abgebildet. Zu lernen ist hier, wie der deus absconditus zu zwingen ist, daß er sich als deus revelatus, als der sich in Christus offenbarende, vergebende, liebende, annehmende und helfende Gott zeigt.

Emmanuel Hirsch[21] hat darauf hingewiesen, in welch kunstvollem dreistufigen Aufbau Luther solche Anfechtung angesichts der Verborgenheit Gottes hier schildert. Zunächst schweigt Gott. Da gilt es von der Frau zu lernen, an dem Wort festzuhangen, obgleich Gott mit allen Kreaturen sich anders stellt. Dann hofft die Frau auf die Gemeinschaft der Glaubenden und ihre Fürbitte, aber sie wird abgewiesen. Schließlich holt sie sich die dritte Abweisung, die auf die Frage der doppelten Prädestination zuläuft, der Vorausbestimmung zur Verdammung, die Luther persönlich schwerste Anfechtungen bereitet hat. „Da hält er ihr schlechterdings vor, sie sei der Verdammten und Verlorenen eine, die nicht solle mit den Auserwählten gerechnet werden. Das ist eine ewig unwiderrückliche Antwort, da niemand vorüberkann." Dennoch tut die Frau das einzige, was hilft. Sie läßt nicht ab von Gott. Sie gibt seinem Urteil recht. Und sie fängt ihn dadurch. Ist das nicht ein Meisterstück?

Die ganze Geschichte wird durch diese theologische Durchdringung ein vor Augen gemaltes erfahrbares Lehrstück der Rechtfertigung. Gezeigt wird der Glaubende, der am Wort der Verheißung festhält durch alle verzweifelten Anfechtungen hindurch, der das begreifen kann, wie es ist, „als wenn wir im Gewissen fühlen, daß uns Gott schilt für einen Sünder und nicht wert des Himmelreiches urteilet; da fühlen wir die Hölle und dünkt uns, wir sind ewiglich verloren".

---

[21] Emmanuel Hirsch: Gesetz und Evangelium in Luthers Predigten. Luther. 25. Göttingen, 1954, S. 58 ff.

Man muß in diesem Zusammenhang auch jenes wunderbare kleine Stück beachten, in dem Luther dem Verhalten und den Antworten Christi sorgfältig nachgeht.

„Denn hie siehest du, ob sich Christus gleich hart stellet, so gibt er ja doch kein endlich Urteil, daß er nein sage, sondern alle seine Antworten lauten sowohl als nein, sind aber nicht nein, sondern Hangen und Schweben ... Doch lauten alle drei Stück stärker aufs Nein, denn aufs Ja und ist doch mehr Ja drinnen denn Nein. Ja, eitel Ja ist drinnen, aber gar tief und heimlich und scheint eitel Nein. Damit ist angezeigt, wie unser Herz stehet in der Anfechtung. Wie sichs fühlt, so stellet sich hie Christus ..."

Die ganze Zerrissenheit des Angefochtenen, sein Hoffen und Verzweifeln ist hier eingefangen.

Und dann die abschließende Lehre:

„Wer nun hie dieses Weibleins Kunst könnte und Gott in seinem eigenen Urteil fangen und sagen: Ja, Herr, es ist wahr, ich bin ein Sünder ... aber doch hast du verheißen ... so muß sich Gott durch sein eigen Urteil über uns erbarmen."

Nun ist die Geschichte von der kanaanäischen Frau sicher eine besonders geeignete Geschichte für diese Art und Weise, wie sie Luther predigt und erzählt. Aber man muß dennoch die hohe Kunst Luthers bewundern, das, was er theologisch begriffen hat und was durch seine persönliche Erfahrung besonders Tiefe gewinnt, in dieser Weise als Wahrheit der Geschichte aufleuchten zu lassen und dem Hörer als erlebbares Leben vor Augen zu malen.

Natürlich muß man auch hier Fragen stellen. Luther selbst hat im Laufe seines Lebens mit Ernüchterung lernen müssen, daß die Tiefe der Anfechtungen und der damit verbundenen Gotteserfahrung nicht einfach zu verallgemeinern war. Darf man dann solche existentiell erfahrene Theologie zum Erkenntnisprinzip für Predigttexte machen?

Noch grundsätzlicher gefragt: Solche theologischen Grunderkenntnisse wie Gesetz und Evangelium, deus absconditus und deus relevatus und die Erfahrung der Anfechtung als etwas, das für den Theologen notwendig dazugehört – wirken sie möglicherweise wie ein Raster, das über einen biblischen Text gelegt wird, so daß er nur noch sagen kann, was er sagen darf? Das wird man jeweils überprüfen müssen. Die eigene Glaubenserfahrung muß, wenn sie den Texten nicht Gewalt antun will, im Sinne des Verstehensversuches eingebracht werden und sich im Dialog mit dem Text bewähren. Da Luther seine theologischen Gesichtspunkte jedoch aus dem Begreifen der Bibel und ihrer Mitte in Jesus Christus nimmt, hat er einen hochgradig angemessenen Zugang zu den biblischen Texten, und Kollisionen gibt es höchstens, wenn biblische Texte aus solcher Mitte der Schrift etwas herauszuragen scheinen (vgl. Luthers Kritik am Jakobus-Brief).

Fazit: Die theologisch-systematische Durchdringung des Bibeltextes ist unverzichtbar. Dieses hat freilich nur Sinn, wenn solche biblischen Erkenntnisse, solche theologischen Erkenntnisse, solche Lehrsätze aus den Bekenntnissen auch persönlich durchlitten sind. Wer damit nicht lebt, kann davon nicht reden.

Es ist freilich heute bedrohlich, wenn Predigerinnen und Predigern bestimmte theologische Grundsortierungen überhaupt nicht bekannt sind, geschweige denn gelebt werden. Die zum Teil erschreckende Harmlosigkeit des Redens vom Lieben Gott, der nur das Gute will, und vom Menschen, der das Gute tun soll, ohne daß die dunkle Seite unserer Welt ernsthaft theologisch reflektiert würde, ist erschreckend. Die Unterscheidung von Gesetz und Evangelium, die Erfahrung des verborgenen und offenbaren Gottes ist deshalb für die gegenwärtige Predigt und ihre Wirksamkeit unbedingt neu zu entdecken.

5. Der Predigtauftrag als Rückenstütze

Der Auftrag des Predigers angesichts des Textes wird von Luther in unserer Predigt indirekt in den ersten Sätzen schon benannt. Der Prediger hat das Evangelium darzureichen. Er tut es mit den Worten:

„Dies Evangelium hält uns vor ein recht Exempel eines beständigen vollkommenen Glaubens. Denn dies Weib ... lehrt uns ... was die rechte Art und Tugend sei des Glaubens, nämlich, daß er ist eine herzliche Zuversicht auf die Gnade und Güte Gottes, die durch das Wort erfahren und offenbar wird."[22]

Der Prediger hat den Auftrag, das im biblischen Text überlieferte Evangelium von Jesus Christus als eine den Hörer betreffende Anrede und Zusage weiterzugeben.

„Ein Pfarrherr oder Prediger macht nicht das Evangelium, und durch sein Predigen oder Amt wird sein Wort nicht zum Evangelium. Sonst muß es alles Evangelium sein, was er reden könnte. Sondern er reicht allein und gibt durch seine Predigen das Evangelium. Denn das Evangelium ist zuvor da und muß zuvor da sein, das hat unser Herr Christus gemacht, hergebracht und hinter sich gelassen ... Also bleibt nichts im Pfarramt oder Predigtamt denn das einzige Werk, nämlich geben oder darreichen das Evangelium, von Christus befohlen zu predigen."[23]

---

[22] Zu Luthers Predigtanfängen vgl. Gerhard Ebeling, a.a.O., S. 465 ff. Sie sind zumeist sehr prägnant, enthalten vielfach eine theologische und hermeneutisch oder homiletische Wertung der Perikope in einem Satz.
[23] Martin Luther: Von der Winkelmesse und Pfaffenweihe. (1533) WA 38, 239, 2 ff.

„Darreichen" zeigt wieder etwas vom sakramentalen Charakter des Wortes Gottes.

„Alle Worte, alle Geschichten der Evangelien sind gewisse Sakramente, d. h. heilige Zeichen, durch welche Gott in den Glaubenden wirkt, was immer jene Geschichten meinen", sagt Luther 1519.[24]

Indem der Prediger so das Evangelium als „äußeres Wort" weitergibt, handelt Gott durch den Prediger am Hörer. Nicht automatisch. Gottes Wort wird es erst, wenn und wann Gott sein Werk an dem Hörer durch das Wort des Predigers tun will. Aber Gott hat sich daran gebunden, nichts ohne dies äußere Wort zu tun. Luther hat dies ausführlich in einer anderen Predigt der Fastenpostille ausgeführt:

„Wir sind Gottes Mithelfer und Mitwirker ... Das ist: Wir predigen, arbeiten an euch mit dem äußerlichen Wort durch Lehren und Vermahnen."

... „Aber Gott gibt inwendig durch den Geist den Segen und Gedeihen, daß unser äußerlich Wort nicht vergeblich arbeite. Darum ist Gott inwendig der rechte Meister, der das beste tut, und wir helfen und dienen ihm dazu auswendig mit dem Predigtamt."

Diese Arbeitsteilung darf man aber nun nicht so verstehen, daß das Wort des Predigers nichts wäre.

„Denn obwohl Gott möchte alle Ding inwendig ohne das äußerliche Wort ausrichten, alleine durch seinen Geist, so will ers doch nicht tun, sondern die Prediger zu Mithelfern und Mitarbeitern haben und durch ihr Wort tun, wo und wenn er will."

Deshalb soll niemand die Predigt versäumen, weil Gott in ihr handeln kann und will, „sintemal er nicht weiß, welche Zeit das Stündlein kommen werde, darin Gott sein Werk an ihm tu durch die Prediger". Denn es besteht die Gefahr, daß man die Gnade versäumt, weil

„die Predigt des Evangeliums nicht eine ewige, währende, bleibende Lehre ist, sondern ist wie ein fahrender Platzregen, der dahinläuft, was er trifft, das trifft er, was fehlet, das fehlet. Er kommt aber nicht wieder, ... Das gibt auch die Erfahrung, daß an keinem Ort der Welt das Evangelium lauter und rein ist blieben über eins Manns Gedenken ..."[25]

Luther hat diese Bindung des Handelns Gottes an das äußere Wort der Predigt in den Schmalkaldischen Artikeln besonders mit dem Hinweis auf die Enthusiasten

---

[24] Martin Luther: Predigt. (1519) WA 9, 440. Zum Ganzen vgl. Christian Möller: Seelsorglich predigen. Göttingen, 1983, S. 23 ff.
[25] M. Luther, Fastenpostille, WA 17, II, 179.

festgehalten, die sich rühmten, unabhängig vom Wort der Schrift den Geist zu haben und von daher Schrift und Predigt zu beurteilen.[26]

Der Prediger kann also, sofern er den Text predigt, d. h. das im Text überlieferte Wort Gottes als Gesetz und Evangelium weitergibt, gewiß sein, daß er mit seiner Predigt das äußere Wort Gottes sagt, dem Gott verheißen hat, daß er es, wenn und wann er will, zur Wirkung bringen wird.

In diesem Sinne sind die steil wirkenden Sätze in Luthers Schrift „Wider Hans Worst. 1541" aufzufassen, daß der Prediger keine Vergebung der Sünden brauche, wenn er gepredigt hat, „wo ein rechter Prediger ist" – also einer, der sich an die Schrift hält. – Er kann dann „trotzlich" sagen:

„Haec dixit Dominus. Das hat Gott selbst gesagt ... Denn es ist Gottes und nicht mein Wort, das mir Gott nicht vergeben soll noch kann, sondern bestätigen, loben, krönen und sagen: Du hast recht gelehret, denn ich hab durch dich geredet, und das Wort ist mein. Wer solchs nicht rühmen kann von seiner Predigt, der lasse das Predigen anstehen, denn er leugnet gewißlich und lästert Gott."[27]

In diesen Sätzen geht es um die den Prediger gewißmachende Zusage, daß Gott sein Wort gebrauchen will.

Die Aufgabe des Predigers ist es also, dem Hörer den Text zu erschließen als Hilfe zum Leben. Luther tut das, indem er in einem ganz umfassenden Sinne und so einfach und elementar, wie es nur geht, zeigt, was der biblische Text sagen will. Es ist eine die gesamte Existenz des Predigers und des Hörers betreffende Auslegung des Textes. Es ist mehr als eine einfache Auslegung, es ist die Umsetzung bzw. die „Ausführung" des Textes in der viva vox evangelii, der lebendigen Stimme des Evangeliums.[28]

In seiner Vorrede zur Kirchenpostille 1522 hat Luther sehr eindrücklich gezeigt, welches die einzige Richtschnur für ihn bei der Auslegung biblischer Texte ist.

„Denn aufs kürzlichst ist das Evangelium eine Rede von Christo, daß er Gottes Sohn und Mensch sei für uns geworden, gestorben und auferstanden, ein Herr über alle Dinge gesetzt."[29]

---

[26] Siehe Hans Philipp Meyer: Luther über das „äußerliche Wort, das die Kirche schafft". In: Horst Hirschler/Günter Linnenbrink (Hrsg.): Die Bibel weckt Gemeinde. Hannover, 1983, S. 86 ff.
[27] Martin Luther: Wider Hans Worst (1541). WA 51, 517.
[28] Zum Begriff Ausführung des Textes vgl. Gerhard Ebeling: Wort und Glaube. Tübingen, 1960, S. 347. „Die Predigt als Predigt ist nicht Auslegung des Textes als geschehener Verkündigung, sondern ist selbst geschehende Verkündigung, und das heißt nun: Die Predigt ist Ausführung des Textes. Sie bringt zur Ausführung, was der Text will. Sie ist Verkündigung dessen, was der Text verkündigt hat."
[29] M. Luther, Kirchenpostille, WA 10, I, 1, 9.

Das findet sich z. B. in den Evangelien, bei Paulus und in Jesaja 53. Wichtig aber ist,

> „daß du nicht aus Christo einen Mose machest, als tue er nicht mehr denn Lehre und gebe Exempel wie die anderen Heiligen tun, als sei das Evangelium ein Lehr- oder Gesetzbuch. Darum sollst du Christum, sein Wort, Werk und Leiden zweierlei Weise fassen. Einmal als ein Exempel, dir vorgetragen, dem du folgen sollst und auch also tun … Aber das ist das Geringste vom Evangelium, davon es auch noch nicht Evangelium heißen mag, denn damit ist Christus dir nichts mehr nutz denn ein anderer Heiliger. Sein Leben bleibt bei ihm und hilft dir noch nichts … Das Hauptstück und Grund des Evangeliums ist, daß du Christum zuvor, ehe du ihn zum Exempel fassest, aufnehmest und erkennest als eine Gabe und Geschenk, das dir von Gott gegeben und dein eigen sei, also daß, wenn du ihm zusiehst oder hörst, daß er etwas tut oder leidet, daß du nicht zweifelst, er selber Christus mit solchem Tun und Leiden sei dein, darauf du dich nicht weniger mögest verlassen, als hättest du es getan, ja als wärest du derselbige Christus. Siehe, daß heißt das Evangelium recht erkannt, das ist, die überschwengliche Güte Gottes … das ist das große Feuer der Liebe Gottes zu uns, davon wird das Herz und Gewissen froh, sicher und zufrieden, das heißt den christlichen Glauben gepredigt."[30]

In diesem Sinne hat Luther unseren Text Matthäus 15,21–28 ausgelegt. Das ist seine grundlegende Richtschnur:

> „Christus als eine Gabe nährt deinen Glauben und macht dich zum Christen. Aber Christus als ein Exempel übt deine Werke. Die machen dich nicht (zum) Christen, sondern sie gehen von dir (als) Christen schon zuvor gemacht (aus)."[31]

Als Prediger bin ich zunächst von Luthers Umgang mit dem Text als gegenwärtiger Vermittlung der Christuswirklichkeit in der Gestalt des äußeren Wortes beeindruckt. Freilich ergeben sich auch sogleich mancherlei Fragen. Sind die Texte der Bibel nur unter dem Gesichtspunkt, daß sie „Christum treiben", zu sehen? Gibt es nicht ein umfassenderes Spektrum an notwendigen Schwerpunktthemen in den biblischen Texten? Man wird da sorgfältig argumentieren müssen. An der Grundtatsache, daß christliche Predigt immer in irgendeiner Weise Christuspredigt ist, kann der evangelische Prediger nicht vorbei. Aber es gibt natürlich unter der Voraussetzung der Richtigkeit dieses Satzes unterschiedliche Schwerpunkte. Wie Luther in großer Predigerfreiheit mit den Texten der Bibel umgehen konnte, zeigen seine Vorstellungen, wie das Alte Testament zu predigen sei.

---

[30] M. Luther, Kirchenpostille, WA 10, I, 1, 10–12.
[31] M. Luther, Kirchenpostille, WA 10, I, 1 12.

Luther hat in einer Predigt am 27. August 1527 „Unterrichtung, wie sich die Christen in Mosen sollen schicken" seine Gedanken dazu geäußert. In Abgrenzung zur Müntzerschen Heranziehung des Alten Testamentes macht Luther deutlich, daß das Gesetz Mose die Juden angeht und die Christen somit zunächst nicht bindet. Er wirft den „Rottengeistern" vor, daß sie mit dem Alten Testament völlig falsch umgehen. Sie haben zwar recht, daß es sich um Gottes Wort handelt, aber sie achten nicht darauf, zu wem dies Wort Gottes gesagt wird. Die falschen Propheten haben es dem Volk vorgeplappert: Gott hat sein Volk geheißen, daß sie die Amalekiter totschlagen sollten und andere Sprüche mehr. Daraus sei dann Jammer und Tod gekommen, sind die Bauern aufgestanden und sind in Irrtum geführt worden. Wenn da gelehrte Prediger gewesen wären, die hätten den falschen Propheten entgegengetreten und ihnen wehren und sie belehren können: Es ist wahr, Gott hat es Mose geboten und hat zum Volk geredet, aber wir sind nicht das Volk. Er hat Abraham geboten, er solle seinen Sohn erwürgen, aber ich bin nicht Abraham. Er hat mit David geredet. Das ist Gottes Wort, aber es ist zu David geredet. Möchte nun einer sagen: Warum predigst du dann Mose, wenn er uns nichts angeht? Antwortet ihm Luther: Weil ich dreierlei finde, was uns nützlich sein kann:

> „Also lesen wir Mose darum, nicht daß er uns betreffe, daß wir ihn müssen halten, sondern daß er gleichstimmt mit dem natürlichen Gesetz und ist besser gefaßt, denn die Heiden immer mögen tun. Also sind die Zehn Gebote ein Spiegel unseres Lebens, darin wir sehen, woran es uns fehlet ...
>
> Zum anderen ... lesen wir Mose um der Verheißungen willen, die von Christo lauten, der nicht allein den Juden, sondern auch den Heiden zugehört. Denn durch ihn sollten alle Heiden den Segen haben, wie Abraham verheißen war.
>
> Zum dritten lesen wir Mose wegen der schönen Exempel des Glaubens, der Liebe und des Kreuzes in den Vettern Adam, Abel, Noah, Abraham, Isaak, Jacob, Mose und also durch und durch, daran wir lernen sollen Gott vertrauen und lieben. Herwiederum auch die Exempel der Gottlosen, wie Gott nicht schenket den Ungläubigen ihren Unglauben. Wie er gestraft hat den Kain, Ismael, Esau, die ganze Welt mit der Sündflut und Sodom und Gomorra usw. Die Exempel sind vonnöten. Denn wiewohl ich nicht Kain bin, doch wenn ich tue wie Kain getan hat, so werde ich die gleiche Strafe mit Kain empfangen. Man findet an keinem anderen Ort so schöne Exempel beide vom Glauben und Unglauben. Darum soll man Mose nicht unter die Bank stecken. Und also wird das Alte Testament recht verstanden ..."[32]

---

[32] Martin Luther: Unterrichtung, wie sich die Christen in Moses sollen schicken. Predigt. (1525) WA 16; 390 f.

Luther erläutert ausführlich, wie ausgezeichnet sich aus dem Alten Testament in freier Auswahl Lernwürdiges erheben läßt (die Abgabe des Zehnten anstelle der vielen Steuern, Besteuerung nach dem Ertrag, Grundbesitz darf nur bis zum Halljahr verpfändet werden usw.).

Luther nimmt sich also ganz selbstverständlich die Freiheit, aus den Texten der Bibel Lehrstücke des Glaubens und des Unglaubens zu nehmen. Wenn man sich dann die Durchführung der Predigten anschaut, sieht man aber gleichzeitig, wie selbstverständlich er immer wieder auf das achtet, was Christus beim Hörer im Herzen befestigen kann, und wie sorgfältig er Gesetz und Evangelium zu unterscheiden bemüht ist.

Fazit: Die Predigerin und der Prediger brauchen die Ordination, den Auftrag zur Verkündigung als Rückenstütze. Es ist nicht zuerst meine Entscheidung, daß ich hier auf der Kanzel stehe und das Wort Gottes verkündige. Ich bin von Gott durch die Repräsentanten der Gemeinde dazu berufen. Ohne diese Gewißheit steht die Predigt außerhalb der Verabredungsgemeinschaft des Leibes Christi. Entscheidend ist mein Auftrag, Christus als Geschenk Gottes dem Hörer zuzueignen. Das ist die schriftgemäße Interpretationsrichtung für alle biblischen Texte Alten und Neuen Testamentes.

So wenig also davon zu halten ist, daß z. B. bei alttestamentlichen Predigten am Schluß stereotyp ein christologisches Schwänzlein auftaucht – weil das auf die Dauer langweilig ist –, so wenig ist aber auch davon zu halten, daß so getan wird, als könne ein Text des Alten Testamentes auf einer christlichen Kanzel gepredigt werden, ohne daß erkennbar wird, was das denn nun mit dem Juden Jesus aus Nazareth, der der Christus Gottes ist, unser Erlöser, zu tun hat.

Der Predigtauftrag bedeutet, daß wir mit der Kompetenz an Lebens- und Glaubenserfahrungen, an biblischer und darauf bezogener theologischer Erkenntnis zu predigen haben und daß die Gemeinde verabredungsgemäß aktiv hörend davon ausgeht, daß Gott durch dieses äußere Wort der Predigt sein Wort sagen will.

6. Die Rhetorik im Dienste des Evangeliums

Die uns vorliegende Predigt ist eine Schreibtischarbeit, hergestellt für das neue Medium, das durch die Erfindung der Druckerpresse geschaffen worden war und mit dem Luther ausgezeichnet zu arbeiten verstand. Ähnlich wie es dem Prediger heute bei der Herstellung von Predigten für Radio oder Fernsehen ergehen kann, daß er sich nämlich besondere Mühe bei der Ausarbeitung für solch eine besondere Gelegenheit gibt, scheint es auch bei Luther gewesen zu sein. Obgleich die Predigt unter erheblichem Zeitdruck zu Ende formuliert wurde, ist sie doch, verglichen mit den Predigten, die er sonst zu diesem Text gehalten hat, die am sorgfältigsten gearbeitete. Auch wenn es sich um eine geschriebene Predigt handelt, so steht sie in nichts den uns in Nachschriften überlieferten gesprochenen Predigten nach, eher ist sie besser. Allerdings wirkt sich Luthers Erfahrung mit dem Text in den vorausgegangenen Predigten deutlich aus. Im übrigen hat Luther die Postillenpredigten geschrieben, damit sie im Gottesdienst und im Hause als Predigten vorgelesen werden konnten.

Was an dieser Predigt zunächst auffällt, ist, wie sehr der Inhalt von der Anschaulichkeit, der erdverbundenen und eindringlichen Sprache lebt: herzliche Zuversicht, gut Gerücht, gut Geschrei, lief's dem süßen Geruch nach, wie Christus den Glauben in den Seinen treibet und jaget, schweigt er als ein Stock, dies ist ein gar harter Puff, Donnerschlag, Mordschlag (von Christus!), bleibt stracks und fest in ihrer Zuversicht hangen, Gott helfe uns in Nöten und Sterben zu solchem Mut und Glauben, ist das nicht ein Meisterstück, Hangen und Schweben, daß sie nun nicht Hund sei, sondern auch ein Kind Israels, des Weibleins Kunst, Gott in seinem Urteil fangen, usw.

Die Sprache ist anschaulich, elementar, geeignet, den Hörer aufmerksam zu machen und ihm zu signalisieren, hier geht es um für dich sehr wichtige Dinge, nimm dir's zu Herzen. Die Sprache zielt auf ein möglichst umwegloses Treffen des Hörers, sie wird jedoch auf dem rhetorisch wirksamen Umweg eingesetzt, dem Hörer eine Szene in sein Herz „einzubilden". Mit dieser Sprache denkt sich Luther in die Frau hinein. Er senkt sie dem Hörer ins Nachempfinden. Der Hörer wird durch solche Sprache hineingenommen in das Geschehen. Er wird gerade nicht „von oben" belehrt.

Zur Miterlebbarkeit des Gesagten in dieser Predigt hilft besonders die dialogische Redeweise. Luther ist, was bei solch einem geschriebenen Text besonders beeindruckend ist, mit dem Hörer im ständigen Gespräch: Was für ein Gerücht? Wie geht's aber zu (daß die anderen nicht kommen)? Nun, was tut das Weiblein hiezu? Ist das nicht ein Meisterstück?

Aber das bleibt noch eher äußerlich. Ungleich stärker wird der Hörer hineingenommen dadurch, daß er in die Geschichte dieser Frau verstrickt wird. Zunächst noch: Siehe, wie Christus den Glauben in den Seinen treibt usw. Aber dann nimmt der Hörer an dem inneren Dialog der Frau teil: Das sie hätte mögen denken: Ist das der gütige freundliche Mann ... Es muß nicht wahr sein ... Er ist dein Feind, usw.

Und wieder wird der Hörer angesprochen: Siehe, das ist ein harter Puff. Er spürt dieses Zurückstoßen geradezu. Oder, beim Mordschlag, der letzten Stufe im kunstvollen dreistufigen[33] Aufbau, heißt es: „Was will sie hie sagen?? ... Das ist

---

[33] In seinem Predigtkontext von 1534 entwickelt Luther sogar einen fünfstufigen Aufbau.

eine ewig unverrückliche Antwort." Auch die nachdenkliche Passage über „Hangen und Schweben": „Lauten wohl als Nein, sind aber nicht Nein" ... usw. Ist ausgesprochen dialogisch. Fast in einer Art „trial and error" (Versuch und Irrtum) geschrieben. Der Hörer wird in dieses Abwägen mit hineingenommen.

Auffällig ist weiter die Lebendigkeit durch den dramatischen ständigen Szenenwechsel. Da redet der Erzähler: „... daß sie auf solch gut Geschrei ihm nachläuft und schreit mit gewisser Zuversicht, er werde seinem Gerüchte nach auch gnädiglich mit ihr handeln." Das kann man sich vorstellen.

Einen Augenblick später spricht die Frau ihren inneren Dialog: „... er möchte doch ein Wort sagen und zu mir sprechen: Ich will nicht. (Auch diese Erwartung an Jesus in wörtlicher Rede!). Nun schweigt er als ein Stock ..." Dann der Kommentator: „Siehe, dies ist ein gar harter Puff." Der geistliche Kommentar, aber ein großartig solidarischer Kommentar mit dem Hörer: „Wie die wohl wissen, so es im Herzen fühlen und erfahren ..." Dann wieder der Erzähler, kommentierendes Erzählen: „... bleibt stracks und fest in ihrer Zuversicht hangen ..." Dann der Pastor als Lehrer: „Also müssen wir auch tun und lernen, allein am Wort festhangen ..." Und gleich danach der Beobachter des menschlichen Wesens: „Aber o wie wehe tut das der Natur und der Vernunft ..." Dann wieder der Pastor als Seelsorger: „Gott helfe uns in Nöten und Sterben zu solch einem Mut und Glauben." Ein Stück weiter unten, der Prediger als Anwalt der Frau gegenüber Christus: „... hie möchte man Christo aufrucken alle die Wort ..." Und Christus selbst antwortet: „Ja, es ist wahr, ich höre alle Gebete. Ich habe aber solche Verheißung getan allein dem Hause Israel." Wieder Sprecherwechsel, der solidarische Kommentator: „Wie dünkt dich? Ist das nicht ein Donnerschlag?"

Gerade wenn man sich die Predigt Satz für Satz noch einmal durchschaut, merkt man, wie unglaublich lebendig diese Predigtweise ist. Kein unnötiges Über-die-Dinge-Reden. Jeder Satz so anschaulich wie möglich gefaßt. Möglichst in wörtlicher Rede. Das alles ist für Prediger sehr eindrücklich.

Der Aufbau ist einfach und dennoch kunstvoll. Er entspricht dem Ablauf der Erzählung. Luthers Predigten sind meistens homilie-ähnlich. Sie folgen sonst, besonders bei den Epistelpredigten, einfach dem Textverlauf ohne irgendwelche Verknüpfungsversuche der verschiedenen Gedanken. Aber wenn man mitdenkt, merkt man, daß auch in der Abfolge der Gedanken ein Könner am Werk ist.

Hier ist der Aufbau deutlich: Die übliche kurze Einleitung, mit kräftigem Zugriff wird das Thema genannt und abgegrenzt.[34]

Es folgt eine knappe Beschreibung der Situation, sofort theologisch durchdrungen.

---

[34] Zum Aufbau von Luthers Predigten vgl. G. Ebeling, a. a. O., S. 465 ff.

Ein vergegenwärtigender Exkurs, warum so wenige auf das gute Gerücht hin kommen. Beantwortung aus der Schrift und der theologischen Erfahrung, „muß Mose vorhergehen", mit einer den Exkurs abschließenden Schlußfolgerung: „Das ist alles zu Trost gesagt ..."

Dann das Hauptthema, wie Christus den Glauben in den Seinen treibt und jaget.

Dann die Entwicklung der Erzählung in drei Teilen mit parallellaufendem Kommentar und jeweiligem Abschluß eines Teils. Jeder Teil beginnt mit erstlich, zum andern, zum dritten. Jeder Teil wird abgeschlossen: „Gott helfe uns, d. h. ja festgehalten, darum tut er sich nun gar auf ..."

Dann die große abschließende Zusammenfassung mit einer den Hörer noch einmal fesselnden interessanten Gedankenführung. „Aber das ist uns allen zu Trost und Lehre geschrieben ..." Und der triumphierende Schluß: „Siehe, so muß sich Gott durch sein eigen Urteil über uns erbarmen."

Dann eine abschließende Verstärkung aus Zeugnissen der Schrift, der König Manasse und der Psalm 51 und die eigentlich nun nicht mehr nötige Anwendung auf den Hörer. Denn wenn man bei der ganzen Predigt fragt: „Wo ist denn eigentlich der Hörer geblieben", dann kann die Antwort nur lauten: Der war in einer beachtlichen Weise die ganze Zeit mit dabei.

Und dann der letzte Absatz, vielleicht im Herbst 1525 an eine schon fertige Predigt angehängt. Vielleicht um das Gewissen des Auslegers zu befriedigen, damit der Leser weiß, daran hat er auch noch gedacht. Es müßte noch dies und das kommen, besonders die Exempel der Liebe. Aber das kann man woanders nachlesen. „Ist auch klar genug und wohl zu finden."

Gerade wenn man die Predigt sorgfältig durchgeht, entdeckt man, was in ihr steckt. Ich empfinde sie als ein Erlebnis. Wer nun hie dieses Luthers Kunst könnte ..."[35]

---

[35] Auf die Beziehung des Aufbaus dieser Predigt zur Rhetorik der Zeit will ich nicht weiter eingehen. Es ist keine Frage, daß Luther mit der Rhetorik seiner Zeit vertraut ist. Gerhard Ebeling hat an einigen Beispielen gezeigt, wie Luther auch inhaltlich die traditionelle Auslegung benutzt, sie aber dann in seinem Sinne verwandelt. G. Ebeling, a. a. O., S. 475 ff. Ulrich Nembach hat für die Predigtweise nachzuweisen versucht, daß er dort Volksberatungsrede Quintilians folgt. Ulrich Nembach: Predigt des Evangeliums. Neukirchen-Vluyn, 1972. Das ist von Gerhard Krause: ThLZ. 99 (1974) 271 ff. und Helmar Junghans: LuJ 41 (1974) S. 149 f. im dem Sinne kritisiert worden, daß man auch Luthers Abhängigkeiten von Cicero, den er sehr schätzte, und Aristoteles, den er nur teilweise schätzte, mit berücksichtigen müßte. Auch G. Winkler, Luther als Seelsorger und Prediger, a. a. O., S. 236 f., und Bernhard Lohse: Martin Luther. Eine Einführung in sein Leben und Werk. München, ²1982, S. 112 f. vermuten einen breiteren Strom der Beeinflussung Luthers. Sehr interessante Aspekte liefert auch Klaus Dockhorn: Luthers Glaubensbegriff und die Rhetorik. In: Linguistica Biblica. Interdisziplinäre Zeitschrift für Theologie und Linguistik. 21./22. Februar 1973, S. 13–39. Ich brauche auf diese Dinge hier nicht im einzelnen einzugehen, da Luther auch mit der rhetorischen Tradition sehr selbständig und originell umgegangen ist und es mir hier darauf ankam, von Luthers Predigtweise zu lernen.

Fazit: Wenn jemand wirklich etwas zu sagen hat zum Glauben, dann ist die Gestaltung, mit der er es sagt, zweitrangig. Aber eine das Evangelium in gekonnter Gestaltung zusprechende Predigt ist ein Vorschein des Himmels. Zu lernen haben wir die erdverbundene Sprache. Durch das Wort konkrete Anschauung vermitteln, das ist es. Die Hörer in die Predigt gleichsam wie in ein Gespräch dialogisch hineinzuziehen, das ist die Kunst. War nicht wegen der Konkurrenz der Medien und der neuen Hör- und Sehgewohnheiten der Menschen ein ständiger Szenenwechsel auch in der monologischen Rede nötig? Überraschenderweise hat Luther das längst. Ist es vielleicht mit den Hörgewohnheiten der Menschen gar nicht so viel anders geworden?

Der oft verachtete durchsichtige Aufbau einer Predigt, ruhig in drei Teilen, sollte wieder gesellschaftsfähig werden. Es hilft beim Zuhören. Und, in der Predigt darf es doch etwas zum Lachen geben! Ist das nicht ein Meisterstück?

B. Die Wirkung der Predigt

Luthers Predigtweise lebt von einem geradezu abenteuerlichen Vertrauen auf die Kraft des Wortes Gottes. Er tut aber auch etwas dafür.

Diese verwandelnde Kraft des Wortes Gottes ist Luthers persönlichste Erfahrung. So hat er es selbst erlebt. Man darf sich die Wahrheit dieser Erkenntnis nicht dadurch verstellen, daß man sie zu einer Spezialerfahrung eben dieser einmaligen Persönlichkeit Martin Luther macht. Es ist ja immer noch die Frage, ob Luthers Behauptung, daß wir durch den Zuspruch der Liebe Gottes, die in dem gekreuzigten und auferstandenen Christus sichtbar wird, und das vertrauende Ergreifen dieses Zuspruchs aus unserer Entfremdung von Gott herausgerissen werden und zu uns selbst und zu Gott finden, stimmt.

In den evangelisch/römisch-katholischen Gesprächen zur Rechtfertigungslehre zeigen sich zwei unterschiedliche Vorstellungen vom Weg, der zur Rechtfertigung führt. Beide Seiten bejahen das sola gratia. Aber auf katholischer Seite ist dabei ein schöpfungs- und lebensmäßig konditionierendes geheimnisvolles Handeln Gottes am Menschen gemeint, das ihn befähigt, Christus anzunehmen und in Glaube, Hoffnung und Liebe zu zeigen, daß diese innere Verwandlung durch Gottes Gnade an ihm geschehen ist. Lutherisch wird auch vorausgesetzt, daß ich nicht aus eigener Vernunft noch Kraft an Jesus Christus, mein Herrn, glauben oder zu ihm kommen kann, aber dann heißt es: „Sondern der Heilige Geist hat mich durch das Evangelium berufen, mit seinen Gaben erleuchtet, im rechten Glauben geheiligt und erhalten ..."

Das bedeutet, auf die Frage, wie geschieht das denn, daß der Mensch, der ein Sünder ist, zurechtgebracht wird, lautet die Antwort: Dadurch, daß Gott den Menschen im Heiligen Geist durch das Evangelium beruft. Das Entscheidende geschieht also durch das Wort, das die Menschen trifft und verwandelt. So wie er durch die Liebeserklärung eines anderen verwandelt wird, so gilt ihm hier die Liebeserklärung Gottes.

Luther hat in der zweiten seiner berühmten Invokavit-Predigten jene bekannten Sätze gesagt:

> „Summa summarum predigen will ichs, sagen will ichs, schreiben will ichs. Aber zwingen, dringen mit der Gewalt will ich niemanden. Denn der Glaube will willig, ungenötigt angezogen werden. Nehmt ein Exempel von mir. Ich bin dem Ablaß und allen Papisten entgegengetreten, aber mit keiner Gewalt, ich hab allein Gottes Wort getrieben, gepredigt und geschrieben, sonst hab ich nichts getan. Das hat, wenn ich geschlafen hab, wenn ich wittenbergisch Bier mit meinem Philipp und Amsdorf getrunken hab, allsoviel getan, daß das Papsttum also schwach geworden ist, daß ihm noch nie kein Fürst noch Kaiser so viel abgebrochen hat. Ich hab nichts getan, das Wort hat es alles gehandelt und ausgerichtet. Wenn ich hätte wollen mit Ungemach fahren, ja ich wollt Deutschland in ein großes Blutvergießen gebracht haben, ja ich wollt wohl zu Worms ein Spiel angerichtet haben, daß der Kaiser nicht sicher wäre gewesen.
>
> Aber was wäre es, ein Narrenspiel wäre es gewesen. Ich hab nichts gemacht, ich hab das Wort lassen handeln. Was meint ihr wohl, was der Teufel gedenkt, wenn man das Ding will mit Rumor ausrichten? Er sitzt hinter der Hölle und gedenkt: O wie sollen nun die Narren so ein feines Spiel machen. Aber dann so geschieht ihm Leid, wenn wir allein das Wort treiben und das allein wirken lassen. Das ist allmächtig. Das nimmt gefangen die Herzen. Und wenn sie gefangen sind, so muß das Werk hinnach von ihm selbst zerfallen."[36]

Wie wir wissen, ist Luther in diesem Vertrauen auf das Wort der Predigt in jenen Märztagen des Jahres 1522 bestärkt worden. Das Wort, natürlich in seinem Munde und mit seiner Autorität gesagt, schaffte in dem unruhigen Wittenberg jenes Klima, das eine solide Reformation brauchte. Noch 1523 dichtet Martin Luther: „Das Land bringt Frucht und bessert sich, dein Wort ist wohlgeraten." Daß das Wort Gottes dann auch seine Zeit hat, hat Luther schmerzhaft lernen müssen. Seine Rundreise im April 1525 und seine mißlungenen Versuche, durch das Wort der Schrift die aufgeregten Bauern in vernünftige Bahnen zu lenken, haben ihn lebenslang eines Besseren (Schlechteren) belehrt und ihn vielfach in tiefe Anfechtungen gestürzt. Allerdings versucht er trotzig, am Zutrauen zum Wort Gottes, zu seiner Kraft festzuhalten.

Im Verhältnis zu seiner Gemeinde in Wittenberg trat Ende der zwanziger Jahre eine schwerwiegende Krise ein. Luther merkte, daß er mit seiner Predigt die Men-

---

[36] Martin Luther: Invokavitpredigten. 2. (1522) WA 10, III, 18 f.

Der Prediger Luther weist die Gemeinde auf den gekreuzigten Christus hin.
Das ist der Auftrag der Kirche.
Ausschnitt aus dem Gemälde von der Predella des Flügelaltars der Wittenberger Stadtkirche von Lukas Cranach d. Ä. 1547.

schen nicht verändern konnte. Selbst seine allgemein gerühmte Predigtfähigkeit, die maßvolle Länge seiner Predigten (Bugenhagen predigte zum Verdruß vieler über eine Stunde und nur mäßig interessant) konnte daran nichts ändern. Im Frühjahr 1530 ist Luther aus Zorn über seine Gemeinde tatsächlich in einen Predigtstreik getreten. Am Neujahrstage 1530 erklärte er seinen Hörern, wie enttäuscht er über sie sei, daß er mit seiner Predigt noch nicht einmal erreichen könne, daß sich die Nächstenliebe mehre. Sie seien geizig, die bürgerliche Zucht fehle. Lieber wolle er tollen Hunden predigen als weiterhin so erfolglos dieser Gemeinde. Wegen der Undankbarkeit und des Ungehorsam des Volkes stellte er die Predigt ein. Das hat eine ganze Reihe von Gründen gehabt. Auch die Stadtväter waren offenbar nicht besonders freundlich ihm gegenüber. Anfang 1527 schon berichtete Luther, der Kurfürst lasse Wittenberg durch neue Befestigungen uneinnehmbar machen, aber in ihrem Verhältnis zum Evangelium sei die Stadt kühl und nahezu satt. Der Kurfürst schrieb ihm am 18. Januar einen Brief, er möge doch wenigstens einmal in der Woche wieder predigen. Er hat dann, bis er im Mai zur Coburg zog, noch etwa viermal gepredigt, sonst waren es manchmal zehn Predigten in der Woche. Er befand sich in einem tiefen Zorn gegenüber seiner Gemeinde, die durch das Wort Gottes nicht so zu bewegen war, wie er sich das dachte.

Es ist die erste tiefe Krise der Reformation nach 1525. Damals war durch Luthers Engagement im Bauernkrieg durch die Auseinandersetzung mit Erasmus und durch seine Heirat mancherlei Irritation aufgetreten. Nun kommt es zu einer Krise beim Herzstück der Reformation, der Predigt. Da zeigen sich Fragen, die bis heute zu stellen sind: Greift das Wort Gottes eigentlich? Kann man durch die Predigt Menschen ändern? Genügt es, wenn man auf die Anziehungskraft des Wortes vertraut? In Wittenberg kamen die Leute einfach nicht mehr, was uns ja auch ziemlich vertraut ist. Genügt eigentlich dieses Zutrauen auf das Wort, oder bedarf das Wort doch letztlich einer Verabredungsgemeinschaft? Ist es also nötig, daß Christen sich gegenseitig verabreden, den Gottesdienst wichtig zu nehmen und vom Worte Gottes etwas zu erwarten? Verrät es möglicherweise ein unrealistisches Menschenbild, wenn man nur damit rechnet, daß das Wort den Hörer trifft und bewegt? Sind wir nicht sehr viel ganzheitlicher angelegt? Wenn es stimmt, daß die Predigt das erwartungsvolle und aktive Zuhören der Gemeinde braucht, dann kann man sich nicht nur darauf verlassen, daß die Menschen wegen der Predigt zusammenströmen. Dann ist es erforderlich, daß es christliche Gemeindebildung gibt und daß die versammelte Gemeinde, die aus vielerlei Gründen zusammen ist, im Gottesdienst Gottes Wort verabredungsgemäß erwartet. Die Predigt braucht den Kontext der Gemeinde. Sicherlich kann es gelingen durch eine zündende Predigt, Menschen zu öffnen für die Zugehörigkeit zur Gemeinde. Wir erleben auch, daß die Leute nach einer Heiligabend-Predigt, die ihnen sehr zugesagt hat, erklären: Da gehen wir nächstes Jahr wieder hin. Nach der Melodie: Alle

Jahre wieder. Das gehört selbstverständlich dazu. Aber das Lebenselement der Predigt ist die versammelte Gemeinde. Wie hat sich Luther gerettet?

Diese Enttäuschung, daß das Wort Gottes offenbar tatsächlich wie ein fahrender Platzregen ist, hat er in der für ihn typischen Weise zu bewältigen versucht. In einer Predigt am 3. Advent 1532 über Matthäus 11,1–10 sagt er:

„Das ist's nun, was Christus sagt: ‚Selig ist, der nicht Ärgernis nimmt an mir.' Denn damit weissagt er zugleich, daß die Menschen an dieser Predigt des Evangeliums sich stoßen und sie verachten und verfolgen werden. Solch Ärgernis, Verachtung und Verfolgung muß man leiden. Dann so es dazumal nichts geholfen hat, als der Herr Christus selbst gepredigt und unzählige Wunderzeichen vollbracht hat, daß die Blinden sehend, die Tauben hörend, die Lahmen gerade, die Aussätzigen rein, die Toten lebendig geworden sind, sondern das Wort ist gleichwohl verachtet und er, der liebe Herr Christus, darüber ans Kreuz geschlagen worden ... Was solls jetzt helfen? Was wollen wir denn sehr darüber klagen? Was kann es verwundern, daß die Welt das heilige Evangelium und rechtschaffende Prediger zu unserer Zeit so verachtet und gewissermaßen mit den Füßen darüber hinwegläuft? ... Darum sprich: Wohlan, lieber Herr Christus, ist dir solches widerfahren ... so will ich wohl schweigen und nicht klagen ... wir nehmen diesen König ohne Ärgernis an, halten uns an seinem Wort fest und werden durch ihn selig, wie er sagt: Selig ist, der nicht Ärgernis nimmt an mir. Das verleihe uns unser lieber Herr Jesus Christus. Amen."[37]

Es ist bezeichnend, daß Luther an dieses ihn gewaltig umtreibende Problem christologisch herangeht. Luther faßt diese Anfechtung und Schwierigkeit als ein Gleichgestaltetwerden mit Christus auf. Das ist ganz zweifellos ein richtiger, bis heute nützlicher Weg. Das undifferenzierte Jammern über das gegenwärtig geringe Ansehen, das der christliche Glaube in der Öffentlichkeit hat, sollte der nüchternen Feststellung weichen, daß es unserem Herrn Jesus Christus auch nicht besser gegangen ist. Das ist sehr vernünftig. Es ist uns nicht verheißen, daß wir als christliche Gemeinde mit unserer Botschaft den Beifall der großen Masse haben.

Aber dieses darf kein Grund sein, der nüchternen Analyse auszuweichen, ob es denn vielleicht auch an uns liegt. Die Frage, ob wir die Predigt mit unsachgemäßen Erwartungen belasten, gehört ebenfalls zur Nüchternheit des Glaubens. Da das Heil allen Menschen gilt, ist die Beruhigung über die kleine Zahl der Predigthörer mit Hilfe der theologia crucis ein Mißbrauch des Glaubens. Nachdem wir das Menschenmögliche getan haben, darf man sich damit trösten. Aber das

---

[37] Martin Luther: Predigt am 3. Advent 1532. WA 36; 383–387.

ändert nichts daran, daß wir versuchen müssen, das Menschenmögliche für die Akzeptanz und das Hören des Wortes Gottes zu tun. Deshalb ist neben der optimalen Gestaltung und der sachgemäßen Gewichtung der Predigt immer auch zu überlegen, in welchem Kontext sie stattfinden muß und wie dieser Kontext zu pflegen und zu beackern ist. Es ist immer ein Alarmsignal, wenn in einer Gemeinde, zu der 3000 Gemeindeglieder gehören, das kirchliche Leben sich auf allenfalls 150 Gemeindeglieder beschränkt. Hier muß alles getan werden, damit sich der Kreis der zuhörbereiten Gemeinde jedenfalls hin und wieder öffnet. Deshalb ist großes Gewicht auf die sogenannten volkskirchlichen Gottesdienste zu legen (Heiligabend, Erntedankfest, Konfirmation, Himmelfahrt in Wald und Heide, Schützenfestgottesdienst im Zelt usw.).

Dann aber, wenn die Gemeinde – gleich aus welchem Anlaß – versammelt ist, wenn der Gottesdienst mit Lied und Gebet, mit Wort und Sakrament gefeiert wird, dann ist es entscheidend, was durch die Predigt geschieht.

Die Wirklichkeitsgemäßheit der Predigten Luthers ist mit Händen zu greifen. Die Lebenswirklichkeit des Hörers wird in elementarer Weise aufgenommen. Die Glaubenserfahrung, die sich in den biblischen Texten zeigt und die den Prediger bestimmt, wird intensiv eingebracht. Die Machart der Predigt ist so, daß man wirklich zuhören kann. Hierin ist die dargestellte Predigtweise Luthers vorbildlich. Daraus können wir bis heute wesentliche Anstöße entnehmen.

Die Wirkung der Predigt jedoch ist Gottes Geheimnis. Und das ist auch gut so, damit der Prediger und die Predigerin sich nicht übernehmen. Wir sind nur Werkzeuge. Wir können freilich versuchen, halbwegs ordentliche Werkzeuge zu sein.

V. Ich bin der Herr, dein Gott
Die Zehn Gebote als Lebenshilfe*

Wiederum am Morgen ein Bibeltext zum Eintauchen in eine andere Welt mit all den Erfahrungen unseres Lebens. Einen Text wahrnehmen wie einen fremden Gast. Seine Fremdheit respektieren und entdecken, was es da an Nähe zu meinem Leben gibt. Und ob vielleicht ein Wort Gottes für mich dabei herausspringt, für diesen Morgen, für diesen Tag, für mein irres Leben.

Der Text

Ich lese 2. Mose 20. In der Lutherfassung.

Und Gott redete all diese Worte:

Ich bin der HERR, dein Gott, der ich dich aus Ägyptenland, aus der Knechtschaft, geführt habe.

Du sollst keine anderen Götter haben neben mir.

Du sollst dir kein Bildnis noch irgendein Gleichnis (Buber übersetzt: Schnitzgebild) *machen, weder von dem, was oben im Himmel, noch von dem, was unten auf Erden, noch von dem, was im Wasser unter der Erde ist:*

Bete sie nicht an und diene ihnen nicht!

Denn ich, der HERR, ...

(da steht das Tetragramm im Hebräischen, das Vier-Zeichen-Wort für den Gott Israels JHWH, Jahwe, aber so hat kein Israelit gesagt, sondern sie haben vom hebräischen Herr abgeleitet, Adonaj gesagt. Wenn im Text HERR mit zwei oder vier großen Buchstaben steht, ist in der hebräischen Vorlage das Vierzeichenwort für Gott geschrieben.)

Denn ich, der HERR, dein Gott, bin ein eifernder Gott, der die Missetat der Väter heimsucht bis ins dritte und vierte Glied an den Kindern derer, die mich hassen, aber Barmherzigkeit erweist an vielen Tausenden, die mich lieben und meine Gebote halten.

Du sollst den Namen des HERRN, deines Gottes, nicht mißbrauchen; denn der HERR wird den nicht ungestraft lassen, der seinen Namen mißbraucht.

---

* Veränderte und erweiterte Fassung einer Bibelarbeit beim Deutschen Evangelischen Kirchentag in Hamburg am 16. Juni 1995 über 2. Mose 20,1–17.

Gedenke des Sabbattages, daß du ihn heiligest.

Sechs Tage sollst du arbeiten und alle deine Werke tun.

Aber am siebenten Tag ist der Sabbat des HERRN, deines Gottes.

Da sollst du keine Arbeit tun, auch nicht dein Sohn, deine Tochter, dein Knecht, deine Magd, dein Vieh, auch nicht dein Fremdling, der in deiner Stadt lebt.

Denn in sechs Tagen hat der HERR Himmel und Erde gemacht und das Meer und alles, was darinnen ist, und ruhte am siebenten Tage. Darum segnete der HERR den Sabbattag und heiligte ihn.

Du sollst deinen Vater und deine Mutter ehren, auf daß du lange lebest in dem Lande, das dir der HERR, dein Gott, geben wird.

Du sollst nicht töten.

Du sollst nicht ehebrechen.

Du sollst nicht stehlen.

Du sollst nicht falsch Zeugnis reden wider deinen Nächsten.

Du sollst nicht begehren deines Nächsten Haus.

Du sollst nicht begehren deines Nächsten Weib, Knecht, Magd, Rind, Esel noch alles, was dein Nächster hat.

Die Zehn Gebote.

Kennt man die eigentlich noch bei uns!

Ein Erlebnis aus dem letzten Jahr.

Spätnachmittags werde ich von RTL aus Köln angerufen, eine junge Frauenstimme am Apparat, Stimmengewirr im Hintergrund.

Ist da jemand von der Kirche?

Ja, sag' ich, Landesbischof Hirschler.

Was? fragt sie.

Ich bin der Bischof, sage ich.

Toll, sagt sie.

Sie deckt die Sprechmuschel mit der Hand ab. Mensch, hier, ruft sie in den Hintergrund, ich habe einen richtigen Bischof dran.

Ja, also wir sind hier das Team für die Sendung „Wie bitte?" Die kennen Sie sicher.

Hm?

Wir haben da mal eine Frage.

Ja?

Sagen Sie mal, es gibt doch in der katholischen Kirche so Gebote. Kennen Sie die?

Ja klar, sag' ich, das sind dieselben wie in der evangelischen Kirche.

Ach, sagt sie. Was steht denn da drin? Sind das viele?

Ja, das sind die Zehn Gebote.

Ach, sagt sie, zehn sind das?

Ja, sag' ich, da stehn ganz vernünftige Sachen drin.

Fünftes Gebot: Du sollst nicht töten,

siebtes: Du sollst nicht stehlen,

sechstes Gebot, kann man sich gut merken, wegen Sex: Du sollst nicht ehebrechen,

achtes Gebot: Du sollst keine falschen Nachrichten senden.

Ach, sagt sie, das ist ja interessant.

Und, sag' ich, es gibt Luthers Erklärungen dazu, … beim fünften z. B. – Du sollst nicht töten – … daß wir unserem Nächsten an seinem Leibe keinen Schaden noch Leid tun, sondern ihm helfen und fördern in allen Leibesnöten.

Toll, sagt sie, Gebote gleich mit Gebrauchsanweisung.

Sagen Sie, können Sie uns das nicht mal durchfaxen?

Aber natürlich, sage ich, geben Sie mir Ihre Faxnummer.

Dann sind wir rumgesaust, haben eine schöne Großdruckausgabe des kleinen Katechismus rausgesucht und haben das durchgefaxt.

So kam also Luthers Kleiner Katechismus zu RTL.

Ich will nicht sagen, daß dies Gespräch für unsere Gesellschaft völlig repräsentativ ist. Ich will auch keine kulturkritischen Analysen damit verbinden. Aber so etwas und ähnliches kann man bei uns heute erleben.

Nach der Emnid-Umfrage im letzten Dezember, so hört man allerdings, sollen doch immerhin drei Viertel der Bundesbürger mindestens vier Gebote kennen, ein Viertel von denen konnte sogar alle Gebote aufzählen.

Es ist also doch nicht ganz hoffnungslos.

Aber was ist das mit den Geboten?

I. Gottes Gebot ist gut und nötig

Wofür sind sie gut, die Zehn Gebote?

Ich fange mit den kurzen, apodiktischen Sätzen an. Die sind kurz und schön, fast wie zum Auswendiglernen. Deshalb hat man überlegt, ob die vielleicht sogar schon aus der Wüstenzeit stammen könnten. Na ja, wer weiß.

Du sollst nicht töten.

Du sollst nicht ehebrechen.

Du sollst nicht stehlen.

Du sollst nicht Lügenzeuge sein (so übersetzt Martin Buber).

Du sollst nicht begehren, was dir nicht zusteht (Neuntes und Zehntes Gebot).

Was ist das?

Das scheinen Pfähle zu sein, wie sie früher an der innerdeutschen Grenze standen, mit Verbotsschildern dran: Vorsicht Grenze. Ich hab' noch eins davon im Keller.

Es sind Verbotsschilder aufgestellt

zum Schutz des Lebens (das fünfte),

zum Schutz und zur Erhaltung des familiären Raumes (das sechste und das vierte),

zum Schutz des Eigentums (siebtes, neuntes, zehntes),

zum Schutz der Ehre (achtes Gebot) des oder der Nächsten.

Verbotsschilder, Hinweisschilder, die dem Schutz des Lebens dienen. Sehr gut.

a) Die lockende Grenze

Du sollst nicht. Eigentlich wird da nichts geboten, sondern nur diese Grenze markiert. Erst Luther hat durch seine Erklärungen im Kleinen Katechismus die Gebote positiv gewendet. Die Gebote selbst stecken nur einen weiten Raum ab.

Innerhalb dieser Grenze sind große positive Spielräume.

Das ist eigentlich sehr vernünftig. Man könnte sich völlig auf diese Spielräume konzentrieren und hätte da genug zu tun.

Alles steht euch zur Verfügung.

Nur von dem Baum mitten im Paradies sollt ihr nicht essen. Dadurch wird dieser Baum allerdings zwischen all den anderen Bäumen interessant. (1. Mose 1)

Seltsam, daß solche Grenzziehungen von Anfang an eine Übertretungsfaszination haben.

Denn was verboten ist, das macht uns grade scharf, sagt Wolf Biermann.

Liegt's am Verbot, oder sind die Handlungsfelder besonders vermintes Gelände und dadurch interessant?

Solche Verbotsschilder passen ja nicht gut zu unserer modernen Welt mit ihrer Verheißung von Autonomie und Wahlfreiheit. Was wir lernen, heißt doch: Ich kann es selbst entscheiden. Aber wir sehen, das war von Anfang an schon so. Heute ist es vielleicht noch etwas verstärkt. Ich will selbst festsetzen, was ich darf und was ich nicht darf. Ich will es ausprobieren. Lieber hole ich mir einen blutigen Kopf, als daß ich mich solchen Ordnungen beuge. Ich habe ein Recht darauf, meine eigenen Fehler zu machen. Ich will mich nicht in ein vorgegebenes Schema einpassen. Ich will keiner vorgegebenen Autorität gehorchen. Das ist ja auch nicht falsch. Autorität kann eigentlich nur das haben, was ich in selbstgewählter Entscheidung für mich Autorität werden lasse.

Und leben nicht das Buch, der Film, die Nachricht vom Grenzübertritt? Pastor vergreift sich an Kindern, spaltenlanger Bericht in der „Zeit". Wie schön ist es, durchs Schlüsselloch zu schauen.

Lebt nicht der Film von der Darstellung des Tötens, des Bankraubs, des Ehebruchs, der Geiselnahme?

Müßte man nicht eigentlich, wie bei der Zigarettenreklame „Rauchen ist gesundheitsschädlich", auch durchsetzen, daß da immer im Vorspann des Films mitgeteilt wird: „Die Morde dieses Films hinterließen 33 unmündige Kinder und 12

Witwen. Das Reinziehen dieses Films schädigt den Charakter nachhaltig." (Beifall in Halle 5)

Aber wahrscheinlich wäre der Effekt ähnlich wirkungsvoll wie bei der Zigarettenreklame.

Und – man kann auch überlegen – besser man reagiert seine Mordgelüste am Fernsehen ab als in der Wirklichkeit.

Oder gibt es auch eine Absenkung der Hemmschwelle durch solche Filme?

Natürlich gibt es das!

Da liegen also Probleme: in der Anreizung zum Grenzübertritt, in dem Tauziehen zwischen Autonomie des Menschen und dem Gebot Gottes.

b) Die notwendige Grenzsetzung

Obwohl solche Gebote andererseits doch vernünftig und nötig sind.

Es muß doch Verbote geben.

Radarfallen müssen aufgestellt werden.

Grenzen müssen bezeichnet werden.

Menschen müssen vor Übergriffen geschützt werden.

Ja, im Grunde braucht es immer Sanktionen.

Bei 40 km drüber Führerscheinentzug für eine Weile.

Wenn gar kein Friede herzustellen ist, müssen schließlich Friedenstruppen, internationale, her und das Einhalten des Waffenstillstandes erzwingen.

Denn der Appell allein reicht nicht.

Das sehen wir auch, wenn es um ökologische Fragen geht.

Der Appell muß sein.

Andererseits ist das Gebot, das Gesetz auch wieder erstaunlich kraftlos. Appelle bringen fast nichts.

Sie sind gut und richtig, wir brauchen sie auch.

Wir müssen Sanktionen angedroht bekommen.

Gebote, Grenzziehungen, Sanktionen müssen sein.

Aber unser Herz und unser Verhalten wird dadurch noch lange nicht erreicht.

c) Das Herz des Menschen

Muß man nicht doch, wenn man über die Gebote nachdenkt, auch an die Bergpredigt Jesu denken?

Ihr habt gehört, daß zu den Alten gesagt ist, sagt Jesus, „Du sollst nicht töten", wer aber tötet, der soll der Todesstrafe verfallen. (Das steht ein Kapitel weiter, 2. Mose 21). Ich aber sage euch, jeder, der seinem Menschenbruder zürnt, soll der Todesstrafe verfallen. Wer aber zu seinem Bruder sagt: Du Trottel (oder zu seiner Schwester, müßte man wegen der Gleichberechtigung hinzufügen: Du Trottelin), der soll dem Hohen Rat verfallen. Wer aber sagt: Dummkopf, der soll der Feuerhölle verfallen.

Jesus weitete das Gebot aus und zieht es ins Innenleben.

Das sind keine Grenzpfähle mehr, das ist schon eine Innenlebenbeurteilung.

Noch mehr geschieht das beim 6. Gebot.

Ihr habt gehört, sagt Jesus, daß (den Alten) gesagt wurde: Du sollst nicht ehebrechen. Ich aber sage euch: Wer eine Frau ansieht, sie zu begehren, hat schon die Ehe mit ihr gebrochen in seinem Herzen.

Ziemlich stark. Aber mit dem Blick fängt es an und mit dem, was im Herzen läuft.

Worauf zielt solche maßlose Zuspitzung?

Solche Sensibilität läßt sich ja nicht mehr durch Gebot und Appell erreichen. Dazu müßte der Mensch verändert werden.

Es geht um sein inneres Verhältnis zu diesen Fragen.

Da mußte er selber ganz anders werden.

Streng genommen geht es also bei den Geboten um die volle innere Bejahung der Forderungen Gottes.

d) Die Verabredungsgemeinschaft

Man könnte einen Augenblick auf den Gedanken kommen zu fragen: Wer ist eigentlich mit dem „Du sollst" wirklich gemeint? Gilt das dem einzelnen und der einzelnen?

Wenn man genau hinschaut, dann merkt man, das ist komplizierter: Es ist offenbar das ganze Volk Israel angesprochen. Natürlich die einzelnen, aber als Gemeinschaft und in der Gemeinschaft.

Könnte also eine Lösung sein, daß solche Appelle einen Lebenshintergrund haben müssen, sonst passiert nichts?

Könnte es sein, daß eine Verabredungsgemeinschaft nötig ist, die sich zu gegenseitiger Ermutigung und sozialer Kontrolle und zu solchem gewohnheitsmäßigen Verhalten verabredet, daß es einfach nicht mehr üblich ist zu stehlen?

In Norwegen, auf den Lofoten, galt man noch vor 15 Jahren als krank und nicht gemeinschaftsfähig, wenn man die Haustüre abschloß, wenn man wegfuhr. Das Eigentum war unantastbar.

Man machte das einfach nicht, daß man in das Haus eines Nachbarn ging, schon gar nicht, daß man dem anderen etwas wegnahm.

Das waren keine besseren Menschen – nach meiner Einschätzung wenigstens –, aber sie hatten bestimmte, äußerst vernünftige, an den Zehn Geboten ausgerichtete Gewohnheiten. Mit der Flut von Touristen, die z. T. andere Lebensgewohnheiten hatten, ist es dann anders geworden.

Könnte das als Hintergrund bei den Geboten zu bedenken sein?

Die Gebote sind dem Volk Israel gegeben. Die sind stolz darauf gewesen. Die Gebote haben ihre Würde bestätigt. Sie konnten eine Freude am Gesetz entwickeln, die erstaunlich ist. Das Gesetz ist nicht etwas Niederdrückendes, das haben wir in diesen Jahrzehnten gelernt. Es gibt die Freude an der Thora. Man muß die positiven Kräfte in einem Volk stützen. Damit kann man manches erreichen.

Dann wären das also nicht Verbotsschilder, die zur Übertretung reizen, sondern Eckpunkte alltäglichen Verhaltens, glaubens- und lebensmäßig verankert.

Das ist noch etwas anderes als Moral. Das wäre eine bestimmte Lebensgewohnheit. Genau wie man sich angewöhnen können soll, in Ortschaften 50, manchmal sogar 30 zu fahren. Auch mit einem schnellen Schlitten. Ich habe mir wegen meiner Anfälligkeit eine Geschwindigkeitsautomatik einbauen lassen, die ist sozusagen automatisch anständig. – Wenn ich sie einschalte.

Es braucht Verabredungen.

Man muß sich gegenseitig zur Ordnung rufen.

Es wird natürlich hoffnungslos, wenn die versammelte öffentliche Verabredung, sofern sie in den Medien auftaucht, etwas ganz anderes sagt und den Menschen signalisiert z. B.: Du bist doch mit deinem sechsten Gebot völlig hinter dem Mond. Die Sonntagsheiligung muß schnellsten weiter abgebaut werden. Das Eigentum ist nicht sozialpflichtig, man muß es nur haben und genießen. Es braucht ethische Verabredungen.

II. Die Verzweiflung über mich selbst

Ich sagte, die maßlosen Zuspitzungen der Gebote bei Jesus zielen auf die Veränderung des Menschen von innen heraus.

Daran kann man freilich verzweifeln. Gottes Gebot treibt auch in die Verzweiflung über mich selbst.

Man kann es sich beim fünften Gebot klarmachen.

Du sollst nicht töten. Da ist an Mord gedacht. Geschützt wird durch dieses Verbotsschild das Leben.

Jesus aber sagt: Denk dran, jedes Töten hat seinen Vorlauf. Erst einmal muß der andere Mensch zum Ungeziefer ernannt werden. Erst einmal muß man ihn in dieser Weise abwerten, daß er für mich nicht mehr Menschenantlitz trägt, sondern für mich ein Trottel, ein Dummkopf, ein Untermensch ist. Dann ist das Töten leichter. Deshalb mußt du bei deinem Denken ansetzen.

Wir haben am 27. April in Bergen-Belsen an die Befreiung der Konzentrationslager gedacht.

Bei den Berichten der Überlebenden (und bei dem hebräisch und jiddisch – also für uns z. T. verständlich – gesungenen Psalm 22: „Mein Gott, mein Gott, warum hast Du mich verlassen" des jüdischen Kantors) bekam man den Kloß nicht mehr aus dem Hals.

200 m seitwärts, rechts hinter dem Ehrenmal, liegt in einem kleinen Wäldchen ein russischer Friedhof mit Zehntausenden russischer Kriegsgefangener. Die haben wir in den Jahren 1942 und 1943 hier in Deutschland im Gefangenenlager verhungern lassen. In einer Zeit, in der wir genug zu essen hatten.

Ich erzählte das vor Jahren einem älteren Bekannten und sagte dazu: Ich habe es jetzt gerade gelesen. Das waren insgesamt dreieinhalb Millionen Soldaten, Männer von Ehefrauen, Väter von Kindern, Söhne von Müttern, und Vätern, die wir haben verhungern lassen.

Der Bekannte sagte mir: Das kann nicht sein, ich habe den Krieg vom Anfang bis zum Ende mitgemacht, so etwas haben wir nicht gemacht. Er ging zornig weg. Eine Stunde später kam er plötzlich wieder auf mich zu, bleich und aufgeregt: Ich muß Ihnen etwas sagen. Mich hat das eben wie ein Hammer getroffen. Ich entsinne mich plötzlich, bei uns in der Einheit wurde damals erzählt, die Russen seien solche Untermenschen, die äßen sogar ihre eigenen Kameraden auf. Ich habe damals gesagt, dann müssen sie aber großen Hunger haben. Das habe ich die Jahre hindurch völlig verdrängt. Sie waren ja Untermenschen für uns.

Man sah ihm an, wie sehr ihm sein eigener Umgang damit zu Herzen ging.

Es gab ein gutes Gespräch.

Und es war deutlich, wer seinen Menschenbruder innerlich herabwürdigt, der bereitet die Übertretung des fünften Gebotes vor.

Und im ehemaligen Jugoslawien? Muß man denen, die nicht vom Töten abzubringen sind, nicht doch mit Nato-Bombern und größeren Schießvollmachten, mit militärischer Macht Einhalt gebieten? So, wie Deutschland 1931–1945 nur durch eine militärische Niederlage hindurch zur Vernunft, langsam und entsetzlich schmerzhaft für alle, zur Vernunft gebracht werden konnte? Oder ist auch solches Ausüben von Gegengewalt, die den Frieden vorbereiten soll, wiederum nur durch die Abwertung des Gegners möglich? Muß erst die Beißhemmung aufgehoben werden?

Dahinter steht das ganze Problem des wirksamen Stoppens von militärischem Unrecht, ohne selbst dadurch zur weiteren Eskalation des Tötens beizutragen. Wie schwierig und oft ausweglos ist das.

Und noch leben wir in den wirklich guten Zeiten des Zögerns an dieser Stelle. Das sollten wir uns erhalten.

Nur, wenn durch solches Zögern dem Töten freier Lauf gelassen wird, dann werden wir auch dadurch mit schuldig. Oder haben wir uns längst dran gewöhnt, daß sich das Blutvergießen dort eben nicht stoppen läßt?

Seltsam, daß diese Erfahrung und auch die Feiern zum 8. Mai 1945 uns gesellschaftlich eigentlich kaum in die verzweiflungsvolle Frage treiben, was der Mensch eigentlich ist, wenn er so anfällig sich in Abneigung und Angst und Tötungsbereitschaft hineintreiben läßt. Immer wieder geschieht das bis heute.

Was können wir eigentlich tun, damit das sich das ändert?

Oder bleibt das so beim Auf und Ab der Kriegs- und Friedenszeiten? Weil wir Menschen so anfällig sind?

Drei Gesichtspunkte habe ich bisher zu den Geboten.

Erstens die Übertretungsfaszination.

Zweitens die unbedingte Notwendigkeit: Gottes Gebot ist gut und nötig.

Drittens: Gottes Gebot treibt mich auch in die Verzweiflung über mich selbst und den Menschen.

III. Gottes Mitgehen macht frei

a) Gotteserlebnisse

Was ist mit den ersten drei Geboten?

Ich bin der HERR, dein Gott, der dich aus Ägyptenland geführt hat.

Das ist ja eine alte Geschichte. Als diese Gebote aufgeschrieben werden, ist die Befreiung aus Ägypten sicherlich schon 800 Jahre her, jedenfalls als sie in dieser Gestalt aufgeschrieben wurden.

Dennoch: Ich habe dich, Volk Israel, aus Ägyptenland herausgeführt, aus der Versklavtheit, aus der Unterdrückung. Welch langzeitig wirkende Gotteserfahrung!

Es ist also der Gott, der mit einer geglückten Befreiungsaktion zusammengedacht wird.

Er ist definiert durch konkrete Ereignisse, in denen er angerufen worden war, die glücklich verliefen. Er ist der Gott des Exodus, des Auszuges.

Allerdings auch der Gott der Wüstenzeit! Vierzig Jahre in der Wüste! Und Mose sieht das Gelobte Land nur von ferne.

Man darf sich's ruhig in unserer Zeit vorstellen.

Am 13. November 1989 montags nach dem Fall der Mauer begann der Prediger, Christoph Kähler, in Leipzig, in St. Nikolai, seine Predigt zum Auftakt der erneuten großen Demonstration mit dem Satz: „Sind wir wach oder träumen wir?" und fuhr fort: „Mir ist eine alte biblische Geschichte eingefallen. Sieben Tage, so erzählt das Alte Testament, sieben Tage zog Josua mit seinem Volk um die Mauern von Jericho. Als am siebten Tag die Posaunen bliesen, fielen die Mauern ein wie von selbst. Ein Wunder!"

Und er fuhr fort: „Sieben Montage zogen die Leipziger um die Stadt und riefen: Wir sind das Volk! Dann fiel die Mauer – wie von selbst. Aber Gott sei Dank ohne Gewalt. Das ist uns als friedliche Revolution ein Wunder. Unglaublich für alle, die es mitgemacht, gesehen und gehört haben ..."

Ich bin der HERR, dein Gott, der die Mauer zu Fall gebracht hat?!

Gibt es da Parallelen? Am 13. November 1989 haben es der Prediger und seine Gemeinde so empfunden. Später empfanden es viele anders.

Auch nach dem Befreiungserlebnis aus Ägypten kamen die Wüstenzeiten. Die kommen öfter. Zeiten, in denen sich Gott zu verbergen scheint, in denen die Begeisterung über die Befreiung längst verhallt ist, in denen man gar nicht mehr genau weiß, ob das nicht alles nur ein großer Bluff war, und sich in irrationalen

Augenblicken nach den Fleischtöpfen der großen Knechtschaft zurücksehnt. Wir sind verrückt! Bei Hitler wäre das nicht möglich gewesen, sagte mir jemand vor Jahren, als wir die zertrümmerten Schaufenster nach einer gewaltsamen Demonstration anschauten. So, sagte ich, und am 9. November 1938? Wir sind vergeßlich.

b) Gott oder die Götter

Das erste, das entscheidende, das alles umfassende Gebot: Ich bin der Herr, dein Gott. Du sollst keine anderen Götter haben neben mir. Was heißt das nach Martin Luther? Wir sollen Gott über alle Dinge fürchten, lieben und vertrauen.[1]

Du sollst – auch in Nicht-Befreiungs-Zeiten – keine anderen Götter haben neben mir! Der Glaube an Gott, genauer, die Frage, auf welchen Gott man sich verlassen soll, durchzieht das ganze Menschenleben.

In seiner Erklärung zu diesem 1. Gebot im Großen Katechismus hat Martin Luther das in großartiger Weise beschrieben. Er fragt:

„Was heißt einen Gott haben bzw. was ist Gott?

Antwort: Ein Gott heißt etwas, von dem man alles Gute erhoffen und zu dem man in allen Nöten Zuflucht nehmen soll. Einen Gott haben heißt also nichts anderes, als ihm von ganzem Herzen vertrauen und glauben … Denn die zwei gehören zusammen, Glaube und Gott. Das nun, sage ich, woran du dein Herz hängst und worauf du dich verläßt, das ist eigentlich dein Gott …

Das muß ich noch ein wenig deutlicher ausführen, daß man's aus alltäglichen Beispielen von gegenteiligem Verhalten verstehe und erkenne.

Es ist mancher, der meint, er habe Gott und alles zur Genüge, wenn er nur Geld und Gut hat; er verläßt sich darauf und brüstet sich damit so unentwegt und zuversichtlich, daß er auf niemanden etwas gibt. Sieh, ein solcher hat auch einen Gott: der heißt Mammon, d. h. Geld und Gut, darauf setzt er sein ganzes Herz … Ebenso ist's auch mit einem, der darauf vertraut und trotzt, daß er großes Wissen, Klugheit, Macht, Beliebtheit, Freundschaft und Ehre hat. Der hat auch einen Gott, aber nicht diesen rechten alleinigen Gott. Das siehst du wiederum daran, wie vermessen, sicher und stolz man auf Grund solcher Güter ist und wie verzagt, wenn sie einem entzogen werden. Darum sage ich noch einmal, daß die rechte Auslegung dieses Stückes ist: Einen Gott haben heißt etwas haben, worauf das Herz gänzlich vertraut."

---

[1] Kleiner Katechismus. EG 806.1.

Wenn man das ernst nimmt, was Luther hier im Großen Katechismus schreibt, dann ist der Normalfall nicht der Glaube an den einen Gott, sondern so seltsam uns das vorkommt, der Normalfall ist der Glaube an die vielen Götter!

Wir haben ja immer das Gefühl, solch ein Polytheismus, solch einen Vielgötterglauben, den gäbe es nur in primitiven Zeiten oder bei primitiven Völkern – wobei die Frage ist, was das wohl wäre. Aber auch wir setzen unser Vertrauen bis heute auf sehr unterschiedlichen „Gottheiten", auch wenn wir sie als solche fast nie erkennen.

Denn wir sind immer in Gefahr – wie Dietrich Bonhoeffer sagt –, das Letzte und das Vorletzte miteinander zu verwechseln.

Dann sagen wir: „Hauptsache, man ist gesund!" Obwohl wir doch wissen, daß man sich an der Gesundheit nicht festhalten kann, sondern es viel vernünftiger wäre, wenn man einen inneren Halt hätte, der in gesunden wie in kranken Tagen greift.

Dann sind wir zutiefst mit der Angst, zu kurz zu kommen, beschäftigt. Dann projizieren wir unseren Haß auf die, die uns die Lebensfülle zu nehmen scheinen. Dann befürchten wir, leer auszugehen. Wir kennen uns ja an diesem Punkte. Kennen Sie Erbauseinandersetzungen, was da los ist?

Oder ich denke auch an den emotionalen Hintergrund der Asylbewerberabneigung. Wir wissen, so etwas muß ordentlich geregelt werden, und wir brauchen endlich ein angemessenes Einwanderungsgesetz, damit man nicht das Asylrecht für asylfremde Gründe nutzen muß. Wir haben bei der Synode der EKD sehr deutliche Worte zur Behebung der schwerwiegendsten Mängel beim Umgang mit den Asylbewerbern gesagt. Aber etwas anderes ist die verständliche Angst, die Menschen packt, wenn in ein vertrautes Dorf plötzlich 75 fremde Menschen mit ganz fremdartigen Lebensgewohnheiten kommen. Und kaum hat man sich an die gewöhnt, dann kommen schon wieder die nächsten. Die Angst, wir werden überfremdet, ganz gleich, ob sie realistisch oder nicht realistisch ist, ist da plötzlich stärker als die Gastfreundschaft. Das läßt sich verstehen. Auch wenn wir es nicht billigen dürfen, was da an Empfindungen bei uns entsteht.

Das erste Gebot hält die Stelle Gottes frei für den wahren Gott. Nichts soll an seine Stelle treten, nicht die Angst um mich selbst, kein Führer, keine Arbeiterklasse, kein Kapital, kein Nationalbewußtsein, kein Fremdenhaß, keine Wohlstandsideologie, kein um sich selbst kreisendes Ich.

Das letztere ist gegenwärtig wohl die verbreitetste Ersatzgottheit. Ich will alles, und das jetzt, und wehe, wer mir in die Quere kommt: Entweder nehme ich ihn auf die Hörner, und ihm geht es schlecht, oder, wenn ich dazu nicht die Macht habe, dann schlägt es in mich, und mir geht es schlecht.

Denn das ist die normale Furcht, die ich habe, daß ich zu kurz komme, und daran hänge ich mein Herz und begehre alles das, was mir Lebensgewißheit, Lebenserweiterung, größeres Glück, mehr Sicherheit verspricht. Und wehre alles das ab, was mir Angst macht. Das ist ja klar und ist ja auch nicht einfach falsch.

Luther beginnt seine Erklärungen zu den Geboten jedesmal mit dem Satz: Wir sollen Gott fürchten und lieben, daß wir die Predigt und ein Wort nicht verachten; wir sollen Gott fürchten und lieben, daß wir unserem Nächsten an seinem Leibe keinen Schaden noch Leid tun, usw. Wir betonen das zumeist falsch. Wir sagen: Wir sollen Gott *fürchten und lieben*. Und wir quälen uns dann damit herum, warum denn Gott zu fürchten ist und wie man ihn gleichzeitig fürchten und lieben soll.

Man muß nur die Betonung ändern, dann hat man den ursprünglichen Sinn: Wir sollen *Gott* fürchten und lieben.

Fürchten und lieben gehört ja zu unserem Leben, und es ist bestimmt von der Angst um mich selbst und von der Suche nach der Ersatzgottheit. Es geht aber darum, den wahren Gott zu fürchten und zu lieben.

In den ersten drei Geboten wird die Stelle Gottes in unserer Welt freigehalten für die Erfahrungen mit dem wahren Gott.

Es wird sehr bewußt untersagt, etwas anderes an die Stelle Gottes zu setzen. Da haben wir in diesem Jahrhundert in fürchterlicher Weise erlebt, wie das den Menschen schadet, wenn Ideologien an die Stelle Gottes treten, wenn einem Menschen plötzlich Erlöserfunktion zugesprochen wird, wenn Menschen oder Ideologien oder Parteien vergöttert werden.

Man muß sich das ja mal überlegen. Ein ganzes Volk hat morgens, mittags und abends „Heil Hitler!" gesagt. Mit dem Namen eines Menschen hat man sich Heil gewünscht. Ganz gewohnheitsmäßig. Gräßlich.

Deshalb hat mir in der letzten Zeit kein Satz so eingeleuchtet wie der: Auch Menschen, die nichts mit Gott anfangen können, müssen ein Interesse daran haben, daß die Stelle Gottes unbesetzt bleibt und daß nichts an seine Stelle tritt. (Prof. Michael Beintker, Münster)

Deshalb ist es z. B. sinnvoll, daß in der Präambel der Verfassung im Bund, in Niedersachsen nach der Volksinitiative, nun der Satz steht: „in der Verantwortung vor Gott und den Menschen", damit das deutlich unterschieden wird.

Die Stelle Gottes muß unbesetzt bleiben von fremden Göttern, sowohl im privaten wie im gesellschaftlichen Leben, um meiner selbst, um der Menschen willen.

Am zweiten Gebot konkretisiert sich das noch einmal.

Den Namen Gottes nicht mißbrauchen, nicht instrumentalisieren. Weder für okkulte Praktiken noch zur Verschleierung weltlicher Entscheidungen.

Was ist in diesem Jahrhundert im Namen des Herrgotts oder der Vorsehung alles in der Hirne genebelt worden!

c) Der siebte Tag und die Gottesnähe des Menschen

Dies seltsame dritte Gebot ist die menschenfreundlichste Gabe der Weltgeschichte. Wir verdanken sie dem Gott Israels, dem Vater Jesu Christi.

Martin Buber übersetzt – nahe am hebräischen Text –: „Gedenke des Tages der Feier, ihn zu heiligen. Ein Tagsechst (sechs Tage) diene und mache all deine Arbeit. Aber der siebte Tag ist Feier IHM deinem Gott: Nicht mache allerart Arbeit, du, dein Sohn, deine Tochter, dein Dienstknecht, deine Magd, dein Tier (sogar!), dein Gastsasse (dein Fremdling) in deinen Toren.
Denn ein Tagsechst machte ER den Himmel und die Erde, das Meer und alles, was in ihnen ist, am siebten Tag aber ruhte er, darum segnete ER den Tag der Feier, ER hat ihn geheiligt."

Der arbeitsfreie siebte Tag ist nicht deshalb frei, damit man sich vom achten Tag an erholt wieder in die Arbeit stürzen kann. Wir denken so! Wir definieren den Menschen von seiner Arbeit her. Wer Erwerbsarbeit hat, ist etwas. Wer sie nicht hat, ist nichts. Wir müssen uns immer wieder neu arbeitsfähig machen.

Der Mensch ist das, was er aus sich macht. Die Wurzel der Geschichte ist der arbeitende Mensch, sagt Ernst Bloch im Anschluß an Karl Marx.

Nein, sagt das dritte Gebot dagegen. Der Mensch ist das, was er durch Gottes Güte ist. Das ist eine ganz andere Aussage.

Man kann sich das am Psalm 8 klarmachen. Da heißt es auf der einen Seite: „Wenn ich sehe die Himmel, deiner Hände Werk, den Mond und die Sterne, die du gemacht hast, was ist der Mensch, daß du sein gedenkst?", dann weiß man, da ist der riesige Kosmos und der kleine Mensch, ein Strich in der Landschaft. Aber gleichzeitig wird gesagt in dem Psalm: „Du hast ihn wenig geringer gemacht als ein Gottwesen." Das bedeutet, Gott ist das Geheimnis der Welt, und der Mensch als Gegenüber Gottes hat Anteil an diesem Geheimnis der Welt, und er wird falsch beschrieben und falsch definiert, wenn man das vergißt. Der Mensch ist bestimmt durch eine geheimnisvolle Beziehung zu Gott. Sie ist durch die Sünde und durch das Nichtverstehen dieser Wahrheit immer auch Gottesferne, aber eine Gottesferne, die vom Geheimnis Gottes umschlossen ist.

Gott ruhte am siebten Tag. Deshalb soll der Mensch auch am siebten Tag ruhen. Solch eine Wohltat, die dem Dasein aus der Gottentsprechung heraus Würde gibt, ist zweckfrei. Wer den siebten Tag zu einem Regenerationstag verzweckt, schadet dem Menschen, nimmt ihm seine von Gott gegebene Würde.

Man kann das von den Zehn Geboten überhaupt sagen. Sie sind Ausdruck einer göttlichen Würdigung des Menschen. Sie sind Konkretionen der Wahrnehmung dieser Würde. Sie gelten dem vor Gott angesehenen Menschen. Solche Würde ist wegen der Sündhaftigkeit des Menschen immer wieder bedroht. Deshalb muß sie ihm immer wieder neu zugesprochen werden.

Der Sabbat Israels und der Auferstehungstag der Christenheit sind zuerst einmal befreite Tage, lastenfreie Tage. Er ist übrigens immer recht mühsam zu schützen gewesen. Denn er störte natürlich. Könnte man ihn nicht flexibilisieren? Jeder bekommt seinen siebten Tag an einem anderen Tag. Wäre das für die Ausnutzung der Maschinen nicht viel besser? Auch der Verkehr würde sich besser verteilen. Im übrigen steht da ja nur der siebte Tag. Bis zum sechsten Tag abends kann man dann ja ruhig arbeiten, wenigstens den Vortag restlos flexibilisieren. Bei vielen Berufen ist die Sonnabend- und Sonntagsarbeit ja längst unausweichlich. Krankenschwestern, Busfahrer sind in dieser Situation.

Aber schon im letzten Jahrhundert war z. B. im Harz klar: Wenn der Samstagnachmittag nicht frei ist, dann ist der Sonntag nicht zu halten. Wann soll man sonst Holz hacken und das Nötige tun?

Es ist eine Wohltat Gottes, wenn der siebte Tag für alle, soweit es irgend geht, gemeinsam freigehalten wird.

Luther formuliert zum siebten Tag: „Du sollst den Feiertag heiligen. Was ist das? Wir sollen Gott fürchten und lieben, daß wir die Predigt und sein Wort nicht verachten, sondern dasselbe heilig halten, gerne hören und lernen." Auf dies „gerne" hören und lernen kommt es an.

Luther sagt also, der Tag, der nach vernünftiger gesellschaftlicher Verabredung Feiertag ist, soll von dir geheiligt werden. Ich sage, nur dadurch ist er in seinem ursprünglichen Sinn auf Dauer zu halten!

Es soll ein Tag sein, an dem wir uns dem Geheimnis unseres Lebens widmen können. Das geht am besten im Hören auf das Wort Gottes.

Aber zwischendurch einen solch nicht verzweckten Tag zu haben, auf das Geläut der Glocken hören zu können am Morgen und zu begreifen, ich bin hier, ich darf noch leben, Gott ist da, das macht unser Leben sinnvoll.

Auch das dritte Gebot hält die Stelle Gottes bewußt offen. Und es hält das Geheimnis des Menschen offen. Auch wenn die meisten Menschen es nicht wissen. Es ist darum nötig, daß wir den Gottesdienst und seinen Sinn nicht verschweigen. Es ist nötig, daß wir uns verabreden, neu verabreden, den Gottesdienst zu nutzen. Es ist erforderlich, daß wir öffentlich vom Wesen des christlichen Feiertags reden. Wir haben gesehen, wie die politisch Verantwortlichen, trotz der Proteste aus den Gemeinden und Kirchen, den Bußtag als öffentlichen Feiertag für unwesentlich erklärten und zur – unsinnigen – Verfügungsmasse für eine Kompensationslösung im Zusammenhang mit der Pflegeversicherung machten.

Gut, daß es die Schausteller in Baden-Württemberg gibt, sonst wäre der 2. Pfingsttag auch schon angekratzt.

Aber auf Dauer werden wir den Sonntag und die Feiertage nur halten können, wenn wir begreifbar machen und die öffentliche Stimmung entsprechend beeinflussen, daß diese alten gesellschaftlichen Ruhetage eine Gottesgabe sind, die die Würde des Menschen jenseits seiner Verwertbarkeit herausstellen.

Und in welch schöner Form: daß sogar der Fremdling und das Vieh dabei nicht vergessen werden.

Die Kühe müssen natürlich gemolken werden.

Du sollst, übersetzt Luther, den Feiertag heiligen.

Von diesen ersten drei Geboten geht ein Geist der Befreiung aus, wenn man sie zu lesen versteht. Israel hat die Gebote als ein Heilsereignis verstanden. Die Zehn Gebote wurden beim Bundeserneuerungsfest als ein Ereignis neuer Nähe zwischen Gott und den Menschen verlesen.

Du mußt dich nicht auf andere Götter verlassen.

Du mußt keine Angst um dich selber haben.

Du kannst Gott fürchten und lieben und kannst die Furcht und die Liebe zu anderen Dingen, die dich herunterziehen, aufgeben. Du kannst selbst viel freier von der Furcht um dich sein und mußt nicht in angsterfüllter Eigenliebe um dich selbst kreisen.

d) Der drohende Gott (der deus absconditus)

Aber taucht nun nicht dazwischen doch ein bedrohliches Gottesbild auf?

„Denn ich, der HERR, dein Gott, bin ein eifernder Gott, der die Missetat der Väter heimsucht bis ins dritte und vierte Glied an den Kindern derer, die mich hassen, der aber Barmherzigkeit erweist an vielen Tausenden, die mich lieben und meine Gebote halten."

Luther hat das an den Schluß gestellt: Was sagt nun Gott zu diesen Geboten allen? Das sieht ja ziemlich bedrohlich aus.

Ja, gibt es nicht überhaupt allerlei bedrohliche Züge in diesem Gottesbild, das uns die Gebote zeigen?

Und ist es nicht an der Zeit, daß diese bedrohlichen Züge aus dem Gottesbild ausgemerzt werden?

Muß nicht deshalb auch in der Christenheit fast nur noch vom lieben Gott geredet werden, der das Gute will, der will, daß wir Menschen das Gute tun und die Schöpfung bebauen und bewahren und für Gerechtigkeit, Frieden und Bewahrung der Schöpfung sorgen?

Da will ich ganz deutlich sagen: So wird von Gott in der Kirche gegenwärtig viel geredet, und es ist das sicherste Mittel, um Gott zu einem weltlosen und unwesentlichen Opa auf der Wolke zu machen. In 2. Mose 20 wird von dem Gott geredet, mit dem man Geschichtserfahrungen gemacht hat und nach wie vor machen kann. Das bedeutet, der Gott, der Menschen aus Ägypten herausführt, ist in jeder Verästelung meines Alltags wirksam. Er ist wirksam in allen Bewegungen meines Geschicks. Ja, ich muß gerade auch das Schwere und das Bedrohliche und das zu Fürchtende mit ihm zusammendenken, sonst wird aus ihm eine unwesentliche Witzfigur.

Er ist ein „eifernder Gott", er ist ein Du, ein Gegenüber des Menschen, kein Neutrum, keine kosmische Kraft, kein göttliches Wesen oder ein die Welt durchwaltendes Sein, sondern er ist der lebendige Gott, dem ich als lebendiger Mensch gegenüberstehe, den ich den Höhen und Tiefen meines Lebens und meiner Geschichte und der Geschichte dieser Welt erlebe, oft verzweiflungsvoll erlebe, den ich anrufe, anschreie. Vor dem ich manchmal flüchten möchte wie Jona vor seinem Auftrag in Ninive, und doch packt er mich. Wohin soll ich fliehen vor deinem Angesicht? (Psalm 139)

Was aber heißt „bis ins dritte und vierte Glied"? Wird diese Geschichte mit Auschwitz und Bergen-Belsen und Neuengamme, Treblinka und Sandbostel und anderswo, angezettelt von Vertretern unseres Volkes, die dem Götzen eines irrsinnigen nationalistischen Rassismus huldigten und denen unser Volk „Heil" zurief, uns bis ins dritte und vierte Glied verfolgen?

Ja, die Bibel spricht hier eine Wahrheit aus, von der man einiges erleben kann. Das wird sich noch eine ganze Weile hinziehen, daß diese Ereignisse wie eine dunkle Wolke über uns hängen, daß Menschen anderer Völker deshalb Abstand zu uns halten und es einer großen Anstrengung bedarf, damit wir miteinander ins gute Gespräch kommen. Das geht nicht anders. Das gehört zur Realität unseres Lebens. Und es ist ein Weg, den Gott so mit uns geht. Es wäre auch falsch, wenn es anders wäre. Die diese Ereignisse zu den Akten legen wollen, irren. Diejenigen, die das allerdings als Knüppel heute benutzen wollen, irren auch.

Zu lernen ist nun aber auch an diesem Text, daß die Segensströme, die von der Gottesnähe, die sich im Halten der Gebote zeigt, ausgehen, sich über 1000 Generationen ziehen sollen. Das kann nicht auf 1000 Menschen bezogen werden, sondern es geht um 1000 Generationen.

Und das stimmt ja auch. Man kann das sicher auch verspielen, aber wenn die Geschichte vom Barmherzigen Samariter oder eben der siebte Tag einmal in der Welt ist, dann entfaltet das eine eigenständige Segenskraft.

Ich muß oft zu Kirchenjubiläen, zu 25jährigen und zu 1000jährigen. Trotz der Sünde, die auch in der Kirche wirksam ist, ist ein solcher Segen davon ausgegangen, daß das Wort Gottes gesagt wurde, daß dies ein Grund zum Danken ist. Davon ist immer auch zu reden.

Dennoch, die dunkle Seite Gottes, daß wir uns Dinge auf den Hals holen oder das, was andere uns auf den Hals geholt haben, ausbaden müssen und daß wir Gott oft darin nicht verstehen und daß das nicht einfach verrechenbar ist, sondern daß Gott uns darin verborgen bleibt als deus absconditus, als verborgener Gott, das gehört zum Glauben.

Die Bibel weiß etwas davon. Das Buch Hiob, die Verzweiflung des Volkes in der Wüste und viele andere Texte zeigen das deutlich, und wir lesen das natürlich auch auf dem Hintergrund unserer Christuserfahrungen.

Wie ist es damit aber? Heißt es nicht 5. Mose 21,23: Wer am Holz hängt, ist von Gott verflucht? Heißt es nicht: Wer nicht aus Ägypten befreit ist, der ist von Gott verlassen? Wer krank bleibt, hat der Gott eigentlich gegen sich?

Martin Luther ist nicht müde geworden, immer wieder auf die Erfahrungen mit dem verborgenen Gott, den wir nicht verstehen, hinzuweisen. Es gilt, ihm in der Anfechtung standzuhalten und dennoch zu wissen, daß ich hin zum deus revelatus, zum in Christus offenbaren Gott fliehen kann.

e) Der mitleidende Gott (die theologia crucis)

Israel überliefert den Auszug aus Ägypten. Das ist auch die Geschichte Jesu. Wir hängen drin in der Gotteserfahrung, die die Jünger mit diesem Jesus von Nazareth aus dem jüdischen Volk gemacht haben. Dazu gehört der Karfreitag als Zentrum. Da ist der Karfreitag ohne Ostern. Den darf man aus unserer Gotteserfahrung nicht herausnehmen. Das ist ja nicht ein damaliges Ereignis. Wir erleben ihn immer wieder. Das unverständliche Leiden, die unverständliche Abwesenheit Gottes. Die Jünger haben das ja damals nicht ausgehalten. Sie haben das Empfinden gehabt, daß Jesus offensichtlich von Gott verlassen war.

Zum ersten Gebot gehört solche Karfreitagserfahrung.

Ich bin der Herr, dein Gott, der dich, er gebe es, aus deiner Krankheit herausführt oder auch nicht!

Die Jünger haben es erst nach Ostern langsam begreifen können. Das Kreuz im österlichen Licht, das ist das Geheimnis unserer Welt in seiner Tiefe.

Das bedeutet, Gott ist auch da, wenn er nicht da ist.

Gott steht auch zu uns, wenn wir das Gefühl haben, wir sind im Unglück, in der Gottesferne, wir sind von ihm vergessen.

So lese ich, wenn es heißt, ich bin der Herr, dein Gott, der dich aus Ägyptenland, aus der Versklavtheit geführt hat – nachdem ich dreimal sage, das gilt Israel, das ist dem Volk Israel gesagt, das ist zunächst nicht zu mir gesagt (Luther sagt das oft) –, auch mich hat er durch das Kommen dieses Jesus aus Nazareth, der den Karfreitag erlitten hat, den die Jünger zu Ostern als Garanten einer Gottesnähe in der Gottesferne begriffen haben, mich hat er dadurch aus meinem Ägyptenland und aus meiner Versklavtheit unter die Faszination der Verhältnisse und unter die Angst um mich selbst herausgeführt. Er tut es bis heute.

Deshalb – wir haben ja hier auf dem Kirchentag das „Forum Taufe" – mache ich sehr bewußt bei der Taufe über dem Kind das Kreuzeszeichen und sage: Weil Christus auch für dich gestorben ist.

Deshalb sind diese ersten drei Gebote der Hinweis auf die große Freiheit. Darum lebt ein Christenmensch nicht mehr in sich selbst und kreist nicht in Angst und Selbstverliebtheit um sich selbst – ich zitiere aus Luthers „Freiheit eines Christenmenschen" –, sondern

> „ein Christenmensch lebt in Christus und in seinem Nächsten. In Christus durch den Glauben, im Nächsten durch die Liebe. Durch den Glauben fährt er über sich in Gott, aus Gott fährt er wieder unter sich durch die Liebe … Sieh, das ist die rechte geistliche, christliche Freiheit, die das Herz frei macht von allen Sünden, Gesetzen und Geboten, die alle andere Freiheit (auch die, aus Ägypten geführt zu werden) übertrifft wie der Himmel die Erde. Das gebe uns Gott recht zu verstehen."[2]

Für mich sind das erste und das dritte Gebot, wobei beim ersten Gebot für mich der Karfreitag im österlichen Licht und beim dritten Gebot die Freude des Auferstehungstages dazugehören, das Wichtigste.

Unsere Gotteszugehörigkeit gründet in Christus. Er hat in der Bergpredigt gezeigt, daß es bei den Geboten auf die Gestimmtheit des Gewissens ankommt.

---

[2] Von der Freiheit eines Christenmenschen. (1520). WA 7,38.

Er gibt uns durch seinen Tod ein getrostes Gewissen. Aus der Freiheit eines getrosten Gewissens gebrauchen wir die Gebote als Hilfe, Gottes Willen zu erkennen.

Die Gebote sind ein Ausweis der Gotteszugehörigkeit Israels. Die Gebote sind auch ein Ausweis der Realität meines Glaubens an den Dreieinigen Gott. Nur der Gehorsame glaubt, und nur der Glaubende ist gehorsam (Bonhoeffer).

Das heißt, ob wir wirklich an Gott glauben und von der Freiheit der Kinder Gottes ergriffen sind, das merken wir daran, daß wir immer wieder neu durch die Gebote von innen her gepackt sind, daß wir uns auf sie einlassen wollen, daß wir versagen und sauer sind auf uns, uns erneut in die Nähe Christi locken lassen und aus seiner Vergebung lebend neu anfangen.

IV. Konkretionen der Freiheit – aber simul justus et peccator

Wenn man das begriffen hat, dann werden die Gebote der zweiten Tafel (vier bis zehn) Konkretionen der Freiheit der Kinder Gottes.

Dann können wir neue Dekaloge entdecken.

Aber so, daß immer deutlich ist, wir werden gefordert durch Gottes Gebot, wir geraten in die Verzweiflung aufgrund unserer Sünde und unseres Versagens, wir bekommen durch Christus die Vergebung und die Freiheit zum Neuanfang und stehen erneut vor dem guten und richtigen Gebot Gottes, das wir tun sollen, und das uns wieder in die Verzweiflung treibt. Dieser Kreislauf ist der Alltag des Glaubens. Deshalb sind wir, wie die Reformation sagt, Gerechtfertigte und Sünder in einem solchen immerwährenden Durchgang, in dem es viel Neues jeweils zu lernen gibt.

a) Das vierte Gebot

Ich deute es noch einmal an. Die alt gewordenen Eltern ehren. Das ist hier ja gemeint. Es geht um die alten Eltern.

Wir hatten früher die schöne Lesebuchgeschichte, daß der klapprig gewordene Großvater die Suppe verschüttet und den Teller zerbricht, so daß ihn der erwachsene Sohn schließlich hinter den Ofen setzt und ihm eine Holzschale gibt zum Essen. Eines Tages sieht der aktive Vater, wie sein Sohn – der Enkel des hinter dem Ofen Sitzenden – an einem Holzbrett schnitzt. Was machst du denn? fragt der Vater den Sohn. Ich schnitze, sagt der Junge, einen Holzteller für dich, wenn du einmal alt bist und hinter den Ofen kommst, damit du nicht kleckerst.

Den Generationenvertrag innerlich mit Leben füllen heißt, den alt Gewordenen Zuwendung, Zeit und Lebensmöglichkeit geben. Das wird zukünftig nicht leich-

141

ter, wenn die Menschen so alt werden und die Zahl der Enkel so rapide sinkt. Das muß freilich nicht so bleiben.

Es braucht Zeit zum Zuhören, zum genauen Hinsehen, zur Bitte um das genauere Erzählen dessen, was einem schon so bekannt vorkommt.

Der Neunzigjährige, den ich regelmäßig sprach, war Ziegeleifacharbeiter gewesen. Er vergaß viel, aber er wachte auf, wenn er eine neue Nuance der Arbeit in der Ziegelei am Brennofen erzählen konnte. Seither weiß ich alles über Klinkersteine und gebrannte Fliesen – bilde ich mir jedenfalls ein.

Zu diesem vierten Gebot gehört auch, sich als Älterer hineinzuhören in die Lebenswelten der Jüngeren. Es gehört die gegenseitige Verantwortung dazu.

Auf daß du lange lebest auf Erden, weil dich Menschen umsorgen, alte und junge, für dich beten, dich bedenken.

b) Das fünfte Gebot

Wenn ich das fünfte Gebot als eine Chance der Freiheit eines Christenmenschen lese, dann denke ich an die Abfahrt eines Morgens aus Addis Abeba in Äthiopien. Aufbruch zu einer Fahrt ins Unwegsame mit dem Landrover zu einer fernen Gemeinde. Fünf dunkle äthiopische Christen und ich.

Wir steigen ein. Ich rede mit meinem Nebenmann. Plötzlich habe ich das Gefühl wie beim Tischgebet, wenn man noch redet, und es soll gebetet werden.

Sie nicken mir freundlich zu. Der am Steuer spricht ein Gebet, auf Englisch, damit ich's verstehe:

Herr, wir bitten Dich (so lautet es etwa) für diese Fahrt. Behüte uns, daß wir gut wieder heimkehren dürfen. Wir bitten Dich, daß wir vorsichtig fahren, daß wir keine Menschen überfahren und verletzen, daß uns niemand ins Auto läuft oder fährt. Dein Wille geschehe. Amen.

Ein Autoabfahrgebet: Du sollst nicht töten.

An jenem 27. April, in Bergen-Belsen, bei dem zentralen Gedenken an die Opfer der Konzentrationslager, von dem ich schon sprach, erzählte mir jemand von einer Gruppe von Schülern eines Religionskurses, die – weil das ja ferne Geschichte für sie ist, was da vor fünfzig und mehr Jahren geschah – auf die Idee gebracht worden waren, im Sinne einer persönlichen Spurensuche mit zu helfen, die Fundamente der Baracken der Häftlinge und was unter ihnen verbuddelt war, auszugraben.

Sie waren eifrig dabei.

Und sie fanden manches von den elenden Habseligkeiten, Schuhe, Ausweisreste, Stoffetzen und Knöpfe.

Einer aber, ein 17jähriger – damals wäre er in dem Alter als Luftwaffenhelfer eingezogen worden –, dieser 17jährige fand einen kleinen Schuh, einen Kinderschuh, den Schuh eines Kindes. Und er starrte darauf, stellte den Spaten an die Seite und sagte, ich hör' auf, das halt' ich nicht mehr aus, und ging davon.

Sie werden mit ihm geredet haben hinterher, aber:

Wie ein Blitz eine dunkle Landschaft erhellt und ihr Konturen gibt, so hatte dieser Schuh des Kindes dem jungen Mann gezeigt, was es bedeutet, sich wirklich auf jene unglaublichen Ereignisse damals einzulassen.

Das ist wie ein Symbol:

Einer der Gäste aus Israel bei der Feier, über siebzig Jahre alt, der 1944 in Bergen-Belsen war und dann nach Mauthausen weitertransportiert worden war, hatte eine große Pappe hochgehalten.

Darauf hatte er mit Filzstift geschrieben:

„Wir haben euch verziehen, aber nicht vergessen, was eure Väter uns angetan haben.
Sie waren unsere Mörder und ihr, das Neue Deutschland, sollt das auch nicht vergessen. Bergen-Belsen gehört auch zu eurer Vergangenheit. Wacht, daß so etwas nie mehr geschieht und unsere wie eure Kinder friedlich zusammen leben können. Schalom."

Ich sprach ihn an, und er erzählte mir von seinen Erlebnissen. Ich erzählte ihm die Geschichte von jenem 17jährigen und dem ausgegrabenen Kinderschuh.

Das ist gut, sagte er, daß sie das tun, das vergißt man nicht, und ging mit guten Worten davon.

Du sollst nicht töten. Was heißt das? Wir sollen Gott fürchten und lieben, daß wir unserem Nächsten an seinem Leib keinen Schaden noch Leid tun, sondern ihm helfen und beistehen in allen Nöten.

c) Das sechste Gebot

Einer, den ich schätze, der in seinem weltlichen Beruf angesehen ist, besuchte mich mit dem erklärten Ziel, mich ein wenig von unserer kirchlich-bürgerlich-muffigen Moral – wie er sagte – wegzubekommen. Es war vieles einsichtig, was er sagte: Wissen Sie, früher starben die Ehefrauen früher, oder die Männer wurden öfter im Krieg umgebracht. Heute werden die Eheleute unglaublich alt miteinander, werden sich gegenseitig zutiefst langweilig, und der verbotene

Partner ist geradezu ein Labsal. Ich kenne in meiner Umgebung, sagte er, keine Familie, die nicht in halbwegs verantwortlicher Weise zwischendurch oder auf Dauer die Partner gewechselt hätte. Manchmal ist doch der Zwang, zusammenbleiben zu müssen, auch eine Hölle. Und Ihre Pfarrerehen gehen doch auch auseinander.

Er hatte viele Argumente.

Ich habe nur an einer Stelle ein Bein auf die Erde bekommen. Ich habe gefragt: Was bedeutete es eigentlich, wenn dazwischen eine Familie wäre, die unbeirrt, ohne mit dem erhobenen Zeigefinger herumzulaufen, durch alle vielleicht auch eigenen Fehltritte hindurch, in einer offenen Weise an der gegenseitigen Liebe und Verantwortung festhält? Ist das nicht doch ein Symbol zwischen dem, was Sie schildern – was ich Ihnen abnehme, nur Ihre ideale Beschreibungsweise halte ich für fragwürdig; da gibt es viel mehr Verletzungen, als Sie darstellen –, aber ist das nicht doch ein Symbol, das nötig ist und ansteckend und normensetzend wirkt? Ist das wirklich muffig? Oder brauchen Sie es zur Selbstbestätigung, daß es muffig wirkt?

Sie sind doch für Biotope. Stellen Sie sich doch vor, solch eine Ehe, solch eine Familie oder eine Familie, die auf dem Wege ist, wäre so etwas wie ein Biotop, sich regenerierend, Schadstoffe verarbeitend. Stellen Sie sich vor, Sie zerstören eine solche Gemeinschaft oder erklären das Zerstören einer solchen Gemeinschaft zu etwas Normalem. Ich weiß, es gehören immer zwei dazu. Aber wir sind alle anfällig. Das sechste Gebot schützt solch ein Biotop. Das ist der Sinn.

Es war interessant. Als ich das mit dem Biotop gesagt hatte, ließ es sich besser weiterreden.

Ich las jetzt Briefe, die Verurteilte des 20. Juli 1994 an ihre Ehefrauen geschrieben haben, hörte, wie Frau von Haeften im Fernsehen erzählte von den letzten Gesprächen mit ihrem Mann. Ich kenne alte Ehepaare. Da ist die Beschreibung, das Typische wäre muffige, kleinkarierte, bürgerliche Enge, völlig unsinnig. Da ist viel eher etwas von der Freiheit der Kinder Gottes spürbar.

d) Das siebte Gebot (und das neunte und zehnte)

Du sollst die Freiheit haben, nicht zu stehlen.

Da ist die Frage der Shell-Plattform in diesen Tagen dran. Nur ein zufälliges Symbol für die Möglichkeit, unseren Nachkommen ein Stück Zukunft zu stehlen. Und wer darüber nachdenkt, sollte gleichzeitig überlegen, welche Plattformen er oder sie selbst schon versenkt hat.

*Katharina Luther, geb. von Bora, Luthers Frau.
Gemälde von Lukas Cranach d. Ä. 1529. (Der Verbleib des Bildes ist unklar.)*

Die Gentechnologie, die Gesundheitsethik, die fossilen und nuklearen Energiequellen, das Ozonloch, die Endlagerung nuklearer Stoffe, alles das kommt nicht ausdrücklich in den Geboten vor. Aber es hängt zusammen mit unserer Zukunft und dem Diebstahl. Daß wir nämlich für unsere Interessen den zukünftig Lebenden Lebensmöglichkeiten abschneiden oder zumindest einschränken.

Es geht um das dem anderen Zustehende. Das ist heute hochkompliziert. Da braucht es den verantwortlichen Diskurs, die intensive Diskussion.

Es geht um das Recht auf unversehrtes Leben, soweit es geht, und auch das Menschenrecht, beschädigt, behindert und eingeschränkt leben zu dürfen. Das hängt auch mit dem fünften Gebot zusammen.

Du sollst nicht stehlen, weder die Zeit noch das Lebensrecht noch das Eigentum. Du sollst nicht begehren deines Nächsten Haus, Weib, Knecht, Magd, Vieh – interessante Reihenfolge; daran kann man sehen, wie hoch das Vieh damals im Kurs stand.

Beim siebten Gebot war vielleicht ursprünglich zuerst an Menschenraub gedacht, also: Keine Menschen räuberisch anlocken, auch keine Frauen aus fremden Ländern für deutsche Bordelle mit falscher Ware oder Handel an sich bringen.

e) Das achte Gebot

Das geht hinein bis in das Reden übereinander.

Rede nicht gegen deinen Genossen als Lügenzeuge, übersetzt Martin Buber. Ist es das, wo wir am meisten versagen? Wo wir uns viel zu wenig im Griff haben? Gutes von ihm reden und alles zum Besten kehren, sagt der Kleine Katechismus. Manchmal taucht ein souveräner Mensch in einer Gesprächsrunde auf. Mitten in das ungenaue und unfreundliche Reden über einen anderen fragt er: Gibt es gar nichts Gutes über den zu sagen?

Das ist ein Spielverderber Gottes oder auch – wie man heute sagt – ein Mobbingverhinderer.

V. Verabredungen der Freiheit

Können wir uns in der Wahrnehmung der Lebensweisen christlicher Freiheit gegenseitig bestärken?

In Nord-Norwegen, sagte ich, auf den Lofoten, war es noch vor 15 Jahren üblich, die Häuser unverschlossen zu lassen.

Geht das nur in intakten Gemeinschaften, bei den Mennoniten, in überschaubaren einsamen Dörfern mit wenig Mobilität, mit einem Geist überschaubarer vernünftiger Verabredung, mit Verläßlichkeit?

Aber bei uns, besonders in der großen Stadt, ist das vorbei?

Wir leben, so scheint es, in anderen Verhältnissen.

Aber ohne die freie Verabredung der Christenmenschen sowie der anderen in der Gesellschaft und das bewußte Nachdenken über die Zehn Gebote wird Zusammenleben unerträglich. Im übrigen muß man sich klarmachen, in welche schlimmen Verhältnisse hinein Luther seinen Kleinen Katechismus geschrieben hat. Er hatte das bewußte Ziel, prägend zu wirken. Deshalb ist es unabdingbar, daß wir uns verständigen, verabreden, die Gebote und ihren Hintergrund immer wieder testen und unsere Umgebung, unsere Lebensgewohnheiten als christliche Gemeinde bewußt gestalten. Wir haben doch nicht irgend etwas Belangloses zu bieten. Wir haben doch eine wunderbare Wahrheit, wie man sich an diesen Zehn Geboten klarmachen kann. Damit sollten wir mit Lust auf die Menschen zugehen. Das, was wir zu verkündigen haben, hilft den Menschen.

Sie kennen sicher die schöne Geschichte zum dritten Gebot. Die Großmutter kommt vom Gottesdienst zurück. Der hoffnungsvolle Enkel hat lange im Bett gelegen, ist gerade aufgestanden. Mit einem kaum wahrnehmbaren Anflug von schlechtem Gewissen fragt er die alte Dame: Na, was hat der Pastor denn gesagt? Wieso, fragt sie. Na, in der Predigt, was hat er gepredigt?

Oh, sagt sie, jetzt hab ich das doch völlig vergessen. Siehste, Oma, sagt der Knabe, dann braucht man auch nicht zur Kirche zu gehen, wenn man sich's doch nicht merken kann.

Da sagt die alte Dame ganz ernst: Nein, mein Junge, das ist ganz falsch. Mit dem Gottesdienst und mit dem Predigthören ist das wie mit einem alten, dreckigen Kartoffelkorb. Wenn du da Wasser reingießt, viel Wasser, bleibt nichts drin. Das läuft alles heraus.

Aber hinterher, hinterher ist er viel sauberer. Und darauf kommt es an.

Die Gebote sind ein Zeichen, welche Würde Gott uns Menschen gibt.

VI. Keins ist ohne das andere genug
Der Auftrag von Kirche und Staat*

Meine sehr verehrten Damen und Herren!

Ich möchte Sie herzlich zu diesem Kirchenkreisempfang begrüßen und Ihnen danken, daß Sie sich Zeit genommen haben, heute mittag hier zu solch einer Begegnung zwischen Kirche, Kommune und gesellschaftlichen Institutionen zu kommen. Sie haben alle Schreibtische, auf denen sich die Vorgänge stapeln, haben genug zu tun und könnten sich vorstellen, die Zeit auch anders zu verbringen. Deshalb bin ich Ihnen dankbar, daß Sie sich die Zeit für unser Gespräch nehmen.

Solch eine Begegnung enthält die Chance, daß wir einen Augenblick aussteigen aus dem Vielerlei unserer gewohnten Alltagsprobleme und uns mit Grundsatzfragen beschäftigen und natürlich den Fragen der Beziehung zwischen Kirche und Kommune, Kirche und Politik. Dazu gehört auch die Frage nach den Konsensbildungen in unserer Gesellschaft. Wie kommen sie zustande in unserer Zeit, in der die Pluralität der Vorstellungen, Lebensformen und erfüllbaren Wünsche die Gesellschaft eher auseinanderdriften läßt. Welche Konsense sind lebenswichtig für eine Gesellschaft? Worauf müssen wir uns verständigen? Was müssen wir festhalten, was ändern, und was müssen wir neu verabreden?

Es wird Sie nicht wundern, daß ich mich natürlich immer wieder mit der Frage beschäftige, welches der Stellenwert des christlichen Glaubens in dieser Gesellschaft und für sie ist. Das ist eine Frage, die gegenwärtig erstaunlich selten gestellt wird. Ich merke das oft in Gesprächen mit Journalisten – schön, daß die Vertreterinnen und Vertreter der Medien heute hier so deutlich erkennbar vertreten sind –, ich werde oft nach der Kirchensteuer, nach Kirchenaustritten, nach den homosexuellen Partnerschaften bei Amtsträgern, nach den Konsequenzen, wenn wir weniger Geld haben, usw. gefragt. Das sind sicherlich Themen, mit denen man sich auch beschäftigen muß. Aber die viel wichtigere Frage ist: Brauchen wir eigentlich den christlichen Glauben, oder ist das eine private, eher intime Angelegenheit, die den einzelnen interessiert, wo jeder eben zusehen muß, wie er sich orientieren will, zu welcher Einstellung er sich entscheidet. Aber danach werde ich fast nie gefragt.

Man könnte nun allerdings überlegen, ob der Glaube nicht nur wegen der Pluralität der Weltanschauungen und religiösen Gruppen in unserer Gesellschaft, sondern auch weil er den modernen Zeiten nicht mehr gewachsen zu sein scheint, auf dem Rückzug begriffen ist. Es herrscht oft der Eindruck vor, als seien die Ver-

---

* Erweiterte Ansprache anläßlich eines Empfanges bei einem Kirchenkreisbesuch.

hältnisse in der ehemaligen DDR, bei der durch langfristige staatliche Unterdrückungsmaßnahmen über 70 von 100 Menschen aus der Kirche herausgetrieben worden sind, nur ein Vorlauf für unsere zukünftige Situation auch im Westen Deutschlands. Was die DDR mit staatlichen Maßnahmen geschafft hat, scheint bei uns nun die säkularisierte pluralistische Gesellschaft zu schaffen. Man muß jedoch genauer hinsehen. Nach wie vor werde ich als Bischof nach den Werten, die eigentlich bei uns gelten sollen, gefragt. Welche ethischen Prinzipien brauchen wir neu, sollen wir festhalten? Im sozialen, diakonischen Bereich wird ganz selbstverständlich angefragt, ob die Kirche nicht diese oder jene Aufgabe übernehmen kann. Sie kennen das von den Kindergärten und den Sozial- und Diakoniestationen her.

Gleichzeitig muß man sehen, daß die Situation in der ehemaligen DDR wirklich in vielem anders ist als bei uns. Zunächst wird man sagen müssen, auch die 23–30 Prozent Christen in der ehemaligen DDR sind nicht einfach eine Minderheit. Sie sind eine gewichtige Gruppe in der Gesellschaft. Sie sind Volkskirche in dem Sinne, daß sie Kirche für andere, Kirche in der Verantwortung für die ganze Gesellschaft sind. Es ist natürlich eine Katastrophe, daß es möglich gewesen ist, innerhalb von vierzig Jahren im Kernland der Reformation die Mehrzahl der Menschen äußerlich und eben auch innerlich aus der Kirche zu vertreiben.

Was man sich zumeist nicht klarmacht, ist, daß im Bereich der ehemaligen Bundesrepublik nach wie vor weit über 80 Prozent der Menschen zu den beiden großen christlichen Kirchen gehören. Da sind nicht mitgerechnet die vielen Menschen aus anderen Ländern, die ja nicht einfach unter den Ungläubigen oder Atheisten unterzubringen sind. Ein Muslim müßte, auch wenn er einen anderen Glauben hat als wir, streng genommen zu den Gläubigen gerechnet werden.

Es ist klar, Prozentzahlen sind nicht allein entscheidend für die Rolle, die die Kirche in der Gesellschaft spielen kann und soll. Wir haben das 1933 bis 1945 gesehen, als über 90 Prozent der Deutschen den christlichen Kirchen angehörten. Da gab es zwar die zeitweilig auch stark beachtete Bekennende Kirche. Aber die Christenheit als ganze hat dem Unrecht des Hitlerstaates nicht aus christlicher Überzeugung Widerstand geleistet. Es liegt also nicht einfach an der zahlenmäßigen Größe einer Kirche, sondern es liegt daran, ob eine Kirche ihren Auftrag in der Gesellschaft wahrnimmt und ob sie verständlich und plausibel wirksam ist.

Auftrag und Botschaft der Kirche bedeuten nun aber, daß wir nicht zuerst zielsicher auf die ethischen Fragen losgehen, wie das in unserer Gesellschaft üblich ist. Die sind ja wichtig. Wir haben gerade in Loccum ein „Zentrum für Gesundheitsethik" gegründet, mit dem wir für den deutschsprachigen Raum stellvertretend versuchen wollen, die außerordentlich komplexen und schwierigen Fragen, die durch die Möglichkeiten der Gentechnik, durch die Möglichkeiten der Medizin überhaupt auftreten, zu behandeln.

Das ist ja nur ein Beispiel für einen ethisch brisanten Bereich. Die bayerische Landeskirche hat ein Institut für Technikfolgenabschätzung eingerichtet, wir reden seit Jahren über Umweltethik, wir wissen, wie schwierig es mit der Erhaltung oder Wiedergewinnung des Friedens ist.

Bei all diesen ethischen Fragestellungen, die uns mit Recht heute sehr beschäftigen, landet man jedoch sehr bald bei Grundsatzfragen. Was ist der Mensch? Welches Lebensrecht hat er? Welche Würde hat das behinderte menschliche Leben? Wie gehen wir damit um, daß jeder Mensch sein eigenes Schicksal hat? Wie sprechen wir vom Geheimnis und Sinn persönlicher Existenz?

Wir sind in unserer Zeit sehr stark mit den Fragen der technischen Weltbewältigung, verstärkt auch mit den genannten ethischen Fragestellungen befaßt. Wir haben jedoch ein gewaltiges Defizit im Bereich des öffentlichen Gesprächs über existentiell den Menschen betreffende Grundsatzthemen. Das ist hochproblematisch.

Was ist in diesem Zusammenhang der Auftrag der Kirche in der Gesellschaft? Die Kirche hat zuerst einen geistlichen Auftrag. Sie ist eine Gemeinschaft, die sich dem Kommen, Leiden, Sterben und Auferstehen Jesu und der darin geschehenen Gotteserfahrung verdankt. Sie bekennt den Dreieinigen Gott: „Ich glaube, daß mich Gott geschaffen hat samt allen Kreaturen ...", wie es in der Erklärung zum ersten Artikel in Martin Luthers Kleinem Katechismus heißt. Die Kirche hat von der Gottesbeziehung des Menschen zu reden, sie bekennt, daß der Mensch durch die Sünde von Gott getrennt ist, sie hat die Vergebung der Sünde, das auch durch den Tod nicht zerstörbare Heil, die Liebe Gottes in Jesus Christus weiterzusagen. Das ist die Hauptsache. Dadurch werden Menschen innerlich stabil und frei. Das Politische, das Diakonische sind notwendige Folgen, Früchte des Glaubens, aber sie sind nicht die Hauptsache.

Wie ist es nun mit der Aufgabenzuweisung an Kirche und Staat? Es wird Sie vielleicht nicht besonders wundern, ich bin immer wieder fasziniert von der Aufgabenaufteilung zwischen Kirche und Staat, die Luther vorgenommen hat. Ich weiß nicht, ob Sie schon einmal seine Schrift „Von weltlicher Obrigkeit, wieweit man ihr Gehorsam schuldig ist. 1523."[1] gelesen haben. Wenn nicht, kann ich das als Lektüre, besonders für leitende Leute, sehr empfehlen. Ich staune jedesmal, wenn ich in diese Schrift wieder hineinschaue, wie direkt mich bestimmte Aussagen und Lehren ansprechen. Anlaß für die Entstehung dieser Schrift war das Verbot, das im September 1522 erschienene, berühmte Septembertestament, die erste

---

[1] WA 11, 229–281.

Übersetzung Luthers, die er in einer geradezu rauschhaften Arbeitswut Anfang des Jahres 1522 auf der Wartburg hergestellt hatte, zu erwerben bzw. zu verkaufen. Die bayerischen Herzöge, der Kurfürst Joachim I. von Brandenburg, besonders Herzog Georg von Sachsen hatten ein entsprechendes Verbot erlassen, und an Luther wurde nun die Frage gerichtet: Sind wir der Obrigkeit Gehorsamkeit schuldig, auch wenn die von uns will, daß wir die gekauften Neuen Testamente abliefern? (Die kosteten damals zwei Kälber. Das war also nicht irgend etwas.) Oder dürfen wir hier aus christlicher Überzeugung der Obrigkeit Widerstand leisten? Luther nimmt das zum Anlaß, seine Obrigkeitsschrift zu verfassen. Er geht das Thema sogleich grundsätzlich an: Was ist eigentlich die Reichweite der weltlichen Obrigkeit, also derjenigen, die die politische Verantwortung haben? Was ist ihre Aufgabe, und was ist im Verhältnis dazu die Aufgabe der Kirche?

Wir sagen ja heute oft, wenn wir begründen wollen, warum Kirche und Kommune sich gemeinsam um soziale Fragen kümmern: Wir haben uns beide um dieselben Menschen zu kümmern, also müssen wir auch zusammenwirken im sozialen und kommunalen Bereich. Andererseits gibt es neben den Kirchen andere Institutionen: das Rote Kreuz, die Arbeiterwohlfahrt, neuerdings durch die Pflegeversicherung, verstärkt auch private Anbieter. Da taucht die Frage auf: Was ist denn dann das Besondere der Kirche. Oft wird gesagt, der Staat kümmert sich um die politischen und gesellschaftlichen Fragen, die Kommune um die Entscheidung auf örtlicher Ebene. Die Kirche kümmert sich um religiöse Fragen und macht daneben allerhand Soziales. Da erscheint die Kirche wie eine Sonderausgabe eines humanitären Sportvereins. Die einen kümmern sich um den Leib, die andern um die Seele und die Notleidenden. Schiedlich-friedliche Trennung. Es gibt freilich sofort Ärger, wenn sich die Kirche z. B. für Asylbewerber einsetzt, die eigentlich abgeschoben werden müßten. Dann taucht die Frage auf: Wie politisch darf oder muß die Kirche sein, hat sie überhaupt etwas mit Politik zu tun? Das ist eine nicht besonders neue Frage. Schon 1897 hat Kaiser Wilhelm an den Rand einer sozial-engagierten Eingabe einer Pastorengruppe geschrieben: „Die Herren Pastoren sollen sich um die Gemeinde kümmern, die Nächstenliebe pflegen, aber die Politik aus dem Spiel lassen, weil sie das gar nichts angeht."[2] Wir merken also, wir müssen tiefer bohren: Was ist die Aufgabe des Staates, was ist die Aufgabe der Kirche?

Liest man Luthers Schrift, fällt einem auf, daß er ein sehr nüchternes, gemessen an heutigen Vorstellungen geradezu pessimistisch wirkendes Menschenbild hat. Das bedeutet, zum Wesen menschlicher Freiheit gehört, daß sie nicht gelingt, weil der Mensch von sich aus nicht weiß, wofür er da ist, wie er sich Gewißheit über sein Leben verschaffen kann, daß er gewollt ist, daß sein Leben einen Sinn hat,

---

[2] Nach Theodor Strohm: Das Unpolitische an der „politisierenden Kirche". In: Kontexte. 2. Stuttgart, 1966.

wie er bestimmungsgemäß lebt. Der Mensch ist vielmehr immer durch einen Sund, durch einen tiefen Graben von solcher Lebensgewißheit entfernt. Er ist von der Angst um sich selbst geprägt, und schlägt, sobald er sich zu kurz kommen sieht oder gar bedroht fühlt, nur noch um sich. Der Mensch hat in sich, sobald er seiner selbst bewußt wird – das versuchen die ersten Kapitel der Bibel in ihrer Vorstellungswelt zu sagen –, die Bereitschaft, um seiner eigenen Lebensgewißheit willen sich gegenüber Gott, Mensch und Welt chaotisch zu verhalten.

Deshalb ist es zunächst einmal wichtig, sagt Luther, zu überlegen, was Gott eigentlich tut, um den Menschen und seine Welt vor dem Chaos zu bewahren und ihn zu erhalten.

„Sintemal alle Welt böse und unter tausend kaum ein rechter Christ ist, würde eines das andere fressen, so daß niemand Frau und Kinder aufziehen könnte, sich ernähren und Gott dienen und auf diese Weise die Welt wüst würde. Darum hat Gott die beiden Regimente (Regierweisen) verordnet: das geistliche, welches Christen und fromme Leute macht durch den Heiligen Geist unter Christus, und das weltliche, welches den Unchristen und Bösen wehrt, daß sie äußerlich müssen Frieden halten und still sein, auch ohne daß sie dankbar sind dafür."[3]

Die eine Weise, wie Gott die Welt vor dem Chaos bewahrt, ist also – ich bitte die politisch und gesellschaftlich Verantwortlichen um Entschuldigung – die Regierweise Gottes zur Rechten, also die eigentlich sachgemäße Regierweise, nämlich die Verkündigung von Gesetz und Evangelium.

Die erste Weise, wie Gott die Welt vor dem Chaos bewahrt, geschieht also durch das Wort Gottes. Dadurch werden Menschen, wenn Gott will, im Herzen gepackt, d. h. innerlich überzeugt, auf Gottes Gebot zu hören und entsprechend zu handeln. Sie merken freilich auch, wenn sie ehrlich sind, daß sie dem Gebot Gottes nicht folgen und an sich selbst verzweifeln müßten. Durch die Verkündigung der vergebenden Gnade Gottes, die in Christus erschienen ist, bekommen sie eine Lebensgewißheit, die unabhängig ist von ihrer Leistung, und können in der Freiheit eines Christenmenschen leben.

Immer wieder betont Luther, daß solche Leute das, was unsere Welt braucht, aus sich selbst tun und mehr tun, als man je fordern kann.

Aber er bleibt nüchtern. Unter tausend ist oft nicht einer, der aus dieser Freiheit eines Christenmenschen lebt. Eins zu tausend ist ein schlechtes Verhältnis. Weil das so ist, hat Gott noch eine andere Regierweise, ein anderes „Regiment", wie es in der alten Sprache heißt, eingerichtet, um die Welt vor dem Chaos zu bewah-

---

[3] Martin Luther: Von weltlicher Obrigkeit. WA 11, 251.

ren: Das ist das weltliche Regiment! Das sind Sie: der Gemeindedirektor, der Bürgermeister, die Parteien, der Schulamtsdirektor, der Vorsitzende der Bürgerinitiative usw. Sie sind die weltliche Regierweise Gottes, das „Regiment zur Linken". Sie sind sozusagen eine Notmaßnahme. Das Merkmal dieser Regierweise Gottes sind das Recht und das Schwert.

In dieser Regierweise Gottes, die er durch fehlbare Menschen wahrnimmt, muß ganz schlicht damit gerechnet werden, daß Menschen das Gute oft eben nicht von sich aus tun. Man kann auch nicht warten, bis sich die Menschen bequemen, das, was geboten ist, und das, was den Menschen hilft, aus Überzeugung zu tun und das, was ihnen schadet, aus Überzeugung zu lassen. Deshalb braucht es Ordnungen, die den Menschen zwingen, bestimmte Grenzen nicht zu übertreten.

Es ist manchmal gefragt worden, ob das nicht zu sehr das Bild einer mittelalterlichen Regierweise sei, autoritär und die Menschen wie Kinder behandelnd. Aber wenn man einen Augenblick darauf achtet, wen Luther damals als Regierende vor Augen hatte, dann ist das einmal der Kurfürst Friedrich der Weise, der wirklich weise und ein Regierender mit mittlerem Augenmaß war. Ohne ihn wäre die Reformation nicht möglich gewesen. Gleichzeitig aber hat Luther auch den Rat der Stadt Wittenberg, also ein durchaus mit demokratischen Ansätzen versehenes Stadtregiment vor Augen. Wenn man seine frühen Kirchenordnungen gerade aus dieser Zeit, 1522/23, sieht, z. B. die Kirchenordnung des kleinen sächsischen Städtchens Leisnig, die er nach Gesprächen mit den Leisniger Stadträten aufgeschrieben hat[4], und die Ordnung des gemeinen Kastens[5], dann merkt man, wie sehr er eine solche sich von unten durch die Gemeinde aufbauende Ordnung auch für die Kirche schätzte. Das war dann später nicht mehr durchzuhalten. Dennoch ist das der Hintergrund dieser Zwei-Regierweisen-Lehre.

Denn das ist auch bei uns unausweichlich: Ganz gleich, wie jemand in die Aufgabe des Bürgermeisters, des Gemeindedirektors oder des Direktors eines Gymnasiums berufen wird – wenn er oder sie diese Aufgabe wahrzunehmen hat, dann muß es bestimmte Regeln, Richtlinien, Gesetze und rechtlich geordnete Durchsetzungsmöglichkeiten geben, sonst läuft das Leben nicht vernünftig, und das Chaos bricht aus. Dafür haben wir genügend Beispiele.

Es gibt also diese beiden Ordnungssysteme, Regierweisen, Regimente:
1. Die (hoffentlich) zu Herzen gehende Predigt, die natürlich ihr Umfeld braucht, zu dem das Lesen der Bibel, das Gespräch unter Christenmenschen, die Diskussion, was denn nun wohl für Christen richtig ist, gehört. Der Mensch wird dadurch von innen her umgekrempelt und geprägt. Er bleibt nach luthe-

---
[4] Daß eine christliche Versammlung oder Gemeine Recht und Macht habe, alle Lehre zu urteilen und Lehrer zu berufen, ein- und abzusetzen (1523). WA 11, 408 ff.
[5] Ordnung des gemeinen Kastens (1523). WA 12, 11 ff.

Friedrich der Weise, Kurfürst von Sachsen, der Landesherr Luthers.
Silberstiftzeichnung von Albrecht Dürer. 1522/23.

rischem Verständnis ein Bösewicht und sie eine Bösewichtin. Aber sie wissen im Herzen – im Gewissen, das sich an Gottes Wort orientiert –, was richtig und falsch ist, und sie wissen, daß sie Gottes vergebende Gnade brauchen, um immer wieder neu ihrer Würde, ihres Auftrags gewiß werden zu können.

2. Es gibt die weltlichen Ordnungen. Da muß man nicht nur an die politischen Ordnungen denken, sondern kann alle gesellschaftlichen Regeln, die durch Sanktionen gestützt werden, alle bindenden Verabredungen, die sich einklagen lassen, bis hin zur polizeilichen und – in sorgfältig zu bedenkenden Grenzen – militärischen Gewaltausübung dazunehmen.

Ist solch eine Sortierung vernünftig? Wir hatten ja in den vergangenen Jahrzehnten immer wieder die Frage: Könnte man nicht viel besser davon ausgehen, daß der Mensch gut ist? Wäre ein optimistischeres Menschenbild, in dem der Mensch einfach auf das in ihm wohnende Gute angesprochen wird, nicht viel effektiver? Das wäre nicht so pessimistisch. Das Ganze wirkte positiver. Ließe sich die Welt, so war die etwas schematisch gestellte Frage, nicht doch mit der Bergpredigt regieren?

Luther sagt:

„Wenn nun jemand wollte die Welt nach dem Evangelium regieren und alles weltliche Recht und Schwert aufheben und behaupten, sie wären alle getauft und Christen, unter welchen das Evangelium kein Recht noch Schwert haben muß und es auch nicht notwendig ist ... Was würde derselbe machen? Er würde den wilden, bösen Tieren die Bande und Ketten auflösen, daß sie jedermann zu reißen und zu beißen (anfingen) und gleichzeitig vorgeben, sie wären feine, zahme, kirre Tierlein. Ich würde es aber an meinen Wunden wohl fühlen. So würden die Bösen unter dem christlichen Namen die evangelische Freiheit mißbrauchen, ihre Büberei treiben und sagen, sie seien Christen und keinem Gesetz noch Schwert unterworfen, wie jetzt schon etliche toben und närrisch reden ... Ja, freilich ist's wahr, daß Christen um ihrer selbst willen keinem Recht noch Schwert untertan sind noch seiner bedürfen. Aber siehe zu und gib die Welt zuvor voll rechter Christen, ehe du sie christlich und evangelisch regierest. Das wirst du aber nimmermehr schaffen, denn die Welt und die Menge ist und bleibt unchristlich, ob sie gleich alle getauft sind und Christen heißen. Aber die Christen wohnen (wie man spricht) fern voneinander. Darum läßt sich das in der Welt nicht machen, daß ein christliches Regiment allgemein eingesetzt werde über alle Welt, ja auch nur über ein Land oder eine große Menge. Denn die Bösen sind immer viel mehr als die Frommen ... Die Welt ... mit dem Evangelium zu regieren, das ist ebenso, als wenn ein Hirte in einem Stall zusammentäte Wölfe, Löwen, Adler, Schafe und ließe ein jedes frei zwischen den anderen gehen und würde sprechen: ‚Da weidet euch und seid fromm und friedsam untereinander, der Stall steht offen, Weide habt ihr genug, Hund und Keule müßt ihr nicht fürchten.'

Hier würden die Schafe wohl Frieden halten und sich friedlich auch in dieser Weise weiden und regieren lassen. Aber sie würden nicht lange leben, und kein Tier würde übrigbleiben.

Darum muß man diese beiden Regimente mit Fleiß unterscheiden und beides bleiben lassen: Eines, das fromm macht. Das andere, das äußerlich Frieden schafft und den bösen Werken wehrt."[6]

Und nun kommt der sehr eindrückliche Satz:

„Keins (der beiden Regimente) ist ohne das andere genug in der Welt."

Da möchte man einen Augenblick stutzen: Wie ist das gemeint, in welchem Sinne brauchen die sich gegenseitig? Spricht das gegen eine radikale Scheidung von Staat und Kirche? Keins ist ohne das andere genug in der Welt, bedeutet, es braucht eine klare Unterscheidung der Aufgaben, aber gleichzeitig ein Bewußtsein dafür, daß die beiden sich gegenseitig brauchen. Luther ist davon zutiefst überzeugt. Und wenn man sich das richtig überlegt, hat er natürlich recht.

„Wo nun weltlich Regiment oder Gesetz allein regiert, da muß eitel Heuchelei sein …"[7]

Wenn es keine Einrichtungen gäbe, die sich dafür verantwortlich fühlten, daß die Menschen von Herzen, d. h. innerlich überzeugt, handeln und das Gerechte tun, dann kann sich auch eine weltliche Ordnung nicht halten.

Wenn die Steuerhinterziehung zu einem Kaveliersdelikt wird, wenn die Geschwindigkeitsüberschreitung als Sport gilt, dann läßt sich eine Ordnung nicht mehr aufrechthalten. Eine Ethik der Gesetzesbefolgung ist nötig. Es geht dabei um ein Verhalten, das die rechtliche Ordnung aus innerer Überzeugung bejaht.

Ich entsinne mich noch, wie ich als junger Pastor mit meinem ersten VW-Variant einmal hinter unserem damaligen Landessuperintendenten Dieter Andersen herfuhr. Wahrscheinlich, um uns vorzuführen, daß man auch demütig sein kann, fuhr er immer noch seinen VW-Käfer. Und, es war unglaublich, durch die Dörfer fuhr er immer ordentlich 50 km/h. Wir kamen und kamen nicht voran. Als wir schließlich am Zielort waren und ich etwas unwirsch sagte: „Sie fahren aber furchtbar langsam durch die Dörfer", schaute er mich scharf an und sagte: „Hirschler, wir halten die Geschwindigkeitsbegrenzung ein um Gottes willen, nicht um der Menschen willen, oder kennen Sie sich in unserer lutherischen Lehre nicht aus?" Das saß.

---

[6] WA 11, 251 f.
[7] WA 11, 252.

Man kann es sich auch an einer schmerzhaften Erfahrung klarmachen. Die von uns allen für unglaublich gehaltene Wiedervereinigung Deutschlands in den Jahren 1989/1990 war begleitet von Dankgottesdiensten und ersten östlichen Erfahrungen mit einem Wildwest-Kapitalismus. Es gab plötzlich viele Leute, die die Chance witterten, schnelles Geld zu machen, die auftauchten, den Himmel auf Erden versprachen und die Leute betrogen. Das ist eines der finsteren Kapitel in unserer sozialen Marktwirtschaft.

Ich sprach darüber mit einem Menschen, der eine leitende Stellung in der Wirtschaft hat. Ich sagte ihm etwas salopp: „Da haben Sie den Salat. Der Kapitalismus macht die Leute korrupt." Mein Gesprächspartner widersprach heftig und erklärte: „Ohne Treu und Glauben läuft in der Wirtschaft nichts!"

Als ich ihn ungläubig anschaute, sagte er: „Das muß jemand nur ein paarmal machen, daß er Leute betrügt, daß er unseriös wirtschaftet, daß er gesetzwidrige Methoden anwendet. Mit dem will niemand mehr etwas zu tun. Ohne gegenseitiges Vertrauen läuft die gesamte Wirtschaft nicht. Wenn die Menschen nicht überzeugt sind, daß es vernünftig ist, eine Vertrauensbasis auch im Bereich von Konkurrenz und Wirtschaftsleben aufzubauen, liegt da kein Segen drauf."

„Keins ist ohne das andere genug in der Welt", das heißt: Ohne Menschen, die das Richtige aus innerer Überzeugung tun, läuft unser Staatswesen nicht.

Unser gesellschaftliches Leben ist angewiesen auf Institutionen, in denen Menschen, ohne primär an sich selbst zu denken, dem Recht und dem, was hilft, dienen. Es kann in einer Demokratie nicht anders sein, als daß es da immer wieder heftiges Tauziehen gibt – dann muß manchmal Greenpeace gegen Shell stehen –, aber es muß sich dann ein Verhalten einpendeln, bei dem das Richtige oder mindestens der Kompromiß, der das kleinere Übel wählt, mit Überzeugung zu tun versucht wird.

> „Keins ist ohne das andere genug in der Welt ... Wo aber das geistliche Regiment allein regiert über Land und Leute, da wird der Bosheit der Zaum los und Raum gegeben aller Büberei."[7]

Auch die Kirche kann ihren Auftrag nicht erfüllen, ohne einen für Recht und gerechte Ordnung sorgenden Staat und entsprechende gesellschaftliche Einrichtungen. Wenn die Kirche, wie es in Notzeiten geschehen mußte, selbst für eine gewisse Zeit die Ordnungsfunktion übernehmen mußte (z. B. den Vorsitz an den Runden Tischen in der DDR 1989/90), konnte das vielleicht hilfreich sein. In dem Augenblick, in dem die Kirche selbst Teil des staatlichen Handelns wird, in der sie selbst die äußere Ordnung vertritt und durchsetzt, wird eine religiöse Diktatur daraus. Wir wissen aus der Geschichte dieses Jahrhunderts und früherer Jahrhunderte, daß dann der Teufel los ist. Auch wenn der Staat „Kirche spielen will", wenn er selbst für eine bestimmte weltanschauliche Erziehung zu sorgen beginnt, ist die freie Entscheidung für das, was als richtig erkannt ist, verloren. Deshalb darf auch der Staat z. B. nie über die Inhalte eines Religionsunterrichts an öffentlichen Schulen bestimmen. Selbst die Inhalte eines Ethikunterrichts müssen aus einer gemeinsamen Besinnung der für die Wertmaßstäbe in einer Gesellschaft und deren Verankerung in den Herzen zuständigen Institutionen erwachsen.

Beide, Staat und Kirche, haben ihre eigenständigen Aufgaben und haben diese auch in eigenständiger Verantwortung zu erfüllen. Aber keins ist ohne das andere genug in der Welt.

Nun setzt Luther freilich voraus, daß die Regierenden und die in der Gesellschaft Verantwortlichen prinzipiell bereit sind, auf das fremde Wort Gottes zu hören und nicht selbst als Tyrannen zu bestimmen, was der Mensch zu glauben hat und ihn ganzheitlich bestimmen soll. Der Gottesbezug in der Präambel der Verfassung der Bundesrepublik Deutschland und neuerdings auch der Verfassung des Landes Niedersachsen mahnt ausdrücklich an, daß die Regierenden sich vor einer letzten Instanz zu verantworten haben und diese nicht selbst darstellen.

Luthers Vorstellung kann man sich an den Priechen in den mittelalterlichen Kirchen hier in unserer Gegend klarmachen. Wo es einen Grafen oder einen Baron gab oder in den Städten der Rat die Verantwortung hatte, gab es – und ist heute noch oft zu sehen – für die politisch Verantwortlichen einen hervorgehobenen Sitzplatz. Manchmal sieht er aus wie ein schön geschmückter großer Schrank, in dem sie wie in einer Loge sitzen konnten. Natürlich stand auch dahinter, daß die besseren Leute auch besser sitzen und hervorgehoben werden sollten und wollten. Aber das ist nicht das Entscheidende. Vielmehr ist dadurch, daß die Prieche immer direkt gegenüber der Kanzel angebracht ist, sowohl symbolisch wie praktisch deutlich gemacht: Die sind hier, um das Wort Gottes ganz besonders deutlich zu hören. (Man konnte freilich bei diesem System auch gut sehen, wer alles jeweils nicht da war.)

Vorausgesetzt ist bei solchem Arrangement von Obrigkeit und Kanzel, daß die Verantwortungsträger bereit sind, Gottes Wort für sich und für ihre Aufgabe erst einmal zu hören. Die Erwartung ist, daß die Hörenden sich das Wort zu Herzen nehmen. Dann aber kommt das Entscheidende: Nachdem der oder die Verantwortliche dies Wort gehört hat, sollen sie wieder an ihren Dienstort gehen, dies Wort in ihrem Herzen bewegen, sich dadurch als Entscheidendes die Freiheit eines Christenmenschen schenken lassen und dann – keineswegs einfach das tun, was von der Kanzel als konkretes Gebot gesagt worden ist! Nein, durch dieses Wort Gottes sind sie vor Gott selbst gestellt. Der politisch oder gesellschaftlich verantwortlich Handelnde ist selbst „gottunmittelbar". Wer Verantwortung hat, muß in der entsprechenden Situation, die ja sehr oft eine Situation der Pflichtenkollision ist, das tun, was ihm nach bestem Wissen und Gewissen als das Sachgemäße, oft als das kleinere Übel erscheint. Er soll dies in eigener Verantwortung vor Gott tun.

Dieses bedeutet eine beeindruckende Entklerikalisierung des politischen Handelns. Entklerikalisierung verstehe ich hier in einem weiten Sinn. Es ist einmal die Freiheit von der Bevormundung der Politik durch kirchliche Direktweisung. Nun ist das gegenwärtig unser Problem nicht. In unserem Jahrhundert ist aber eine Entklerikalisierung in dem Sinne zu bedenken, daß der Versuch, weltanschauliche Prämissen direkt in politisches Handeln überführen zu wollen, zurückgewiesen werden muß. Es geht um die Freiheit von allen verordneten staatlichen Zugriffen, die den Menschen im Herzen treffen sollen.

Den weltlich Verantwortlichen aber soll die Zwei-Regimenten-Lehre die innere Stabilität und Freiheit zu den Entscheidungen und Kompromissen geben, die den Menschen helfen.

In diesem Zusammenhang will ich noch einmal fragen, was das Entscheidende der Predigt ist.

Ist es die Weisung? Sind es die Zehn Gebote? Ist es die ethische Orientierung? Das gehört selbstverständlich zur christlichen Predigt. Aber die Hauptsache ist, daß dem Sünder eine unverlierbare Würde zugesagt wird, die ihm innere Stabilität und Gewißheit gibt. Das bedeutet, daß der Handelnde auch in schwierigen Situationen, in denen er sich nur unbeliebt machen oder nur zwischen zwei Übeln wählen und schuldig werden kann, die Freiheit bekommt, nicht in erster Linie um sich selbst und sein Image Angst haben zu müssen. Es ist freilich für diejenigen, die um ihre Wiederwahl Sorge tragen und deshalb auf ihr Image zu achten haben, nochmal eine Umdrehung schwieriger. Aber gerade dafür ist es nützlich, einen situationsunabhängigen Halt zu haben.

Die Hauptsache der Predigt ist also, innere Stabilität und Freiheit zu ermöglichen. Dem nachgeordnet sind dann Überlegungen zur ethischen Ausrichtung. Darüber muß diskutiert werden können. Da muß sich zeigen, ob der Pastor, die Pastorin, die das Evangelium weiterzugeben haben, die Dinge richtig beurteilen. Ich habe es oft erlebt, daß der Oberbürgermeister oder auch leitende Juristen nach dem Gottesdienst zu mir kamen und erklärten: „Das war alles gut und schön, was Sie gesagt haben, aber es war unrealistisch. Sie haben folgendes nicht beachtet ..." Diese Verantwortungsträger wußten viel genauer, wie Konfliktsituationen aussahen, und ich hätte sie besser vorher angerufen und gefragt. Entscheidend jedoch war für sie die Gewißheit, daß sie auch in schwierigen Situationen getragen sind. Deshalb ist es in Predigt und Gebet im Gottesdienst nötig, daß die christlichen Grundaussagen zur Orientierung deutlich zur Sprache kommen. Der Handelnde muß wissen, wovon er abweicht. Er muß wissen, wie schuldig er wird. Die Handelnden können sich aber darin nur ertragen, wenn die Zusage der geschenkten

Würde und der vergebenden und freimachenden Gnade in der Predigt großes Gewicht hat.

Noch einmal zurück zu den Überlegungen, wie ein Christenmensch sich in diesen beiden Regierweisen Gottes aufhalten soll. Luther beginnt:

„So fragst du, ob denn auch ein Christ möge das weltliche Schwert führen und die Bösen strafen, weil doch Christi Worte so hart und hell lauten: ‚du sollst dem Übel nicht widerstehen ...' Antwort: Du hast jetzt zwei Stücke gehört: Eines, daß unter den Christen das Schwert nicht (nötig) sein kann. Darum kannst du es über und unter den Christen nicht führen, weil die seiner nicht bedürfen ... Das andere Stück bedeutet, daß du dem Schwert zu dienen schuldig bist und es fördern sollst, womit du es kannst, es sei mit Leib, Gut, Ehre und Seele. Denn es ist ein Werk, dessen du nicht bedarfst, aber das ganz nützlich und notwendig für alle Welt und deine Nächsten ist."[8]

Dann kommt ein Satz, den man fast auswendig lernen sollte:

„Darum, wenn du sähest, daß es am Henker, Büttel, Richter, Herrn oder Fürsten mangelte und du dich geschickt dazu fändest, solltest du dich dazu erbieten und darum bewerben, damit ja die nötige Gewalt nicht verachtet und matt würde oder unterginge. Denn die Welt kann und mag ihrer nicht entraten."[9]

Ich bin froh, daß es keine Henker mehr gibt, und wenn das wieder eingeführt werden sollte, würde ich auf die Straße gehen. In der Rechtsordnung damals gehörte es dazu. Man muß sich die Reihenfolge anschauen. Henker, das waren die, die draußen vor den Toren wohnten und verachtet waren, weil sie diese schreckliche Arbeit machen mußten. Die Büttel, da haben manche bis heute Schwierigkeiten, ihnen das notwendige Ansehen zu geben, was ich für eine Katastrophe halte. Es geht bei Luther also sozusagen mit den Müllabfuhrleuten los, mit denen, die die gesellschaftliche Dreckarbeit zu tun haben. Luther behauptet sogar, was die tun, sei Gottesdienst. Das ist eine der erstaunlichsten Aussagen.

„Hier fragst du weiter, ob denn auch die Büttel, Henker, Fürsprecher ... Christen sein mögen und einen seligen Stand haben. Antwort: Wenn die Gewalt und das Schwert ein Gottesdienst ist, wie oben erwiesen ist, so muß auch das alles Gottesdienst sein, das für die Gewalt nötig ist, um das Schwert zu führen ... Darum, wenn sie es in der Meinung tun, daß sie nicht sich selbst darin suchen, sondern nur das Recht und die (Regierungs-)Gewalt helfen handhaben, damit die Bösen gezwungen werden, ist es für sie ohne Gefahr, und sie mögen's gebrauchen wie ein anderer ein anderes Handwerk und sich davon ernähren. Denn wie gesagt ist, Liebe zum Nächsten achtet nicht ihr eigenes,

---

[8] WA 11, 254.
[9] WA 11, 254 f.

sieht auch nicht darauf, wie groß oder gering (etwas ist), sondern wie nutzvoll und wie nötig die Werke dem Nächsten oder der ganzen Gemeinde seien. Fragst du, warum könnte ich denn nicht für mich selbst und für meine Sache das Schwert gebrauchen in der Absicht, daß ich damit nicht das Meine suche, sondern daß das Übel gestraft würde? Antwort: Solches Wunder ist nicht unmöglich, aber gar seltsam und gefährlich ... Wenn die Vernunft auch so tun will, wird sie zwar vorgeben, sie wolle nicht das Ihre suchen. Aber es wird im Grunde falsch sein. Denn ohne Gnade ist es nicht möglich."[10]

Das Interessante ist hier, daß Luther von dem für ihn typischen Berufsgedanken her die politische und gesellschaftliche Verantwortung als einen Gottesdienst beschreibt, zu dem jeder sowohl in der eher verachteten Tätigkeit wie in der angesehenen Aufgabe durch Gott berufen ist.

Wir benutzen heute das Wort Beruf ziemlich selbstverständlich, und man weiß, das ist eben die berufliche Tätigkeit, die jemand wahrnimmt, worin er kompetent ist und womit er sich ernährt. Kaum bekannt ist, daß dieser Ausdruck erstmals von Luther auch für die weltlichen Aufgaben benutzt worden ist. Ursprünglich gab es eine Berufung, gar noch eine Berufung Gottes, nur für die Kleriker, der Mönch war berufen, der Priester war berufen. In seiner Schrift „An den christlichen Adel deutscher Nation" hat Luther schon 1520 sorgfältig dargestellt, daß auch der Bauer, der Schuster, der Schmied ihren Dienst für ihren Nächsten tun und daß es deshalb ein ebensolcher Gottesdienst ist und eine ebensolche Berufung, wie sie beim geistlichen Beruf vorliegt. Das hat dem weltlichen Beruf ein hohes Ansehen gegeben, und zwar jedem dieser Berufe. Es ist damit auch gleichzeitig der Gesichtspunkt genannt, unter dem alle Berufe, aber eben auch die politische und gesellschaftliche Verantwortung zu sehen sind. Sie sind immer daran zu messen, wieweit sie Dienst für den Nächsten sind und wieweit es dem einzelnen und der Gesellschaft nützt.

Die Demokratiedenkschrift von 1985 hat diesen lutherischen Berufsgedanken aufgenommen und ihn unserer demokratischen Rechtsform gemäß auch angewandt auf die politische Verantwortung jedes Christenmenschen. Es gehört also die allgemeine politische Mitwirkung auf allen Ebenen, auch auf der sonst wenig geachteten kommunalen Ebene, zu jenem Gottesdienst, zu dem wir im Dienst am Nächsten berufen sind. In diesem Sinne ist auch die Beteiligung an der Wahl ein Teil dieses uns verordneten Gottesdienstes.[11]

Faszinierend an Luthers Gedanken ist die bis heute nützliche Zuweisung von Aufgaben und Zuständigkeiten. Der christliche Glaube hat die Herzen zu erreichen,

---

[10] WA 11, 260 f.
[11] Evangelische Kirche und freiheitliche Demokratie. Der Staat des Grundgesetzes als Angebot und Aufgabe. Eine Denkschrift der EKD. Gütersloh, 1985, S. 22 ff.

damit die Menschen von innen heraus das tun, was dem Nächsten dient. Die staatliche und gesellschaftliche Ordnung hat dieses im Bereich rechtlicher Regelung und ihrer Durchführung in der gleichen Verantwortung vor Gott zu tun. Der politische Dienst ist ein von Gott gewollter und vor ihm zu verantwortender Gottesdienst.

Natürlich kann man nun einige Fragen stellen und sagen: Gibt es nicht darüber hinaus ganz interessante Mischungen dieser unterschiedlichen Aufgabenzuweisung? Was bedeutet z. B. die diakonische Arbeit der Kirche? Da geht die Kirche ja über ihren Auftrag, das Wort Gottes und die Grundlage für die Freiheit eines Christenmenschen weiterzugeben, ein ganzes Stück hinaus. Sie ist selber sozial tätig, besitzt Kindergärten, Krankenhäuser, Schulen manchmal usw. Jeder weiß, hier hat die Kirche durch die Jahrhunderte hindurch immer wieder eine stellvertretende Aufgabe in der Gesellschaft wahrgenommen. Das ist bis heute so. Es gibt traditionelle Aufgaben, z. B. Krankenhäuser, so etwas hatten wir schon seit dem Mittelalter.

Aber auch neue Aufgaben gibt es. Im letzten Jahrzehnt sind an vielen Orten Jugendwerkstätten eingerichtet worden für arbeitslose junge Menschen. Da nimmt die Kirche exemplarisch eine stellvertretende Aufgabe wahr. Sie hat darin kein Monopol, aber sie muß gerade in solchen Institutionen zeigen, daß der hohe Anspruch, daß die weltlichen Aufgaben, die dem Nächsten dienen, Gottesdienst sind, sich auch unter den Bedingungen solcher ja heute nicht leicht zu führenden Institutionen bewahrheiten. In solcher Arbeit muß sich zeigen, ob der christliche Glaube wirklich etwas bedeutet für die sozialen Aufgaben und ob es ihm gelingt, in überzeugender Weise für die Menschen dazusein. In der DDR, in der die Machthaber der Kirche alles andere als wohlgesonnen gegenüberstanden, war es ganz selbstverständlich, daß der Kirche die Pflege der Schwerstbehinderten zugeschoben wurde. Der Staat hatte kein Interesse an ihnen. Sie brachten nichts. Für die kirchlichen Träger hingegen war es eine Selbstverständlichkeit, daß alles, was Menschenantlitz trägt, ganz gleich ob jemand z. B. schwer behindert ist, den Zuspruch und die praktische Auswirkung der Liebe Gottes erfahren muß. Ich habe die Tatsache, daß die Kirchen in der DDR, denen man die Krankenhäuser weitgehend weggenommen hatte, solche Behinderteneinrichtungen zugeschoben bekamen, immer als eine große Ehrung für die Kirche angesehen, auch wenn die damaligen Machthaber dieses wohl anders sahen.

Da die hier heute Versammelten alle in ihrem Bereich erhebliche Verantwortung zu tragen haben, will ich noch ein wenig ausführlicher über Luthers Obrigkeitsschrift berichten. Sie besteht aus drei Teilen. Im zweiten Teil geht es um das Augenmaß derer, die Verantwortung haben, unter der Überschrift „Wieweit sich die weltliche Obrigkeit strecke". Es kommt nämlich darauf an, daß geklärt wird,

> „wie lang ihr (der Obrigkeit) Arm und wie fern ihre Hand reiche, daß sie sich nicht zu weit strecke und Gott in sein Reich und Regiment greife. Denn unzuträglicher und greulicher Schaden folgt daraus, wo man ihr zu weit Raum gibt und auch nicht ohne Schaden ist, wo sie zu eng eingespannt ist. Hier straft sie zuwenig, dort straft sie zuviel. Wiewohl es erträglicher ist, daß sie auf dieser Seite sündige und zuwenig strafe. Sintemal es allzeit besser ist, einen Buben leben zu lassen, als einen frommen Mann zu töten ..."[12]

Luthers Interesse ist, die Reichweite des weltlichen Regiments, der weltlichen und gesellschaftlichen Ordnungskräfte zu zeigen. Er sagt:

> „Ein jeglicher Bereich muß seine Gesetze und seine Rechte haben ... Das weltliche Regiment hat Gesetze, die sich nicht weiter strecken als über Leib und Gut und was äußerlich ist auf Erden. Denn über die Seele kann und will Gott niemand regieren lassen als sich selbst allein. Darum, wo die weltliche Gewalt sich vermißt, den Seelen Gesetze zu geben, greift sie Gott in sein Regiment und verführt und verdirbt nur die Seelen. Das wollen wir so klarmachen, daß man es begreifen soll, damit unsere Junker, die Fürsten und Bischöfe sehen, was sie für Narren sind, wenn sie die Leute mit ihren Gesetzen und Geboten zwingen wollen, so oder so zu glauben ... wir sind nicht getauft auf Könige, Fürsten noch auf die Menge, sondern auf Christus und Gott selbst. Wir heißen auch nicht Könige, Fürsten oder die Menge, wir heißen Christen. Der Seele soll und kann niemand gebieten, er wisse ihr denn den Weg zu weisen zum Himmel. Das kann aber kein Mensch tun, sondern Gott allein. Darum in den Sachen, die der Seelen Seligkeit betreffen, soll nichts als Gottes Wort gelehrt und angenommen werden."[13]

> „Wenn nun dein Fürst oder weltlicher Herr dir gebietet, es mit dem Papst zu halten, so oder so zu glauben, oder dir gebietet, Bücher von dir zu tun, so sollst du sagen: ‚Es gebührt Luzifer nicht, neben Gott zu sitzen. Lieber Herr, ich bin euch schuldig zu gehorchen mit Leib und Gut, gebietet mir nach eurer Gewalt Maß auf Erden, so will ich folgen. Heißt ihr mir aber zu glauben und Bücher von mir zu tun, so will ich nicht gehorchen. Denn da seht ihr einen Tyrannen und greift zu hoch. Da gebietet ihr, wo ihr weder Recht noch Macht habt usw.' Nimmt er dir nun deshalb dein Gut und straft solchen Ungehorsam, selig bist du, und danke Gott, daß du würdig bist, um des göttlichen Wortes willen zu leiden. Laß ihn nur toben den Narren. Er wird seinen Richter wohl finden ... Daß ich davon ein Exempel gebe: In Meißen, Bayern und in der Mark (Brandenburg) und anderen Orten haben die Tyrannen ein Gebot ausgehen lassen, man solle die Neuen Testamente in den jeweiligen Ämtern abgeben.

---

[12] WA 11, 261 f.
[13] WA 11, 262 f.

Hier sollen ihre Untertanen folgendermaßen handeln: Nicht ein Blättlein, nicht einen Buchstaben sollen sie abgeben bei Verlust ihrer Seligkeit. Denn wer es tut, der übergibt Christus dem Herodes in die Hände. Denn sie handeln wie Christusmörder, wie Herodes."[14]

„Und ihr sollt wissen, daß es von Anbeginn der Welt ein gar seltsamer Vogel ist um einen klugen Fürsten und noch viel seltsamer um einen frommen Fürsten. Sie sind normalerweise die größten Narren oder die ärgsten Buben auf Erden, darum man sich allezeit bei ihnen des Schlimmsten versehen und wenig Gutes von ihnen erwarten muß, besonders in göttlichen Sachen, die der Seelen Heil betreffen. Denn es sind Gottes Stockmeister und Henker und sein göttlicher Zorn gebraucht sie, um die Bösen zu strafen und äußerlichen Frieden zu halten. Er ist ein großer Herr, unser Gott. Darum muß er auch solche edlen, hochgeborenen, reichen Henker und Büttel haben und will, daß sie Reichtum, Ehre und Furcht vor jedermann eimerweise und in Menge haben sollen. Das gefällt offenbar seinem göttlichen Willen, daß wir seine Henker gnädige Herrn nennen, ihnen zu Füßen fallen und mit aller Demut untertan sind, sofern sie ihr Handwerk nicht zu weit strecken, daß sie statt der Henker Hirten werden wollen ...

Gerät nun ein Fürst, daß er klug, fromm oder ein Christ ist, das ist der großen Wunder eines und das allerteuerste Zeichen göttlicher Gnade über dasselbe Land."[15]

Nüchterne Vorstellung von denen, die regieren. Dennoch sagt Luther, wenn sie im Bereich ihrer Zuständigkeiten bleiben, muß es wohl getragen werden. Aber wehe, wenn sie anfangen, den Glauben der Menschen zu reglementieren.

Wir haben das in unserem Jahrhundert erlebt. Die weltanschauliche Diktatur, die die Hirne der Menschen gängeln will, ist das Schlimmste.

Der letzte Teil der Obrigkeitsschrift ist ein ausgeführter Fürstenspiegel. Luther wendet sich an die Fürsten, die gern christliche Obrigkeit sein wollen.

„Welcher nun ein christlicher Fürst sein will, der muß wahrlich die Meinung ablegen, daß er herrschen und mit Gewalt daherfahren wolle. Denn verflucht und verdammt ist alles Leben, das sich selbst zunutz und zu gut gelebt und gesucht wird, verflucht sind alle Werke, die nicht in der Liebe gehen. Dann aber gehen sie in der Liebe, wenn sie nicht auf eigene Lust, Nutz, Ehre, Wohlergehen und Heil, sondern auf der anderen Nutz, Ehre und Heil gerichtet sind von ganzem Herzen ..."

---

[14] WA 11, 267.
[15] WA 11, 267 f.

Luther weiß, wie schwierig das Amt verantwortlicher Leitung im Gemeinwesen ist.

„Darum habe ich gesagt, daß Fürsten Stand ein gefährlicher Stand ist. Und wo er nicht selbst so klug ist, daß er selbst beide, sein Recht und seine Räte regiert, da geht es nach dem Spruch Salomonis: Wehe dem Land, das ein Kind zum Fürsten hat …"[16]

Luther will den Verantwortlichen kein Gesetz auflegen. Er empfiehlt ihnen, Gott um rechten Verstand zu bitten, und will von sich aus nur das Herz unterrichten, wie das „soll gesinnet und geschickt sein". Aufs erste muß ein Fürst

„ansehen seine Untertanen und in dieser Richtung sein Herz recht einstellen. Das tut er aber dann, wenn er seinen ganzen Sinn darauf richtet, daß er denselben nützlich und dienstlich sei, und nicht so denke: Land und Leute sind mein, ich will's machen, wie mir's gefällt, sondern so: Ich bin des Landes und der Leute (Diener). Ich soll's machen, wie es ihnen nützlich und gut ist. Nicht soll ich danach trachten, wie ich hoch fahre und herrsche, sondern wie sie mit gutem Frieden beschützt und verteidigt werden. Und (solch ein Fürst) soll Christus sich vor Augen stellen und so sagen: Siehe, Christus, der oberste Fürst, ist gekommen und hat mir gedient, hat nicht gesucht, wie er Gewalt, Gut und Ehre an mir hätte, sondern hat nur meine Not angesehen und alles dran gewandt, daß ich Gewalt, Gut und Ehre an ihm und durch ihn hätte. So will ich es auch tun, nicht an meinen Untertanen das Meine suchen, sondern das Ihre und will ihnen auch so dienen mit meinem Amt, sie schützen, anhören und verteidigen und allein dahin regieren, daß sie Gutes und Nutzen davon haben und nicht ich … Nun sprichst du dann: Wer wollte dann ein Fürst sein? Mit solchen Vorschlägen würde der Fürstenstand der elendeste sein auf Erden, da viel Mühe, Arbeit und Unlust in diesem Stand ist. Wo wollten denn die fürstlichen Ergötzungen bleiben mit Tanzen, Jagen, Rennen, Spielen und was dergleichen weltlicher Freuden sind? Antworte ich: Wir lehren jetzt nicht, wie ein weltlicher Fürst leben soll, sondern wie ein weltlicher Fürst ein Christ sein soll, daß er auch gen Himmel komme. Wer weiß das nicht, daß ein Fürst Wildbret im Himmel ist? Ich rede auch nicht darum, daß ich hoffe, weltliche Fürsten werden's annehmen, sondern vielleicht ist irgendeiner, der auch gerne ein Christ wäre und wissen möchte, wie er verfahren soll. Denn ich bin das wohl gewiß, daß Gottes Wort sich nicht lenken noch beugen wird nach den Fürsten, sondern die Fürsten müssen sich nach dem Worte Gottes ausrichten. Mir ist es genug, wenn ich aufzeige, daß es nicht unmöglich sei, daß ein Fürst ein Christ ist, wiewohl es seltsam ist und schwerlich zugeht.

---

[16] WA 11, 272.

Aufs andere: daß ein Fürst acht habe auf die großen Hansen, auf seine Räte und halte sich so gegen sie, daß er keinen verachte, auch keinem vertraue, sich voll auf ihn zu verlassen. Denn Gott kann keins von beiden leiden. Er hat einmal durch einen Esel geredet, darum ist kein Mensch zu verachten, wie gering er auch ist. Wiederum hat er lassen den höchsten Engel vom Himmel fallen. Darum ist auch auf keinen Menschen zu vertrauen, wie klug, heilig und groß er auch sei. Sondern man soll einen jeden hören und ernst nehmen, durch welchen Gott reden und wirken wolle. Denn es ist der größte Schaden an Herrenhöfen, wenn ein Fürst seinen Sinn gefangen gibt den großen Hansen und Schmeichlern und sein eigenes Hinsehen anstehen läßt. Zumal es nicht einen Menschen betrifft, wenn ein Fürst sich falsch verhält und närrisch wird, sondern Land und Leute müssen solche Narren tragen. Darum soll ein Fürst so seinen Gewaltigen vertrauen und sie schaffen lassen, daß er dennoch den Zaum in der Faust behält ..."[17]

„Aufs dritte muß ein Fürst acht haben, wie er mit den Übeltätern recht verfährt. Hier muß er ja klug und weise sein, daß er ohne der anderen Verderben strafe. So muß ... ein Fürst die Bösen strafen, daß er nicht einen Löffel aufhebt und zertritt eine Schüssel und bringe um eines Schädels willen Land und Leute in Not und mache das Land voll Witwen und Waisen. Darum muß er nicht folgen den Räten und Eisenfressern, die ihn aufhetzen und reizen, Krieg anzufangen und sagen: Ei, sollen wir solch Wort und Unrecht leiden. Es ist ein gar schlechter Christ, der um eines Schlosses willen das Land in die Schanze schlägt. Kurz gesagt: Hier muß man sich an das Sprichwort halten: Wer nicht durch die Finger sehen kann, der kann nicht regieren. Darum sei das seine Regel: Wo er Unrecht nicht bestrafen kann, ohne größeres Unrecht anzurichten, dann lasse er sein Recht fahren, es sei so (recht und) billig wie es wolle. Denn seinen eigenen Schaden soll er nicht beachten, sondern der anderen Unrecht, das sie über seinem Strafen erleiden müssen. Denn was haben so viel Weiber und Kinder verdient, daß sie Witwen und Waisen werden, auf daß du dich rächst an einem unnützen Maul oder einer bösen Hand, die dir Leid getan hat."[18]

Luther überlegt dann, in welchen Situationen es nötig ist, den Frieden festzuhalten und wann es unausweichlich ist, daß man sich auch mit militärischer Gewalt gegen ungerechte Angriffe wehrt. Aber nicht alles, was ein Fürst tut, ist richtig.

„Wie? Wenn denn ein Fürst Unrecht hätte, ist ihm sein Volk auch schuldig zu folgen? Antwort: Nein! Denn gegen das Recht gebührt niemandem zu tun,

---
[17] WA 11, 273 f.
[18] WA 11, 276.

sondern man muß Gott (der das Recht haben will) mehr gehorchen als den Menschen."[19]

Luther schließt diese Passage mit der Zusammenfassung:

„Darum wollen wir's hiermit bleiben lassen und mit der Zusammenfassung schließen. Ein Fürst soll vier Lebensbereiche unterscheiden: Aufs erste soll er sich auf Gott richten mit rechtem Vertrauen und herzlichem Gebet. Aufs andere soll er sich seinen Untertanen zuwenden mit Liebe und christlichem Dienst. Aufs dritte soll er gegenüber seinen Räten und seinen Gewaltigen mit freier Vernunft und ungefangenem Verstand (agieren). Aufs vierte muß er gegen die Übeltäter mit bescheidem Ernst und Strenge vorgehen. So geht des Christen Stand auswendig und inwendig richtig, der Gott und den Leuten gefallen wird. Aber er muß sich auf viel Neid und Leid darüber einstellen. Das Kreuz wird solchem Vornehmen gar bald auf dem Hals liegen."[20]

Luther beschäftigt sich zum Schluß der Schrift mit der Frage, ob man eigentlich für das Regieren das Studieren von juristischen und entsprechenden Büchern brauche oder nicht. Luther ist der Überzeugung, wirkliche Regierungskunst, die bekommt man unverdienterweise. Man erlebt das zwischendurch, wenn ein Fürst wirklich vor Gott steht und die entscheidenden Dinge nicht nach Buchweisheit, sondern nach seinem Herzen tut. Er erzählt eine Geschichte:

„Man sagt von Herzog Karl von Burgund eine solche Geschichte, daß ein Edelmann seinen Feind fing. Da kam die Frau des Gefangenen, ihren Mann auszulösen. Aber der Edelmann verhieß, ihr den Mann zu geben, sofern sie bei ihm schlafen wollte. Die Frau war fromm, hätte aber doch ihren eigenen Mann gerne ausgelöst, geht hin und fragt ihren Mann, ob sie es tun solle, daß sie ihn (auf diese Weise) erlöste. Der Mann wäre gerne frei gewesen und wollte sein Leben behalten und erlaubt es der Frau. Da nun der Edelmann die Frau beschlafen hatte, ließ er des andern Tages ihrem Mann den Kopf abschlagen und gab ihn der Frau tot. Das klagt sie alles dem Herzog Karl. Der fordert den Edelmann (vor sich) und gebot ihm, daß er die Frau zur Ehe nehmen mußte. Als nun der Brauttag vorüber war, ließ er dem Mann den Kopf abschlagen und läßt die Frau in seine Güter ein und brachte sie wieder zu Ehren und strafte auf diese Weise die Untugend recht fürstlich.

Siehe, ein solches Urteil hätte ihm kein Papst, kein Jurist und kein Buch geben können. Sondern es ist aus freier Vernunft über aller Bücher Recht gesprungen so fein, daß es jedermann billigen muß und bei sich selbst im Herzen geschrieben findet, daß es so recht sei. Desgleichen schreibt auch

---

[19] WA 11, 277.
[20] WA 11, 279.

St. Augustinus ... Darum soll man das geschriebene Recht unter der Vernunft halten."[21]

Das Beispiel ist sicherlich barbarisch. Aber man merkt, wie Luther an solch einem extremen Beispiel zeigen will, daß es der eigenständigen Verantwortung und des Augenmaßes bedarf.

Ich habe auf diese Weise hoffentlich genug Neugier auf Luthers Obrigkeitsschrift geweckt. Es lohnt sich, sie ganz zu lesen.

Abschließend will ich fragen, ob Luthers Sortierung der beiden Regierweisen Gottes in Kirche und Staatswesen in einer pluralen Gesellschaft brauchbar ist. Ist nicht doch die überkommene volkskirchliche Struktur vorausgesetzt, bei der Gesellschafts- und Kirchenzugehörigkeit fast identisch waren?

Geht die Stimme der christlichen Kirchen heute nicht längst unter im Stimmengewirr der Neuzeit?

Ist die christliche Wahrheit nicht oft gesellschaftlich so angepaßt, daß sie als fremde Botschaft kaum noch auszumachen ist?

Müßte man in dieser andersartigen Situation die Zwei-Regimenten-Lehre Luthers nicht auf alle Institutionen anwenden, die, den Kirchen vergleichbar, für die weltanschauliche Erziehung und die ethische Gestaltung der Gesellschaft verantwortlich sein wollen? Freilich, was ist, wenn es sich dabei um Lebensmodelle handelt, die unserer noch immer vom christlichen Menschenbild und den von daher verstandenen Menschenrechten geprägten Kultur und Verfassungswirklichkeit entgegenstehen?

So neu ist die Situation nicht. Wie zum Beginn der Christenheit und wie in vielen Ländern der Welt müssen die christlichen Kirchen ihre Botschaft heute inmitten eines immer stärker werdenden pluralistischen Angebots ausrichten. Den christlichen Kirchen muß dieses noch sehr viel deutlicher klar werden, und sie müssen ihr Verhalten darauf einstellen.

Wir haben im Zusammenhang mit den kirchlichen Protesten gegen die Streichung des Buß- und Bettages als öffentlich geschützten Feiertag einiges gelernt. Wir haben zunächst auf klare Argumente gesetzt, auf Erklärungen, auf Gespräche mit den politisch Verantwortlichen.

Die Öffentlichkeit haben wir nicht mobilisiert. Als die unsinnige Entscheidung der Streichung des Bußtages als allgemeinen Feiertages gegen alle Zusagen doch geschehen war, hat sich gezeigt, daß es überhaupt nicht schwierig war, in kürzester Zeit eine viertel Million Unterschriften gegen diese unsinnige Maßnahme zu

---

[21] WA 11, 279 f.

bekommen. Wäre das vorher geschehen, wäre die Entscheidung vermutlich anders ausgefallen. Wir haben gelernt, daß wir in dieser Gesellschaft uns nicht mehr nur darauf verlassen können, daß Argumente überzeugen. Das war nach dem Kriege in der alten Bundesrepublik anders. Nun sind neue Zeiten.

Sie sind keineswegs nur negativ zu sehen.

Der Niedersächsische Landtag hat eine Volksinitiative, die sich für die Aufnahme des Gottesbezuges in die Präambel zur Niedersächsischen Verfassung aussprach, genutzt zu einer zum Teil auf hohem Niveau geführten Debatte, an deren Ende sich die notwendige Zweidrittelmehrheit der Abgeordneten für die Aufnahme der Formel „in der Verantwortung vor Gott und den Menschen" aussprach.

Da ist also viel mehr möglich, als wir uns normalerweise zutrauen.

Eine Gefahr sehe ich gegenwärtig darin, daß aufgrund der Tabuierung des Redens von Gott im Alltag und der gesellschaftlich vermittelten Unüblichkeit, vom eigenen Glauben zu reden, viele Menschen den Eindruck haben, der Glaube sei primär etwas Privates und gehöre vom Markt der Öffentlichkeit vertrieben.

Auch die Diskussion um die Kreuze in bayerischen Schulklassen hat gezeigt, daß viele die weltanschauliche Neutralität des Staates so verstehen, daß christliche Symbole aus staatlich zu verantwortenden Räumen zu verbannen sind.

Wenn man genau hinschaut, kann das der dienenden Funktion, die der Staat haben soll, keineswegs entsprechen.

Die Frage ist vielmehr, welche Regelungen getroffen werden müssen, damit religiöse Symbole oder in der Öffentlichkeit wirksame Kulturgüter gemeinschaftsverträglich für die Menschen erhalten bleiben können.

Wir müssen nun sorgfältig darauf achten, was in Zukunft mit den christlichen Feiertagen als staatlich geschützten Feiertagen geschieht und wie sich die Sonntagsarbeit ausdehnt. Dafür bedarf es einer öffentlichkeitswirksamen Wachsamkeit der Kirchen und Gemeinden.

Für unser Thema bleibt die Frage wichtig, ob Luthers Satz „Keins ist ohne das andere genug in der Welt" in unserer Gesellschaft hilfreich und notwendig ist. Braucht die Gesellschaft, das Staatswesen die christliche Botschaft und Menschen, die sich von ihr bestimmen lassen?

Das wird man nicht im Sinne einer allgemeinen, von allen zu akzeptierenden Wahrheit sagen können. Die Antwort auf diese Frage ist bereits Teil eines Bekenntnisses.

Zwar konnte auch das bekenntnismäßig atheistische Staatswesen der DDR den Beitrag der Kirchen in bestimmter Weise für nützlich halten, aber das meine ich nicht. Um den damalig staatlich Verantwortlichen ins Gewissen reden zu können, mußte die Kirche deren sozialistische Grundthesen aufnehmen und zitieren, um systemkonform Gehör zu finden, was von geringem Effekt war. Lediglich der Gesichtspunkt, daß christlich motivierte Menschen für das Wirtschaftsleben nützlich sind, fand einen gewissen Anklang.

Wir leben nun in ganz Deutschland, Gott sei Dank, in einer anderen Situation. Ob Luthers Satz „Keins ist ohne das andere genug in der Welt" gilt, wird sich an der Wirksamkeit der christlichen Botschaft in der Gesellschaft zeigen. Wenn die christlichen Kirchen ihre Botschaft so ausrichten, daß Menschen dadurch innerlich gefestigt, ehrlich gegenüber sich selbst, menschenfreundlich gegenüber anderen und verantwortlich für die Gesellschaft sein können, dann ist das eine gewaltige Hilfe in unserer Gesellschaft, in unserem Staatswesen. Solche Christenmenschen sind dann einfach dazwischen wirksam und ein Labsal für die Gesellschaft.

Wird die christliche Botschaft als abgestandene Ware auf dem Markt angeboten, werden nur wenige, besonders auch von den jungen Menschen, dadurch angesprochen, dann braucht man sich über Luthers Satz keine Gedanken mehr zu machen. Sie können sich vorstellen, daß nach meinen Vorstellungen eine lebendige Christenheit genau das Gegenteil machen wird. Vielen Dank für's Zuhören.

VII. Wie ein Tod den andern fraß
Luthers Bereitung zum Sterben

„Lieber Gott! Mir ist sehr weh und angst. Ich fahr dahin! Ich werde nu wohl zu Eisleben bleiben. – Nu tröstet ihn Doktor Jonas und Magister Cölius und sprachen: Reverende pater! Rufet Euren lieben Jesum Christum an, ... Ihr habt einen großen guten Schweiß gelassen; Gott wird Gnade verleihen, daß es wird besser werden. – Da antwort und sprach (Luther): Ja, es ist kalttoter Schweiß! Ich werde meinen Geist aufgeben ..."[1]

Ein Uhr in der Nacht war es, als er wieder aufgewacht war, der 18. Februar 1546, sein letztes Stündlein war gekommen.

Sie hatten es geahnt. In den Tagen und Wochen während der mühsamen Friedensverhandlungen zwischen den Mansfelder Grafen war es ihm schon nicht gutgegangen. Zwei Tage vorher am 16. Februar hatte er, als sie bei Tische viel über Krankheit und Sterben redeten, schon trocken erklärt: „Wenn ich wieder heim gen Wittenberg komm, so will ich mich alsdann in Sarg legen und den Maden einen feisten Doctor zu essen geben."[2] Nun war es soweit. Um acht Uhr abends am 17. Februar hatte er heftig über Schmerzen in der Brust geklagt. Der Graf Albrecht war benachrichtigt worden und eilends gekommen mit einer besonderen Medizin, einem Einhorn. Auf Luthers Begehren wurde davon kräftig etwas abgeschabt und ihm mit Wein gereicht. Dann hatte er sich um neun Uhr abends auf das Ruhebett in der Stube gelegt. Jonas, Cölius, der Diener Ambrosius und die beiden Söhne Martin und Paul waren dort geblieben. Um zehn Uhr war er wieder aufgewacht, ein wenig hin- und hergegangen, hatte gefragt: Wollt ihr euch nicht zu Bett legen? Sie sagten: Nein, Herr Doctor! Jetzt wollen wir wachen und auf euch achten.

Das war ihm nicht recht. Er stand auf und ging hin und her, dann in die Nebenkammer, in der sein Bett stand. Als er über die Schwelle ging, sagte er: Walt's Gott! Ich gehe zu Bett und (auf lateinisch): „In deine Hände befehle ich meinen Geist. Du hast mich erlöst, o Herr, der du ein Gott der Wahrheit bist!", hatte sich hingelegt, allen die Hand gegeben und Gute Nacht gesagt und hinzugefügt, während der dreizehnjährige Paul und der vierzehnjährige Martin mit großen Augen dabeistanden: „Doctor Jona und Magister Cöli und ihr anderen, betet für unsern Herrn Gott und sein Evangelium, daß es ihm wohlgehe! Denn das Concilium zu Trient und der leidige Papst zürnen hart mit ihm."[1] Die anderen blieben in der Wohnstube, ließen das Licht in der Schlafkammer brennen, die Tür

---
[1] Reinhard Buchwald (Hrsg.): Luthers letzte Tage. In: Luther im Gespräch. it. 670. Stuttgart, 1983 (1938), S. 410; 409.
[2] WA Tr 6, 302,12.

blieb halbgeöffnet, in der Stube sorgte Ambrosius dafür, daß das Feuer nicht ausging, damit es warm blieb.

So hatten sie gewartet, bis er zum letzten Mal aufwachte.

Er hatte das ja viele Male „durchgespielt". In der persönlichen Erfahrung, bei den Freunden, bei seinen beiden verstorbenen Töchtern, in Predigt und Schriften, in unendlichen Tischgesprächen, immer wieder dieselben Fragenkreise: Was ist es mit diesem Leben, was ist es mit dem zukünftigen Leben, was bedeuten Sünde, Hölle und Tod, wie wird das mit dem Jüngsten Gericht?

Die Begegnung mit dem Tod hatte schon früh angefangen.

a) Stotternheim

Luthers Entschluß, ins Kloster zu gehen, verdankte sich jenem Gottesschrecken bei Stotternheim am 2. Juli 1505, als er in ein Gewitter geriet und durch einen Blitzschlag erschreckt, wohl zu Boden geworfen wurde und sich zum Gelübde, Mönch zu werden, gezwungen sah.

„O, wenn ich in ein Kloster gehe (dachte ich) und in der Kappen und Platten Gott diene, so wird er mir lohnen und mich (im ewigen Leben) willkommen heißen."[3]

Im Brief an den damals zornigen und gegenüber der Gotteszuschreibung dieses Ereignisses mißtrauischen Vater, der „Täuschung oder Blendwerk" vermutete, schreibt Luther am 21. November 1521:

„... Da versicherte ich dir, daß ich vom Himmel durch Schrecken gerufen, nicht etwa freiwillig oder auf eigenen Wunsch Mönch geworden sei ... Sondern von Schrecken und der Furcht vor einem plötzlichen Tode umwalt, legte ich ein gezwungenes und erdrungenes Gelübde ab."[4]

Inzwischen wußte er es besser. Der Vater hatte recht gehabt und gleichzeitig unrecht. Denn es war Gottes Weg mit Martinus gewesen:

„Aber Gott, dessen Barmherzigkeit unendlich und dessen Weisheit ohne Ende ist – siehe wieviel Gutes hat er aus all diesen Irrtümern und Sünden entstehen lassen ... Der Herr hat gewollt, daß ich ... die ‚Heiligkeit' der Klöster aus eigener sicherer Erfahrung, d. h. an vielen Sünden und Gottlosigkeiten kennenlernen sollte."[4]

---

[3] Martin Luther: Das 14. und 15. Kapitel S. Johannis gepredigt und ausgelegt. WA 45, 698, 28 ff.
[4] Martin Luther: De votis monasticis. iudicium (1521). WA 8, 573–576.

Luther hatte inzwischen gelernt, daß man dem Todesschrecken als Christenmensch anders begegnen mußte als durch die Weltflucht in eine mindestens ebenso sündige und in die Höllenangst stürzende klösterliche Welt.

Aber dieser frühe Todesschrecken, verbunden mit der Erfahrung, daß in einem solchen Augenblick das Ganze des Lebens vor dem Richterstuhle Gottes erscheint, hat Luther nie losgelassen. Bis zum Schluß seines Lebens rechnet er ganz selbstverständlich damit, daß in der Stunde des Todes das ganze Leben auf dem Spiel steht und eine Art vorweggenommene Erfahrung des Jüngsten Gerichtes stattfindet. Dafür muß man gerüstet sein. Seine dramatischen Invocavitpredigten nach der Rückkehr von der Wartburg, mit denen er seiner Wittenberger Gemeinde den Kopf zurechtgesetzt hat, beginnt Luther am 9. März 1522:

„Wir sind allesamt zu dem Tod gefordert, und wird keiner für den anderen sterben. Sondern ein jeglicher in eigener Person für sich mit dem Tod kämpfen. In die Ohren könnten wir wohl schreien, aber ein jeglicher muß für sich selber geschickt sein in der Zeit des Todes: Ich werde dann nicht bei dir sein noch du bei mir. Hierin muß jedermann selber die Hauptstücke, die einen Christenmenschen angehen, wohl wissen und gerüstet sein ..."[5]

Deshalb ist es wichtig, den Glauben zu kennen und sich auf das Sterben vorzubereiten.

b) Die Bereitung zum Sterben. 1519

Schon in seiner frühen Zeit 1519 hat Luther einen der Bestseller des 16. Jahrhunderts, seinen „Sermon von der Bereitung zum Sterben" verfaßt.

Solche Veröffentlichungen, die der ars moriendi, der Kunst des Sterbens gewidmet waren, wurden außerordentlich gern gekauft, besonders wenn sie nüchtern und gleichzeitig in einer praktikablen geistlichen Weise mit dem Problem des Todes umgingen. Die Aufmerksamkeit, die Frau Kübler-Ross mit ihren Büchern zur Sterbebegleitung vor Jahren bei uns gefunden hat, läßt etwas ahnen von dem menschlichen Grundbedürfnis, das solche Veröffentlichungen schnell zu Verkaufserfolgen kommen läßt. Freilich sind wir heute in einer anderen Situation. Sterben und Tod werden als Schicksalsthemen viel stärker verdrängt, als das in früheren Zeiten geschah. Es hängt sicher damit zusammen, daß die Menschen viel älter werden und heute mehr hinter den Mauern der Krankenhäuser gestorben wird. Früher fand das selbstverständlich in der Wohnung statt, und der Tod war viel mehr gegenwärtig als in unserer Gesellschaft.

---

[5] WA 10, III, 1 ff.

Freilich als Sensationsthema ist der Tod auch bei uns höchst präsent. Aber die im Fernsehen dargestellte, schnell über den Bildschirm huschende „Bildrealität" des Todes ist noch etwas ganz anderes, als wenn es auch bei uns gelegentlich zu Hause geschehen kann. Im übrigen kommt bei dem veröffentlichten Tod fast ausschließlich die Ausnahmesituation, der Unfall, das Erdbeben, der Krieg zur Sprache, aber nicht die Schicksalhaftigkeit dieses Sterbens oder unseres Sterbens überhaupt. In einer Gesellschaft, die vom Reparaturideal „es ist alles irgendwie hinzukriegen" geprägt ist, bringt Sterben und Tod vornehmlich unter die Überschrift „Unfall, Katastrophe, Versagen der Medizin". Darum gilt alle Aufmerksamkeit der Ursache von Sterben und Tod und der Frage „Wer war das?" und „Warum wurde das nicht verhindert?" oder „Wie läßt es sich zukünftig verhindern?". Das ist ja nicht unbedingt falsch. Aber wenn dabei Tod und Sterben in ihrer Ausweglosigkeit als den Menschen auf seine Grenze und auf den Sinn seines Lebens stoßendes Schicksal nicht mehr die notwendige Sprache findet, dann liegt doch eine schwerwiegende Verkümmerung des Verständnisses vom Menschen vor.

Angesicht des Todes muß das Geheimnis des Menschen, der hier ungefragt auftaucht und ebenso ungefragt wieder davon muß, eine angemessene Sprache finden.

Es ist – das wird sich im folgenden zeigen – auch für unsere Zeit interessant zu sehen, wie Luther mit Tod, Sterben und Rechenschaftgeben über das Leben, das ich bin, umgeht.

Seine Äußerungen von 1519 stellen einen ersten zusammenfassenden Versuch seiner lebenslang in einer Fülle von Predigten, Briefen und Abhandlungen verarbeiteten kämpferischen Auseinandersetzung mit dem Thema Tod dar.

Es lohnt sich, die verschiedenen, zum Teil recht dramatischen Etappen von Luthers persönlicher Bereitung zum Sterben durchzugehen und gleichzeitig parallel dazu immer zu überlegen, was wir wohl heute damit anfangen können.

Einer der Räte am Hofe Friedrichs des Weisen, Markus Schart, bat Luther 1519 um einen Trosttext als Vorbereitung auf das Sterben.

Luther hat es mehrere Monate nicht geschafft, dieser Bitte nachzukommen. Er hat schließlich, wie er sagt, ganz in Eile diesen Text für die Laien verfaßt.

Der Sermon fand bald erstaunlichen Absatz. Luther nahm ihn deshalb auch in sein immer wieder verbessertes kleines Betbüchlein auf, das dann in vielen Auflagen im 16. Jahrhundert erschienen ist.

Für die praktische Frömmigkeit im Angesicht des drohenden Todes hat dieser Sermon offenbar eine erstaunliche Rolle gespielt. Man spürt ihm an, daß er aus der Frühzeit Luthers stammt. Er konnte später kritische Dinge zur Anrufung der Heiligen, zur Marienfrömmigkeit, zur Beichte und besonders zur Letzten Ölung als Sakrament sagen. Er ließ diese ihm aus seiner bisherigen Frömmigkeit geläufigen Elemente des Glaubenslebens weiter abdrucken (nur die Letzte Ölung wurde bald gestrichen). Auch die allegorische Auslegung der Bibel, die er später ganz fallen läßt, weist noch auf die frühe Zeit hin.

Mit kräftigen Strichen zeichnet Luther die Anfechtungen des Todes, um dann um so lebensfarbiger die Hilfen des Glaubens und die Hoffnung der Christen einzuprägen. Interessant ist dabei, welche Rolle die anschaulichen Bilder spielen. Es geht darum, daß wir im Leben und besonders im Sterben die richtigen und wirkmächtigen Bilder vor Augen haben, uns ins Herz „einbilden", damit der Teufel uns nicht mit seinen uns im Gewissen treffenden Fragen und Bildern in die Irre führen kann.

Um die Kräfte des Glaubens und der Sakramente zu erkennen, schreibt Luther, muß man zuvor die Gegenkräfte wissen, gegen die sie fechten:

„Deren sind drei: Die erste das erschreckliche Bild des Todes.

Die andere das greulich mannigfaltige Bild der Sünden.

Die dritte das unerträgliche und unvermeidliche Bild der Hölle und ewigen Verdammnis.

Nun wächst ein jegliches dieser drei (Bilder) und wird groß und stark ... Der Tod wird groß und erschrecklich dadurch, daß die blöde verzagte Natur das Bild zu tief in sich hineinbildet und zu sehr vor Augen hat ... Denn je tiefer der Tod betrachtet, angesehen und erkannt wird, desto schwerer und gefährlicher ist das Sterben. Im Leben soll man sich mit des Todes Gedanken üben und ihn zu uns fordern, wenn er noch ferne ist und nicht (in die Enge) treibt. Aber im Sterben, wenn er von selbst schon allzu stark da ist, ist es gefährlich und nichts nütze. Da muß man sein Bild ausschlagen und nicht sehen wollen ... Also hat der Tod seine Kraft und Stärke in der Blödigkeit (Schwachheit) unserer Natur und daß wir ihn zur falschen Zeit zu viel ansehen und betrachten ...

Die Sünde wächst auch und wird groß dadurch, daß man sie zu viel ansieht und zu tief bedenkt. Dazu hilft die Schwachheit unseres Gewissens, das sich selbst vor Gott schämt und greulich straft. Da hat der Teufel denn ein Bad gefunden, daß er gesucht hat, da treibt er, da macht er die Sünde so viel und groß ... So verkehrt uns der böse Geist alle Dinge: Im Leben, da wir sollten des Todes, der Sünde, der Hölle Bild stets vor Augen haben ... tut er uns die Augen zu und verbirgt diese Bilder. Im Tode, da wir sollten nur Leben, Gnade und Seligkeit vor Augen haben, tut er uns dann allererst die Augen auf und ängstigt uns mit den unzeitigen Bildern, damit wir die rechten Bilder nicht sehen sollen ...

Die Hölle wird groß und wächst auch dadurch, daß sie zu viel angesehen und zur Unzeit zu hart bedacht wird.

Dazu verhilft über die Maßen sehr, daß man Gottes Urteil nicht weiß. So treibt der böse Geist die Seelen dahin ... daß sie erforschen will das Geheimnis des göttlichen Rates, ob sie erwählt sei oder nicht. Hier übt der Teufel seine letzte größte, listigste Kunst und Macht ... Denn wenn ich wissen will, ob ich erwählt sei, was ist das anderes als daß ich alles wissen will, was Gott weiß ... Und so Gott nicht mehr Gott sei ... Das heißt mit der Hölle angefochten, wenn der Mensch mit Gedanken seiner Erwählung angefochten wird ... Wer hier gewinnt, der hat Hölle, Sünde, Tod auf einen Haufen überwunden."[6]

Solche Überwindung muß den Christenmenschen gelingen. Wie geschieht das? Zunächst soll er die äußeren Dinge in Ordnung bringen vor dem Sterben. Das Erbe muß geregelt sein, „damit nicht bleibe nach seinem Tode Ursache für Zank, Hader ... unter seinen zurückgelassenen Freunden".

Dann muß man die Beziehungen in Ordnung bringen, den Menschen vergeben, die uns beleidigt haben, und sich vergeben lassen.

Sind diese äußeren Dinge klar, „dann soll man sich allein zu Gott richten ... Hier beginnt die enge Pforte, der schmale Steig zum Leben". Es folgt das eindrückliche Bild:

Und es geht hier zu, wie wenn ein Kind aus der kleinen Wohnung in seiner Mutter Leib mit Gefahr und Ängsten geboren wird in diesen weiten Himmel und Erde, das ist unsere Welt: Ebenso geht der Mensch durch die enge Pforte des Todes aus diesem Leben. Und obwohl der Himmel und die Welt, darin wir jetzt leben, als groß und weit angesehen werden, so ist es doch alles gegen den zukünftigen Himmel soviel enger und kleiner, wie es der Mutter Leib gegen diesen Himmel ist. Darum heißt der lieben Heiligen Sterben eine neue Geburt ..."[7]

Es ist beeindruckend, daß sich Luther hier gleich zu Anfang seines Sermons mit diesem schönen Bild bemüht, die Erfahrung einer anderen Wirklichkeit weiterzugeben. Wir werden das später noch öfter finden.

Natürlich ist es wichtig, die Sakramente in ihrer Kraft ernst zu nehmen. Aber das Entscheidende ist, daß du Christus in dich hineinbildest.

„Denn Christus ist nichts als lauter Leben, seine Heiligen auch. Je tiefer und fester du dies Bild in dich hineinbildest und ansiehst, desto mehr fällt das

---

[6] WA 2, 686 ff.
[7] WA 2, 685, 24. Vgl. In diesem Buch S. 34.

Todesbild ab und verschwindet von selbst ohne Zerren und Streiten ... Ebenso darfst du die Sünde nicht ansehen in den Sündern noch in deinem Gewissen, noch in denen, die in den Sünden schließlich geblieben und verdammt sind ... Sondern du mußt abkehren deine Gedanken und die Sünde nicht anders als in der Gnade Bild ansehen und dies Bild mit aller Kraft in dich hineinbilden und vor Augen haben. Der Gnade Bild ist nichts anderes als Christus am Kreuz und alle seine lieben Heiligen ... So ist Christus, des Lebens und der Gnade Bild gegen des Todes und der Sünde Bild unser Trost.

(Auch) darfst du die Hölle und die Ewigkeit der Pein samt der Verwerfung nicht in dir, nicht in ihr selbst, nicht in denen, die verdammt sind, ansehen ...

Du muß doch Gott lassen Gott sein, daß er wisse mehr von dir als du selbst. Darum sieh das himmlische Bild Christus an, der um deinetwillen zur Hölle gefahren und von Gott verlassen gewesen ist als einer, der verdammt sei ewiglich. Als er am Kreuz sprach: ... O mein Gott, warum hast du mich verlassen. Siehe, in dem Bild ist deine Hölle überwunden und deine ungewisse Erwählung gewiß gemacht ... Darum laß dies nur nicht aus den Augen nehmen, und suche dich nur in Christus und nicht in dir, so wirst du dich auf ewig in ihm finden ...

Gott gibt dir um deiner Würdigkeit willen nichts. Er baut auch sein Wort und Sakrament auf deine Würdigkeit nicht, sondern aus lauter Gnade baut er dich Unwürdigen auf sein Wort und Zeichen ...

(Darum) soll kein Christenmensch an seinem Ende daran zweifeln, daß er nicht allein sei in seinem Sterben, sondern er soll gewiß sein, daß ... auf ihn gar viele Augen sehen. Zum ersten Gottes (Augen) selber und Christi (Augen) ... danach die lieben Engel, die Heiligen und alle Christen ... Wenn aber Gott auf dich sieht, so sehen ihm nach alle Engel, alle Heiligen, alle Kreaturen. Und wenn du in dem Glauben bleibst, so halten sie alle die Hände unter ...

Nun, was soll dir dein Gott mehr tun, damit du den Tod willig annehmest, nicht fürchtest und überwindest? Er zeigt und gibt dir in Christus des Lebens, der Gnade, der Seligkeit Bild, damit du vor des Todes, der Sünde, der Hölle Bild dich nicht entsetzest. Er legt zudem deinen Tod, deine Sünde, deine Hölle auf seinen lieben Sohn und überwindet sie dir, macht sie dir unschädlich. Er läßt zudem deine Anfechtung des Todes, der Sünde, der Hölle auch über seinen Sohn gehen und lehrt dich, daran zu halten und macht sie unschädlich, zudem erträglich. Er gibt dir für das alles ein gewisses Wahrzeichen, damit du ja nicht daran zweifelst, nämlich die heiligen Sakramente ... Was kann oder soll er mehr tun? ... Deshalb muß man zusehen, daß man ja mit großen Freuden des Herzens danke seinem göttlichen Willen, weil er mit uns gegen Tod, Sünde und Hölle so wunderbar, reichlich und unermeßlich Gnade und Barmherzigkeit übt, und sich nicht so sehr vor dem Tod fürchten, sondern nur

Luther unter dem Kreuz Christi. Luther zeigt auf dem Bild auf die Bibelstellen Hebräer 4,16 (Laßt uns hinzutreten zu dem Thron der Gnade, damit wir Barmherzigkeit empfangen und Gnade finden zu der Zeit, wenn wir Hilfe nötig haben.) und darüber 1. Johannes 1,7 (Das Blut Jesu, seines Sohnes macht uns rein von aller Sünde.).
Gemälde von der Mitteltafel des Flügelaltars in der Weimarer Stadtkirche, begonnen von Lukas Cranach d. Ä., vollendet von seinem Sohn 1555.

seine Gnade preisen und lieben. Denn die Liebe und das Lob erleichtern das Sterben gar sehr. Dazu helfe uns Gott. Amen."[8]

Man spürt in diesem Sermon die Entschlossenheit, sich auf das „allein aus Gnaden" und „allein durch den Glauben" angesichts des Todes zu konzentrieren, und zwar nicht in der Form abstrakter Gedanken, sondern als ein „Bild", das ich in mich hineinbilde.

Es ist für Evangelische ungewohnt, daß da – geradezu gleichgeordnet mit Christus – zwischendurch die Heiligen auftauchen. Luther hat sich später entschlossen gegen die Anrufung der Heiligen gewandt, damit Christus als der Grund des Glaubens nicht verdunkelt wird. Gleichzeitig muß man aber bedenken, daß bei Luther die Heiligen begnadete Sünder sind. Er kann von der ganzen christlichen Gemeinde als von den Heiligen sprechen. Wir wissen auch bis heute, welche Kraft es haben kann, wenn uns das Sterben von Christenmenschen vor Augen steht.

Ich denke an Dietrich Bonhoeffers letzte überlieferte Worte:

„Das ist das Ende, für mich der Beginn des Lebens."[9]

Ich denke an Helmuth James Graf von Moltkes letzten Brief:

„… Der ganze Saal hätte brüllen können, wie der Herr Freisler, und sämtliche Wände hätten wackeln können, und es hätte mir gar nichts gemacht; es war wahrlich so, wie es in Jesaja 43,2 heißt: Denn so du durch Wasser gehst, will ich bei dir sein, daß dich die Ströme nicht sollen ersäufen; und so du ins Feuer gehst, sollst du nicht brennen, und die Flamme soll dich nicht versengen. – Nämlich deine Seele …"[10]

Oder auch an Hans von Haeftens Abschiedsbrief vom 15. August 1944, seinem Hinrichtungstag. Er hatte Freisler, der ihn gefragt hatte, wie er denn als Christ zu seinem Treueeid auf den Führer stehe, gesagt, daß der für ihn nicht mehr diese Bedeutung habe. Das hinge zusammen mit seiner Sicht der weltgeschichtlichen Rolle des Führers. Und man merkt, wenn man den Film sieht von dem Prozeß vor dem Volksgerichtshof, daß Freisler in dem Augenblick überrascht hinhört. Von Haeften fährt dann fort: „… daß er der große Vollstrecker des Bösen ist". Man merkt, wie es Freisler die Sprache verschlägt. Dann schreit er los, und von Haeften ist daraufhin einer der ersten Männer des 20. Juli, die hingerichtet werden. In seinem Brief schreibt er:

---

[8] WA 2, 689 f. 694. 695. 697.
[9] Dietrich Bonhoeffer: Widerstand und Ergebung. München, 1955, S. 292.
[10] Helmuth James von Moltke: Briefe an Freya. Hrsg. Von Beate Ruhm von Oppen, München, 1988, S. 605.

„... In diesen Haftwochen habe ich Gottes Gericht still gehalten und meine ‚unerkannte Missetat' erkannt und vor ihm bekannt ... Liebste Frau, ich sterbe in der Gewißheit göttlicher Vergebung, Gnade und ewigen Heils; und in der gläubigen Gewißheit, daß Gott all das Unheil, Schmerz, Kummer, Not und Verlassenheit, das ich über Euch gebracht habe und das mir das Herz abpreßt, aus Seinem unermeßlichen Erbarmen in Segen wandeln kann, daß Er Euch alle an Seinen Vaterhänden auf Euren Erdenwegen geleiten und endlich zu Sich ziehen wird ... Ich bin gewiß, sei Du es auch – daß wir beide mit allen unseren Lieben wieder vereinigt werden in Gottes unaussprechlichem Frieden (der vollkommenste Ruhe und zugleich seligste Bewegung in göttlichem Dienst ist), in der Anbetung und unmittelbaren Erfahrung göttlicher Liebe, in der wunderbaren Geborgenheit in des Heilands Gnade und Güte, in der erlösten Seligkeit der Gotteskindschaft. Auch schon auf Erden gehörst Du zum Leibe Christi, dessen Gliedschaft aufs innigste erfahren wird im Sakrament des Altars, in der Gegenwart des Herrn, der alle die Seinigen – sie mögen vor oder hinter der großen Verwandlung stehen – auf wunderbare Weise zusammenschließt ... So grüße ich Euch, meine Liebsten, mit dem alten Grußwort ‚Freuet euch – freuet euch in dem Herrn allewege und abermals sage ich: freuet euch! Und der Friede Gottes bewahre eure Herzen und Sinne in Christo.' "[11]

Alle Menschen mit ihren Fehlern, der Gnade bedürftig. Geheiligt dadurch, daß sie uns als Menschen vor Augen stehen, die auf Christus und die in seinem Kreuz erlebbare Gottesnähe gesetzt haben.

Es ist also sinnvoll, sich das Bild des für uns leidenden und gekreuzigten und auferstandenen Christus vor Augen zu stellen und sich ins Herz „einzubilden". Es ist ebenso sinnvoll, sich das Sterben einschließlich des Zweifelns von Christenmenschen vor Augen zu stellen.

Wir haben heute eher Schwierigkeiten, uns das Bild des ewigen Todes, des Gerichtes, der Hölle und der Sünde als Schreckensbild vor Augen zu stellen.

Die Reformation selbst hat dafür gesorgt, daß diese Schreckensbilder an eigenständiger Kraft verloren haben. Wir haben alle auch teil an der Säkularisierung unseres Alltags. Anderseits für manches brauchen wir nur einen Anstoß zur Übersetzung. Was heißt das ewiger Tod? Von Bertolt Brecht gibt es die frühe Ballade „Vom ertrunkenen Mädchen", die beginnt:

„Als sie ertrunken war und hinterschwamm
Von den Bächen in die größeren Flüsse
Schien der Opal des Himmels sehr wundersam.

---

[11] Barbara von Haeften: Aus unserem Leben 1944–1950. Privatdruck. ⁴1989, S. 47 ff.

Als ob er die Leiche begütigen müsse."

und endet:

„Als ihr bleicher Leib im Wasser verfaulet war
Geschah es (sehr langsam), daß Gott sie allmählich vergaß.
Erst ihr Gesicht, dann die Hände und ganz zuletzt erst ihr Haar.
Dann ward sie Aas in Flüssen mit vielem Aas."[12]

„... daß Gott sie allmählich vergaß ...", dahinter steckt ja sehr viel. Es ist die Frage, was denn das alles mit einem solchen Leben gewesen sein soll, wenn das alles verfault, verweht und vergessen ist.

Wofür stehen eigentlich unsere Grabsteine?

Viele wissen das längst nicht mehr. Da sie keinen Sinn darin sehen, wählen sie anonyme Gräber. Ist auch billiger. In jeder Hinsicht. Manchmal sieht man Angehörige verloren an solch einer Rasenfläche stehen und hilflos irgendwohin einen Blumenstrauß legen.

Unsere Grabsteine mit den Namen und Daten darauf sind, wenn sie nicht nur als Kurzzeitberuhigungspillen gemeint sind, zeitliche Symbole für das ewige Nichtvergessenwerden durch Gott.

Denn wir nehmen uns zwar vor, die Toten nicht zu vergessen, aber wir verwehen ja selbst, und „die Toten reiten schnell". Wie bald weiß man nichts mehr von ihnen und von uns. Was war das dann, diese Lebenssekunde in diesem unendlichen Kosmos? War es doch letztlich nonsense? Die ganze Quälerei, alle Bemühung, alles Scheitern, alle Sünde, alle Vergebung, alles Weinen, alles Lachen, alle Freude, alles Glück, ins Nichts verpufft?

Wer diese Fragen ernsthaft stellt, dem schlägt es auf die Seele. Was lohnt sich eigentlich?

Ein erfülltes Leben braucht eine Verankerung im letzten Grund dieser Welt. Mehr noch, es braucht den Blick Gottes, es braucht das Angesehenwerden von Gott und allen Engeln, Ja, es braucht die Nächsten als begnadete Heilige und cooperatores dei, durch die hindurch – bis zu den Grabsteinen – etwas von Gottes Erinnern, von seinem Wahrnehmen, von seiner Liebe, die die Zeit überdauert, jedenfalls partiell spürbar wird. Ein Grabstein ist der Versuch, eine Eintragung ins Buch des Lebens abzubilden.

Wir begreifen, wir brauchen den Mensch gewordenen Gott. Wir brauchen Christus, und zwar den, der unser Bruder geworden ist bis in die tiefsten Höllen unse-

---

[12] Bertolt Brecht: Gedichte. I. Gesammelte Werke. Bd. 8. Frankfurt a. M., 1967, S. 252.

res Daseins hinein. Nur so wird uns deutlich, daß wir auch im Tod jene geschenkte Würde, die uns im Glauben verheißen ist, behalten.

Das Signal des Glaubens heißt: Es war gut, daß es dich gegeben hat. Es war richtig, daß du dich gequält und gemüht hast. Es war richtig, daß du bei allem Scheitern mit deinen leeren Händen auf Christus vertraust.

Das ist jetzt nur ein kleiner Versuch, mit unsern heutigen Gedanken zu überlegen, was es heißen könnte, das Bild Christi und seiner Heiligen in sich hineinzubilden. Jedenfalls ist deutlich, dumm ist das eigentlich nicht. Ich möchte darauf jedenfalls nicht verzichten.

c) Pestzeiten. 1527

Wir machen einen Sprung ins Jahr 1527. Der ehemalige Mönch und Professor für biblische Theologie, Dr. Martinus Luther, hat endlich die längst fällige Ausweitung seiner Klosterexistenz geschafft. Die Zeit, daß im grauen Kloster, das ihm, nachdem die meisten Brüder getreu seiner Weisung das Weite gesucht hatten, vom Kurfürsten zur Verfügung gestellt worden war, das Stroh seines bescheidenen Nachtlagers zu schimmeln anfing und seine Kleidung verrottet wirkte, ist längst vorüber. Morgens manchmal, wenn er aufwacht, sieht er mit Verwunderung einen Zopf neben sich im Bett und denkt: Ich habe ja ein Eheweib. 1525 im Bauernkrieg, in einer Zeit, in der alles auf der Kippe stand, schrieb er:

> „Und kann ich's einrichten, ihm (dem Teufel zum Trotz), will ich meine Käthe noch zur Ehe nehmen, ehe denn ich sterbe ... Ich hoffe, sie sollen mir doch nicht meinen Mut und meine Freude nehmen ..."[13]

Er heiratet am 13. Juni 1525 im Alter von 42 Jahren Katharina von Bora, die damals 27 Jahre alt war, man muß vielleicht sogar sagen: Sie heiratet ihn.

Übers Jahr meldet er wiederum an Johann Rühel:

> „... daß mir meine liebe Käthe von großer Gottesgnaden einen Hansen Luther gebracht hat gestern um zwei ..."[14]

Das ist also schon eine kleine Familie. Und wenn sich nun der Tod in der Gestalt der Pest meldet und Einzug in Wittenberg hält, dann hängt da mehr dran als nur das eigene Leben. Dann sind die anderen mitbetroffen.

> „In meinem Hause ist allmählich ein Hospital entstanden. Hanna, Augustins Frau, hat die Pest in sich gehabt, kommt aber wieder auf. Margarethe von

---

[13] Brief vom 4. (5.?) Mai 1525 an Johann Rühel aus Seeburg. WA Br 3, 482.
[14] WA Br 4, 87.

Mochau hat uns durch ein verdächtiges Geschwür und andere Anzeichen angst gemacht, obwohl auch sie wieder gesund wird. Ich fürchte sehr für meine Käthe, die der Niederkunft nahe ist (Elisabeth wird erwartet), denn auch mein Söhnchen ist seit drei Tagen krank, ißt nichts und fühlt sich schlecht. Man sagt, es sei der Schmerz vom Zähnekriegen, aber man glaubt, daß beide in großer Gefahr sind. Denn des Kaplans Georg (Rörers) Frau, die selber unmittelbar vor ihrer Niederkunft steht, ist von der Pest ergriffen worden, und man versucht bereits, ob das Kind irgendwie gerettet werden kann; der Herr Jesus stehe ihr barmherzig bei ..."[15] (Sie stirbt bald danach.)

Jetzt hängt eine Familie und sehr viel mehr daran.

Die Studenten und Professoren haben Wittenberg verlassen und sind nach Jena gezogen wegen der Pest. Luther sollte auch mit. Er hat sich geweigert. Die Leute brauchen ihn als Seelsorger und Prediger. Er ist nicht abkömmlich. Der Brief vom 1. November 1527 zeigt die Ängste. Er zeigt das Mittel gegen den Tod:

„Ein Trost bleibt, den wir dem wütenden Satan entgegensetzen: daß wir wenigstens das Wort Gottes haben, um die Seelen der Gläubigen zu retten, wenn er auch die Leiber verschlingt. Darum befiehl uns den Brüdern und dir selbst, daß ihr für uns betet, daß wir die Hand des Herrn tapfer ertragen und des Satans Macht und List besiegen, ‚es sei durch Tod oder durch Leben' (Philipper 1, 20f.). Amen."[16]

Der Tod kommt aus des verborgenen Gottes Hand, sogar Christus kann in dem Brief für den verborgenen Gott stehen. Dennoch ist der Tod gleichzeitig ein Werk des Teufels, von Gott zugelassen, auch göttlich gewirkt, aber da er geeignet ist, uns von Gott zu trennen, ist der Tod doch auch ein Werk des Teufels.

Wir spüren bei Luthers Reden vom Tod: Das ist keine graue Theorie. Der Seelsorger wird an die Sterbebetten gerufen. Und wenn zu Hause der kleine Hans schreit, weil er Zähne bekommt, schleicht sich die Angst mit hinein, ob nicht dadurch die Anfälligkeit für die Pest steigt, von der Angst um Käthe ganz zu schweigen.

Alles aber, was geschieht, wird im Gebet verarbeitet, wird auf Gott hin befragt. In der tiefen Fensternische pflegt er morgens und abends zu stehen, der Doctor Martinus, und zum Fenster hinaus laut zu beten. Lange und ausführlich hat er das offenbar getan. „Ich habe heute viel zu tun, darum muß ich viel beten", hat er gesagt. Die ihn beim Beten aus der Ferne beobachten, staunen, wie einer solche Kraft aus seinem Gebet schöpfen kann. Zwiesprache mit Gott, gerade auch in den Zeiten, in denen der Teufel regiert und der Beter selbst oft nicht weiß, ob er Gott

---

[15] Brief vom 1. November 1527 an Nikolaus von Amsdorf. WA Br 4, 275.
[16] A. a. O.

richtig versteht und wessen Werkzeug er ist. Zeiten, in denen immer wieder der Weg vom unverständlichen, verborgenen Gott zum in Christus offenbaren Gott freigekämpft werden muß. Diese erfahrene Gottesnähe schafft freilich Freiheit zum nüchternen Umgang mit den praktischen Fragen des Sterbens durch die Pest.

„Ob man vor dem Sterben fliehen möge. 1527", heißt eine Schrift,[17] die Luther auf Anforderung der Breslauer Pfarrerschaft mit großer Verspätung, allerdings nun kompetent, weil er die Pestsituation aus Wittenberg inzwischen kennt, schreibt. Wer darf bei einer Pest seine Stadt verlassen, und wer muß bleiben? Sehr nüchtern klärt Luther dieses Problem: Wer ein Amt hat, muß bleiben. Ein solches Amt hat der Pfarrer für seine Gemeinde, haben die Stadtoberen für die ihnen anvertrauten Menschen, die Herren für die Knechte, die Herrinnen für die Mägde, aber auch die Knechte für die Herren und die Mägde für die Herrinnen, die Eltern für die Kinder und wiederum die Kinder für die Eltern. Wer kein solches Amt hat und es im Gewissen vertreten kann, soll gehen. Man muß nüchtern mit der Krankheit umgehen, nicht albern heroisch und nicht unsinnig ängstlich.

> „Wir sollen gegen alles Übel bitten und uns auch davor hüten, wie wir können; jedoch so, daß wir damit nicht gegen Gott handeln, wie oben gesagt ist. Will uns Gott drinnen haben und erwürgen, so wird uns unser Hüten nichts nützen. Ein jeder stelle sein Herz so: Ist er gebunden, so daß er bei Sterbensgefahr an seinem Ort bleiben muß, seinem Nächsten zu Dienst, so befehle er sich Gott und spreche: Herr, in deiner Hand bin ich, du hast mich hier angebunden, dein Wille geschehe. Denn ich bin deine arme Kreatur. Du kannst mich hierin töten und erhalten ... Ist er aber frei und kann fliehen, so befehle er sich auch dann Gott und spreche: Herr Gott, ich bin schwach und furchtsam, darum fliehe ich vor dem Übel und tue soviel dazu, wie ich kann, daß ich mich davor hüte. Aber ich bin trotzdem in deiner Hand, in diesem und in allem Übel, die mir begegnen können. Dein Wille geschehe. Denn mein Flucht wird's nicht tun, zumal ja überall nur Übel und Gefahr sind; denn der Teufel feiert und schläft nicht, der von Anfang an ein Mörder ist und immer nur Mord und Unglück anzurichten sucht."[18]

Wo es ein sorgfältiges Stadtregiment gibt, gibt es Stifte, Spitäler und Siechenhäuser, da kann geholfen werden.

> „Wo nun das Sterben hinkommt, da sollen wir, die bleiben, uns rüsten und trösten, besonders die wir aneinander gebunden sind ... so daß wir uns nicht verlassen noch voneinander fliehen können.
>
> Erstens (sollen wir uns) damit trösten, daß wir gewiß sind, es sei Gottes Strafe uns zugeschickt, nicht allein um die Sünde zu strafen, sondern auch, um unse-

---

[17] WA 23, 338–379.
[18] A. a. O., S. 350

ren Glauben, unsere Liebe zu erproben – den Glauben, damit wir sehen und erfahren, wie wir uns gegen Gott stellen, die Liebe aber, auf daß man sehe, wie wir uns gegen den Nächsten stellen. Denn obwohl ich meine, daß alle Pest durch die bösen Geister unter die Menschen gebracht wird, wie auch andere Plagen, die die Luft vergiften oder uns sonst mit einem bösen Odem anblasen und damit die tödlichen Gifte in das Fleisch schießen, so ist es doch gleichwohl Gottes Verhängnis und seine Strafe, der wir uns mit Geduld unterwerfen und in welcher wir unserem Nächsten zu Dienst unser Leben so der Gefahr aussetzen sollen, wie 1. Johannes 3,16 lehrt und spricht: ‚Hat Christus sein Leben für uns gegeben, so wollen wir auch für die Brüder unser Leben lassen.'

Wenn aber jemanden das Grauen und die Scheu vor den Kranken befällt, der soll sich einen Mut fassen und sich so stärken und trösten, daß er nicht zweifle, es sei der Teufel, der solche Scheu, Furcht und Grauen im Herzen erregt ... Hat Christus sein Blut für mich vergossen und sich um meinetwillen in den Tod gegeben, warum sollte ich mich nicht auch um seinetwillen in eine kleine Gefahr begeben und eine ohnmächtige Pest nicht anzusehen wagen? Kannst du schrecken, so kann mein Christus stärken; kannst du töten, so kann Christus Leben geben; hast du Gift im Maul, Christus hat noch viel mehr Arznei ...

Es gibt freilich Leute, die wollen besonders kühn sein und verachten es, Arznei zu nehmen und meiden die Stätten und Personen nicht, die die Pest gehabt haben, wollen damit ihre Kühnheit beweisen und sagen, es sei Gottes Strafe. Wolle er sie behüten, so würde er das wohl auch ohne alle Arznei und unseren Fleiß tun. (Aber das ist nicht richtig.) Nicht so, meine lieben Freunde, das ist nicht fein getan, sondern gebrauche die Arznei, nimm zu dir, was dir helfen kann, räuchere Haus, Hof und Gasse, meide auch Personen und Stätten, wo dein Nächster dich nicht braucht oder wieder gesund ist, und verhalte dich wie einer, der ein allgemeines Feuer gern dämpfen helfen wollte. Denn was ist die Pest anderes als ein Feuer, das nicht Holz und Stroh, sondern Leib und Leben auffrißt."[19]

Im übrigen soll man das Volk ermahnen, daß es die Predigt hört und aus Gottes Wort lernt, wie zu leben und zu sterben ist.

Zweitens soll jeder sich selbst beizeiten darauf einstellen und zum Sterben bereit sein durch Beichten, dadurch daß er zum Abendmahl geht, alle acht Tage oder vierzehn Tage einmal, daß er sich mit seinem Nächsten versöhnt, sein Testament macht, „... auf daß er, wenn der Herr anklopft und er übereilt würde, ehe Pfarrherr oder Kaplan dazukommen können, gleichwohl seine Seele versorgt und sie nicht versäumt, sondern Gott befohlen" ist.

---

[19] A. a. O., S. 354 ff.

In dieser Schrift, ob man vor dem Sterben fliehen möge, zeigt sich, was es bedeutet, daß Luther auf der einen Seite die persönliche Beziehung im Gebet zu Christus hat und daß er andererseits in den Ereignissen Gottes schwer zu begreifendes Wirken erfährt und ausspricht. Wenn beides zusammenkommt, ergibt das einen sehr freien, vernünftigen und wirksamen Umgang mit solch einer Situation.

Man spürt bei dem, was Luther schreibt, überall, wie harmlos wir in unserem Reden von Gott geworden sind, wenn wir überhaupt noch von ihm reden.

Hat denn die Pest, hat denn Aids, hat denn Krebs etwas mit Gott zu tun? In unseren Predigten ist Gott wesentlich der liebe Gott. Der unverständlich handelnde Gott hat auch in der Kirche kaum noch Raum. Wir haben keine Sprache mehr für ihn. Dabei ist diese „durchwachsene" Gotteserfahrung unser alltägliches Leben. Aber wie Gott und das Böse oder Gott und das Unglück zusammenzudenken sind, ist nur selten ein Thema.

Das hat sich bei uns auch deutlich bei den Beerdigungen und bei den Gesprächen über das Sterben gezeigt. Typisch dafür ist ein Gedicht von Kurt Marti, vor 25 Jahren erschienen. Links auf der Seite steht: „Wir sind Protestleute gegen den Tod" (Christoph Blumhard). Rechts steht das Gedicht:

> dem herren unserem gott
> hat es ganz und gar nicht gefallen
> daß gustav e. lips
> durch einen verkehrsunfall starb
> erstens war er zu jung
> zweitens seiner frau ein zärtlicher mann
> drittens zwei kindern ein lustiger vater
> viertens den freunden ein guter freund
> fünftens erfüllt von vielen ideen
> dem herrn unserm gott
> hat es ganz und gar nicht gefallen
> daß einige von euch dachten
> es habe ihm solches gefallen
> im namen dessen der tote erweckte
> im namen des toten der auferstand:
> wir protestieren gegen den tod von gustav e. lips
>
> (Kurt Marti)[20]

Es ist deutlich, daß Kurt Marti den Tod hier biblisch sachgemäß als den letzten Feind behandelt. Im Namen des auferstandenen Christus protestiert er gegen den

---

[20] Kurt Marti: Leichenreden. Neuwied, 1969.

Tod. Aber so, wie es da zum Ende der sechziger Jahre geschrieben stand, paßte es auch wunderbar in unsere Fortschrittsbegeisterung einer zu verändernden und besser zu machenden Welt. Verkehrsunfälle gehören abgeschafft. Gott will das nicht. Das war die Botschaft. Die Nachricht hieß aber gleichzeitig, mit Verkehrsunfällen hat Gott eigentlich nichts zu tun. Das machen eben die Menschen. Bis heute gibt es für manche Prediger die Schwierigkeit, Gott und den Unfall, Gott und das Böse, Gott und das Leiden zusammenzudenken. Das muß unterschieden und es muß zusammengedacht werden. Luthers Brief aus der Pestzeit ist ein wunderbares Beispiel einer viel besseren Theologie. Auch Luther gehört zu den Protestleuten gegen den Tod. Natürlich. Wieso auch nicht? Der Tod ist eine Erfindung des Teufels. Aber im Tod geschieht es auch, daß Gott uns in Jesus Christus heimsucht. Deshalb ist der Tod eine Gefährdung für den Glauben und gleichzeitig das besondere Ereignis der Gottesnähe, jedenfalls für den, der Christi Höllenfahrt vor Augen hat. Der Trend der letzten Jahrzehnte lief aber anders. Noch ein Gedicht von Kurt Marti:

ihr fragt
wie ist
die auferstehung der toten?
    ich weiß es nicht

ihr fragt
wann ist
die auferstehung der toten?
    ich weiß es nicht

ihr fragt
gibts
eine auferstehung der toten?
    ich weiß es nicht

ihr fragt
gibts
keine auferstehung der toten?
    ich weiß es nicht

ich weiß
nur
wonach ihr nicht fragt:
    die Auferstehung derer die leben

ich weiß
nur
wozu Er uns ruft:
    zur Auferstehung heute und jetzt.[21]

Auch dies ist ein Umgang mit der Auferstehung voll im Trend des Zeitgeistes. Wir fragen nicht mehr nach der Auferstehung der Toten. Darüber wissen wir sowieso nichts. Wir fragen nach der Auferstehung hier und heute. Es geht nicht um das Leben nach dem Tod, sondern um das Leben vor dem Tod.

---

[21] A. a. O.

Dies ist eine theologische Argumentationsfigur, die nicht nur falsch ist – denn wer Vertröstung auf das Jenseits propagiert, um von den Aufgaben im Diesseits abzulenken, der irrt. Man kann es verstehen als einen Pendelausschlag einer bestimmten Zeit. Aber das Pendel muß zurückschlagen. Beides muß gesagt werden. Es gibt ein Leben vor dem Tod. Das ist sehr oft verbesserbar. Aber wer nichts weiß vom ewigen Leben, dessen „Leben vor dem Tod" hängt in einer katastrophalen Weise in der Luft. Um der Würde dieses Lebens ist es nötig, vom ewigen Leben zu sprechen. Das Geheimnis der Geburt, das Geheimnis unseres Todes, die Gewißheit, daß unser Leben eben nicht von Gott vergessen wird, ist grundlegend. Gerade das Leben vor dem Tod braucht das ewige Leben in Gott als Grund unseres Lebens hier.

Luthers Umgang mit der Pest, besonders in seinem Brief vom 1. November, zeigt, daß wir, wenn wir von Gott reden wollen, komplementär denken müssen. Es sind unterschiedliche, scheinbar sich widersprechende Aussagen aufgrund verschiedener Aspekte des Lebens nötig. Es ist immer zusammenzudenken das schuldhafte Handeln von Menschen und Gottes darin verborgenes, oft unbegreifbares und doch so nötiges Wirken. Denn wenn die Pestzeiten der unterschiedlichsten Sorten bis heute kommen: Ich möchte letztlich in Gottes Hände fallen, auch wenn nur die Hände der Menschen oder der unglücklichen Abläufe sichtbar sind. Ich weiß, daß ich dem Bösen in mir und dem Bösen durch andere wehren muß und bei solchem Wehren darauf achten muß, daß nicht Böseres daraus wird. Ich bin verantwortlich. Gleichzeitig bin ich mit meinen guten wie bösen, wie durchwachsenen – was sie zumeist sind – Taten immer auch Teil des Handelns Gottes. Es ist zu unterscheiden, ob ich von meinem Tun, von meinen geschehenen Taten rede oder auf das Schicksalhafte in einem Geschehen achte. Das braucht seine jeweils unterschiedliche und sich manchmal scheinbar widersprechende Sprache.

Wer die Verantwortung für das eigene Tun und die Verflochtenheit eben dieses Tuns in das für mich und andere schicksalhafte Geschehen eindimensional auf die Reihe bringen will, kommt in größte Schwierigkeiten. Es ist unausweichlich, unsere Wirklichkeit komplementär, d.h. die jeweilige „Versuchsanordnung" berücksichtigend, zu durchdenken.

In dieser Zeit, am 6. Juli 1527, erlitt Luther eine starke Depression und wurde von irgendeiner Krankheit angefallen. Das führte für ihn zu schweren Anfechtungen. Wir haben Kenntnis darüber von seinen Freunden Bugenhagen und Jonas und auch aus seinen eigenen Briefen und Erzählungen. Am 10. Juli 1527 schreibt Luther an Spalatin:

„Vorgestern bin ich von einer plötzlichen Ohnmacht so ergriffen worden, daß ich verzweifelt und völlig unter den Händen meiner Frau und der Freunde zu vergehen meinte; so ganz war ich mit einem Mal aller Kräfte beraubt. Aber der Herr erbarmte sich meiner und stellte mich bald wieder her."[22]

Das muß ziemlich schlimm gewesen sein. In den Berichten der Freunde heißt es, es sei ihn eine große Verzweiflung angekommen. Bugenhagen schreibt:

„Er ließ mich plötzlich um die achte Stunde vor Mittag durch seinen Diener rufen. Mir war diese plötzliche Berufung verdächtig ... Ich fragte ihn also, wozu er mich rufen lasse? Er erwiderte, es sei nichts Schlimmes. Als wir aber hierauf in sein Schlafzimmer gingen und für uns waren, stellte er all seine Sachen Gott anheim und beichtete seine Sünden, und erbat sich von mir – er, der Meister, von mir, seinem Schüler! – das Wort göttlicher Tröstung aus der Heiligen Schrift und die Lossprechung von seinen Sünden, und er ermahnte mich, für ihn zu beten ... Nach der Beichte, wo er von seiner Anfechtung sprach, die er erlitten hatte – aber er vermochte nicht zu erklären, wie er sie hatte ertragen können –, sagte er: Wegen meines äußeren Verhaltens glaubt man von mir, daß ich auf lauter Rosen wandle, aber Gott kennt mein Leben. Ich habe oft versucht, der Welt mit ernster Miene und dem Schein der Heiligkeit zu dienen, aber Gott hat es mir nicht gegeben. Die Welt hat nichts, was sie mir mit Wahrheit vorwerfen kann, und doch nimmt sie an mir Anstoß. Vielleicht will Gott die Welt auf diese Weise töricht, blind und undankbar machen, daß sie an ihrer Mißachtung zugrunde geht ..."

Justus Jonas berichtet:

„... Nachdem ich gewartet hatte, steht der Doktor vom Bette auf, um mit uns zusammen zu essen. Er klagt über ein tiefes und beschwerliches Dröhnen im linken Ohr (wovon die Ärzte sagen, daß es einer Ohnmacht vorangeht); und als dann dieses Dröhnen immer heftiger wird, sagt der Doktor, er könne vor Schwäche nicht sitzenbleiben. Er geht hierauf in sein Schlafgemach, um sich wieder zu Bett zu legen. Ich gehe ihm allein sogleich nach. Die Doktorin gibt noch unten auf der Treppe einer Magd irgendeinen Auftrag. Aber ehe sie dasein konnte, so überaus sie auch eilte, wurde der Doktor am Eingang seines Schlafgemachs von einer Ohnmacht gepackt; plötzlich sagt er: O, Herr Doktor Jona, mir wird übel! Wasser her oder was ihr habt, oder ich vergehe! – Ich ergriff ein Krüglein, das gerade zur Hand war, und, bestürzt und zitternd goß ich ihm kaltes Wasser ins Gesicht und in den Rücken, den ich ihm bloß machte. Darüber begann er: ‚O, lieber Herr, wenn es dein Wille ist, wenn dies die Stunde ist, die du mir vorbestimmt hast, so geschehe dein Wille.' Und er betete mit großer Glut des Herzens, die Augen zum Himmel erhoben, das Vaterunser und den ganzen (6.) Psalm: ‚Ach Herr, strafe mich nicht in deinem Zorn' und diesen (51.) ‚Gott sei mir gnädig!' Als die Frau ihn zusammen-

---

[22] WA Br 4, 221. Nr. 1121.

brechen sah, war sie zuerst selbst fast ohne Leben; dann rief sie nach den Mägden. Alsbald hieß der Doktor, ihm die Schuhe auszuziehen, die ich sogleich ergriff und hinwarf. Dann ruhte er auf dem Ruhebett, in steiler Lage, klagte, daß alle Kräfte ihn verließen und raffte sich wieder zum Gebet zusammen: „Herr, mein allmächtiger Gott, wie gern hätte ich mein Blut vergossen für dein Wort, du weißt es, aber vielleicht bin ich es nicht wert. Dein Wille geschehe. Wenn es so dein Wille ist, will ich sterben, auf daß nur verherrlicht werde dein Name, sei es durch mein Leben oder durch meinen Tod ...' Unterdes fragt er, ob der Arzt Doktor Augustinus (Schorff) gekommen sei. Der kam nicht lange darauf, wandte gewärmte Kissen und andere Wärmemittel an, sprach ihm Mut und Trost zu: Er solle sich nicht so betrüben ... Unterdes sprach er zwei- oder dreimal zu seiner Frau: Mein allerliebste Käthe, ich bitte dich, so es Gottes Will ist, daß du dich in Gottes Willen ergebest. Du bist mein ehelichs Weib, du wollest das ja gewiß behalten und nach Gottes Wort dich richten ... Darauf fuhr er fort: O, wie werden die Schwärmer ein Wesen anrichten nach meinem Tode! – Hier vergoß er unter Schluchzen reiche Tränen. Außerdem fügte er noch dies hinzu: Mein lieber Gott und Vater, ich bin unterzeiten leichtfertig mit Worten gewest, du weißt, daß ich es getan habe, die Traurigkeit meines Fleisches zu vertreiben, nicht mit schlechtem Gewissen. Dazwischen wandte er sich an uns und sprach so: Ihr möget Zeugen sein, daß ich nicht widerrufen habe, was ich über Buße und Rechtfertigung gegen den Papst geschrieben habe, sondern daß ich glaube, es sei Gottes Evangelium und Gottes Wahrheit ... Unterdessen wurden gewärmte Kissen angewandt und dabei begann er, nach seinem Söhnlein zu fragen: Wo ist denn mein liebstes Hänschen? – Der Knabe wurde gebracht und lachte den Vater an; da sagte er: O, du gutes, armes Kindlein! Nun, ich befehle meine allerliebste Käthe und dich meinem allerliebsten und frommen Gott. Ihr habet nix. Der Gott aber, der da ist der Vater der Unmündigen und der Amtmann der Witwen, wird euch wohl bewahren und ernähren. – Damit schloß er und sprach mit seiner Frau über die silbernen Becher und setzte hinzu: Du weißt, daß wir sonst nichts haben; so erschreckt und niedergeschlagen seine Frau war, stellte sie sich doch hoffnungsvoll und unterdrückte den Schmerz in ihrem Herzen und erwiderte auf alles dies: Mein liebster Herr Doktor, ist es so Gottes Will, so will ich Euch bei meinem HerrGott lieber denn bei mir wissen. Es ist nicht allein um mich und um mein Kind zu tun, sondern um viel frommer Christenleut, die Eur noch (be)dürfen; wollt euch meinethalben nicht bekümmern. Ich befehl Euch seinem göttlichen Willen. Es wird euch Gott wohl erhalten ... Am andern Tag sagte der Doktor zu mir: ... Ich bin gestern zu Schule gewesen. – Ebenso sagte er, daß die gestrige geistige Anfechtung zweimal so schwer gewesen sei als die körperliche Erkrankung, die am Abend erfolgt sei."[23]

---

[23] Luther im Gespräch. A. a. O., S. 391–397.

In diese Zeit hinein kommt auch noch die Nachricht, daß der Prediger Leonhard Kaiser aus Schärding am Inn, der in Wittenberg studiert hat, ermordet worden ist, wie der Prediger Winkler aus Halle vier Monate vorher. Dies nimmt Luther furchtbar mit. Warum ist er nicht statt ihrer gestorben?

Man muß sich darüber im klaren sein, daß Luther auf dem Hintergrund solcher Erfahrungen dann das Lied über den von ihm besonders geliebten Psalm 46 verfaßt hat: Ein feste Burg ist unser Gott. Man stellt sich dabei immer wieder einen unangefochtenen, stabilen Christenmenschen vor. Nach dieser schweren Ohnmacht und Depression mit der Empfindung der Todesnähe schreibt Luther drei Wochen später an Melanchthon:

> „Ich bin mehr als die ganze Woche so im Tod und in der Hölle hin- und hergeworfen worden, daß ich jetzt noch am ganzen Körper mitgenommen bin und an allen Gliedern zittere. Ich habe Christus ganz verloren und wurde von den Fluten und Stürmen und der Verzweiflung und der Gotteslästerung geschüttelt. Aber von den Gebeten der Heiligen (der gläubigen Freunde) bewegt, hat Gott begonnen, sich meiner zu erbarmen und meine Seele aus der tiefsten Hölle herausgerissen. Laß auch du nicht ab, für mich zu beten, wie auch ich für dich. Ich glaube, daß mein Kampf auch anderen dient."[24]

Das Lied „Ein feste Burg ist unser Gott" ist das Mutmachlied eines angefochtenen Menschen. Wenn man das weiß, läßt es sich leichter singen.

d) Der silberne Quell

Vor Jahren lag ich nach einer unangenehmen Blasenoperation, mich noch mit den Folgen herumschlagend, darnieder, hatte gerade die kleine sechsbändige Inselausgabe mit Luthers Werken geschenkt bekommen und las seine hochinteressanten und munteren Briefe. Da war zu lesen ein Brief an Melanchthon in Schmalkalden, ausgefertigt in Tambach, 27. Februar 1537:

> „Meinem herzallerliebsten Magister Philippus Melanchthon. Gelobt sei Gott und der Vater unsers Herrn Jesus Christus, der Vater der Barmherzigkeit und allen Trostes! (2. Korinther 1,3), mein liebster Philippus, der sich in dieser zweiten Stunde der Nacht euer Gebete und Tränen erbarmt und mir den Uringang und die Blase ganz unverhofft geöffnet hat, als ich aufstand (wie du es kennst) und vergeblich versuchte, zu pissen. Kaum eine Viertelstunde verging und beinah achtmal ist Urin abgegangen, mehr als ein sechstel Maß jedesmal, daß ich schon mehr als eine Kanne von mir gegeben habe, so zwingt mich freilich die Freude, dieses Wasser zu zählen, das anderen ganz minderwertig,

---
[24] WA Br 4, 226 f. Nr. 1126.

mir aber höchst wertvoll ist, deshalb habe ich dich nicht länger warten lassen wollen.

Wollest solches auch meinem allerliebsten und gnädigsten Herrn anzeigen und den andern allen. Denn ich hab wohl erfahren, wie herzlich gerne sie mir geholfen hätten. Es gehe mir nun, wie Gott will, zum Tod oder Leben, so bin ich noch wohl bereit, weil ich nicht allein aus dem Schacht wieder in unser Vaterland gekommen bin, sondern auch die Gnade gekriegt, daß ich wieder die silberne Quelle habe. Denn es dringt getrost hernach, daß ich auch diesen Brief (wiewohl sehr eilend) geschrieben habe, abwechselnd Urin lassend und schreibend ..."[25]

Und am gleichen Tag schreibt er an seine Frau:

„Gnad und Friede in Christo! Du magst derweilen besondere Pferde mieten zu deiner Notdurft, liebe Käthe, denn mein gnädiger Herr wird deine Pferde behalten und mit dem Magister Philipp heimschicken. Denn ich selber bin gestern von Schmalkalden aufgebrochen und auf meines gnädigen Herrn eigenen Wagen hergefahren. Die Ursache ist die: Ich bin nicht mehr als drei Tage hier gesund gewesen, und es ist bis auf diese Nacht vom ersten Sonntag an kein Tröpflein Wasser von mir gekommen, habe nie geruht noch geschlafen, kein Trinken noch Essen behalten mögen. Summa, ich bin tot gewesen und hab dich mit den Kindlein Gott befohlen und meinem gnädigen Herrn, als würde ich Euch in dieser Sterblichkeit nimmermehr sehen; hat mich Euer sehr erbarmt, aber ich hatte mich dem Grabe beschieden. Nun hat man so fest gebetet für mich zu Gott, daß vieler Leute Tränen vermocht haben, daß mir Gott diese Nacht der Blasen Gang hat geöffnet, und in zwei Stunden wohl ein Stübchen (ein Liter) von mir gegangen ist, und mich dünkt, ich sei wieder von neuem geboren.

Darum danke Gott und laß die lieben Kindlein mit Muhme Lehne dem rechten Vater danken. Denn Ihr hättet diesen Vater gewißlich verloren."[26]

Ich konnte Luthers Empfindungen bei meiner Krankenbettlektüre vorzüglich verstehen. Was war denn da los? In Schmalkalden war er. Da waren ja die wichtigen Verhandlungen. Wie sollte man sich zum Konzil stellen? Wie sollte es weitergehen? Dann war er krank geworden. Luther hatte mit Blasensteinen zu kämpfen, und ihm war die Harnröhre gesperrt. Er versucht sich zu trösten: „Haben wir Gutes empfangen von Gott und sollten das Böse nicht auch annehmen? (Hiob 12,10) Der Herr hats gegeben, der Herr hats genommen; der Name des Herrn sei gelobt." (Hiob 1,21)

---

[25] Zitiert nach Bornkamm/Ebeling. A. a. O., S. 182. WA Br 8, 49 f.
[26] Zitiert nach Bornkamm/Ebeling. A. a. O., S. 183. WA Br 8, 50 f.

„Lange genug schon habe ich dieses Spiel gespielt gegen Papst und Teufel und wunderbarlich hat mich der Herr erhalten und gestärkt. Warum soll ich nicht jetzt mit Gleichmut tragen, was er mit mir nach seinem Willen vornimmt? ... Ich hätts unserm HerrGott gern abgebeten oder auch abgemurrt, daß ich in unseres Kurfürsten Land sterben dürfe, aber wenn das nicht so ist, so werde ich bereit sein zu welcher Stunde und wo der Herr mich rufen wird. Ich werde leben und sterben als ein Feind aller Feinde meines Herrn Christus, und wenn ich sterben werde in des Papstes Bann, so wird er selbst sterben im Bann meines Herrn Christus ... Anderntags, d. i. am 26. Februar, mußte er sich übergeben, und da sagte er: Ach, lieber Vater, nimm das lieb Seelichen in deine Hand! Ich will dir danken, und ich lobpreise dich, und es sollen dich preisen alle deine Kreaturen; gib, daß ich rasch versammelt werde zu meinen Vätern! Als sein Erbrechen zu Ende war, sagte er: Fahr auch hinach, mein liebes Seelichen, fahre in Gottes Namen! Wie sind wir Menschen so arm und elend! Fast ist nichts mehr von Kraft in mir, und doch, was noch da ist, wie elend wird das geschlagen und gepeinigt vom Satan! Mein Vater, gib darum Standhaftigkeit und Geduld in deinem Glauben, auf daß ich überwinde. Euch aber, mein Amsdorf, empfehle ich mein Weib Käthe. Ich zweifle nicht daran, daß es der Teufel ist, der diese Schmerzen verursacht und so heftig macht. Er steckt Pflöcklein in uns, damit der Stein und Urin nicht ihren Weg nehmen können. Aber durch Gottes Gnade werde ich es besser haben nach diesem Leben. Deshalb ist es kein Schade, daß ich dies jetzt vom Teufel erdulde. Ich will gern zerscheitern gehen, wenn nur der Satan nicht siegt nach meinem Tod in der Kirche. Dies aber fürchte ich um so mehr, weil die Verachtung und die Undankbarkeit gegen das Evangelium so groß sind (hier vergoß er viele bittere Tränen, stieß tiefe Seufzer aus, schluchzte heftig und rang die Hände). Ich hab Sorg, es werde fallen das lieb Evangelion, denn ich glaube zu sehen, daß erst Streitigkeiten kommen werden, dann werden einzelne ihren Neigungen folgen ... So geht denn das Wort und die Ehre Gottes dahin. Wie ist es nu uns unter dem Papst so sauer geworden! ... Der Papst aber weiß, daß alle seine Sachen Lug und Trug sind ... Hier nahm er eine Medizin aus Mandelkernen zu sich und sagte: Gesegne mirs, lieber Gott, sei es zum Tode oder zum Leben!"[27]

Möglicherweise ist durch den mühsamen und schmerzhaften Transport auf den gefrorenen, unebenen Wegen und die Erschütterungen des Wagens das Abgehen des Harnsteines vorbereitet worden. In der Nacht löste sich die Harnverhaltung. Es dauerte noch eine Weile, bis Luther sich erholte. In den nächsten Tagen ging eine ganze Reihe von Steinen ab. Die Genesung machte langsam Fortschritte. Bemerkenswert ist, daß diese Qualen und die Nähe des Todes Luther offenbar

---

[27] Luther im Gespräch. A. a. O., S. 202 ff. WA Tr 3, 388 ff.

überhaupt nicht daran gehindert haben, seine ganze Abneigung gegen die reformationsunwillige Kirche in Rom immer wieder auszudrücken.

„Der Teufel haßt mich, deshalb macht er diese Krankheit so schlimm; er hat mich itzt in seine Klauen gekriegt. Habs auch wohl um ihn verdienet. Aber, Christe, räche du deinen Feind! Daß ich den Papst zerrauft hab, da hab ich wohl an tan; nun muß ich ihm hiewider halten. Soll nu etwas Guts draus kommen, dann möge das geschehen, daß nicht ich wiederhergestellt werde, sondern daß des Teufels Macht gebrochen werde in Ewigkeit ..."[27]

Am selben Tag sagt er in Gegenwart des kurfürstlichen Kämmerers, des edlen Herrn von Ponickau:

„Ich soll gesteinigt werden wie Stephanus und dem Papst hie ein Freude anrichten, aber ich hoffe, er wird nicht lang lachen. Mein Epitaphium (meine Grabschrift) soll wahr bleiben: Pestis eram vivens, moriens ero mors tua, papa (Pest war ich dir im Leben, im Tode werd ich dein Tod sein, Papst). Darauf dankte er Gott, daß er ihn im Glauben erhalten habe und in Bekenntnis des Wortes und seines Namens ... Als er auf den Wagen stieg, schlug er mit der Hand ein Kreuz und sprach zu uns Umstehenden: Der Herr erfülle euch mit seinem Segen und mit Haß gegen den Papst."[28]

Man nimmt das heute etwas kopfschüttelnd wahr. Ist das aus der Gesamtstimmung in Schmalkalden innerhalb des Schmalkaldischen Bundes zu erklären? Wenn die ja sehr dramatische Situation der Todesnähe gleichzeitig die Nähe des Jüngsten Gerichts für Luther bedeutet hat, dann erscheint es zunächst erstaunlich, daß diese polemische Art, mit dem Gegner umzugehen, sich so ungebrochen durchhält. Es zeigt aber auch, daß Luther diese Auseinandersetzung wirklich als eine Auseinandersetzung zwischen Christus und dem Antichrist empfunden hat. Das beweist die Schärfe der Auseinandersetzung. Es ist offenbar, daß die gegenseitigen Lehrverurteilungen das Zentrum des Glaubens betrafen. Es ist gut, daß wir heute Brücken des Verstehens zu bauen bemüht sind.[29]

e) Der Tod der Kinder

Schwer werden Käthe und Martin vom Tod der Kinder getroffen. Am 5. August 1528 schreibt Luther an Nikolaus Hausmann:

---

[27] Luther im Gespräch. A. a. O., S. 204. WA Tr 3, 390.
[28] Luther im Gespräch. A. a. O., S. 204 f. WA Tr 3, 390.
[29] Die Arbeiten an einer gemeinsamen Erklärung des Lutherischen Weltbundes und des Vatikan zur Rechtfertigungslehre und die vielfältigen Dialoge, besonders aber das Dokument „Lehrverurteilungen – Kirchentrennend?" sowie die offiziellen Stellungnahmen der Evangelischen Kirche in Deutschland im Jahre 1994 sind ein hoffnungsvolles Zeichen.

„Gnade und Frieden! Mein Hänschen dankt dir, bester Nikolaus, für die Klapper, von der er wunderlich Aufhebens macht und an der er sich freut ... Gestorben ist mein Töchterlein Elisabethchen. Es ist seltsam, welch trauriges, fast weibisches Herz sie in mir hinterlassen hat, so bewegt mich der Jammer über sie. Nie zuvor hätte ich geglaubt, daß die väterlichen Herzen bei ihren Kindern so weich werden. Du bitte für mich den Herrn ..."[30]

Elisabeth wurde am 10. Dezember 1527 geboren und starb am 3. August des folgenden Jahres.

An Johann Agricola schreibt er am 11. September in einem ernsten Brief, in dem sich das große Zerwürfnis über die Frage, ob der Glaube ohne gute Werke sein könne, schon andeutet, am Schluß:

„Gehab dich wohl in dem Herrn und grüße deine Else mit ihren Trauben. Mein Elschen hat der Herr genommen, damit sie kein Übel sähe."[31]

Am 28./29. September schreibt er an Eberhard Briesker in Altenburg:

„... Der Herr erhalte deinen Sohn. Ich habe wieder ein Töchterlein im Bauch. Gott gebe seinen Segen und bete. Dein Martinus Luther."[32]

Es ist erstaunlich, wie sicher sich Luther ist, daß es ein Mädchen wird. Er behielt recht. Magdalene wurde am 4. Mai 1529 geboren und war die große Freude ihrer Eltern.

Es ist bewegend, nur einfach an Hand der Briefe den Herbst des Jahres 1542 mitzuerleben.

An Markus Crodel schreibt Luther am 16. (?) September:

„Gnade und Frieden! Mein lieber Markus Crodel! Ich bitte dich, meinem Sohn Johannes zu verheimlichen, was ich dir schreibe: Meine Tochter Magdalene liegt beinahe in den letzten Zügen und wird bald dahingehen zu ihrem wahren Vater im Himmel, wenn Gott es nicht anders beschlossen hat. Aber sie verlangt so sehr danach, ihren Bruder zu sehen, daß ich einen Wagen schicken muß. Sie haben einander sehr liebgehabt – vielleicht kann sie durch seine Ankunft wieder Leben schöpfen. Ich tue, was ich kann, damit mich später nicht mein Gewissen quält, etwas unterlassen zu haben. Laß ihn also mit dem Wagen hierher fliegen, verschweige ihm den Grund. Er wird bald zurückkehren, wenn sie im Herrn entschlafen oder zum Leben zurückgekehrt ist. Lebe wohl im Herrn! Du mußt ihm sagen, es sei etwas, was man ihm heimlich befehlen

---

[30] WA Br 4, 511. Nr. 1303.
[31] WA Br 4, 558. Nr. 1322.
[32] WA Br 4, 540 f. Nr. 1310.

Magdalena Luther.
Gemälde von Lukas Cranach d. Ä. (?) (Der Verbleib des Bildes ist unklar.)

müsse. Sonst ist alles wohlauf. Am 6. September 1542, Dein Martinus Luther."³³

An Justus Jonas schreibt er am 23. September 1542:.

„... Ich vermute, daß die Nachricht zu dir gelangt ist, daß Magdalene, meine von Herzen geliebte Tochter wiedergeboren ist zum ewigen Reich Christi. Und obwohl ich und meine Frau nur fröhlich Dank sagen sollten für ihren so glücklichen Heimgang und ihr seliges Ende, durch das sie der Macht des Fleisches, der Welt, des Türken und des Teufels entgangen ist, so ist doch die Macht der natürlichen Liebe so groß, daß wir es ohne Schluchzen und Seufzen des Herzens, ja ohne große Abtötung nicht vermögen. Es haften doch tief im Herzen ihr Anblick, die Worte und Gebärden der Lebenden und Sterbenden, ganz gehorsamen und rücksichtsvollen Tochter, daß nicht einmal Christi Tod (und was sind alle Tode der Menschen verglichen mit seinem Tod) dies ganz vertreiben kann, wie es doch sein sollte. Sage du darum Gott Dank an unserer Statt. Denn wahrlich er hat ein großes Werk der Gnade an uns getan, daß er unser Fleisch so verherrlicht hat. Sie war (wie du weißt) von sanftem und freundlichem Wesen und allen lieb. Gelobt sei der Herr Jesus Christus, der sie berufen hat, erwählt und verherrlicht. Würde doch mir und allen den Meinen und all den Unseren ein solcher Tod, oder vielmehr ein solches Leben zuteil; das allein erbitte ich von Gott, dem Vater allen Trostes und aller Barmherzigkeit (2. Korinther 1,3). In ihm lebe recht wohl mit deiner ganzen Familie, amen. Sonnabend nach Matthaei 1542, Dein Martinus Luther."³⁴

Am 9. Oktober an Jakob Propst in Bremen:

„... Mir ist meine innigstgeliebte Tochter Magdalene hinweggenommen zum himmlischen Vater; im festen Glauben an Christus ist sie entschlafen. Ich habe den väterlichen Schmerz überwunden, aber mit einem sehr drohenden Murren gegen den Tod; durch diese Unwillensbezeugung habe ich meine Tränen gelindert. Ich habe sie sehr liebgehabt. Aber der Tod wird an jenem Tage die Rache erleiden, zusammen mit dem, der sein Urheber ist. Lebe wohl und bete für mich. Am Tage Dionysii 1542. Meine Käthe grüßt dich, noch schluchzend und die Augen vom Weinen naß. Dein Martinus Luther."³⁵

Am 22. September stirbt Katharina Jonas, die Frau von Luthers Mitstreiter und Freund Justus Jonas. Luther schreibt am 26. Dezember:

„Dem hochberühmten und besten Manne, Herrn Justus Jonas, Doktor der Theologie, Gesandten Christi, zu Halle in Sachsen, Propst zu Wittenberg,

---

[33] WA Br 10, 146. Nr. 3792.
[34] WA Br 10, 149 f. Nr. 3794.
[35] WA Br 10, 156. Nr. 3797.

Seinem ehrwürdigen Oberen im Herrn! Gnade und Friede in Christo, der unser Heil und Trost ist, bester Jonas. Ich weiß überhaupt nicht, was ich schreiben soll, so hat mich dieser, Dein plötzlicher Schicksalsschlag niedergeschmettert. Wir alle haben eine überaus geliebte Lebensgefährtin verloren. Sie war mir nicht allein in Wahrheit lieb, sondern ihr Anblick war mir immer höchst erfreulich und voll Trost. Da wir ja wußten, daß sie alle unsere Angelegenheiten, mochten sie gut oder böse sein, nicht anders aufnahm und hielt, als wären es ihre eigenen ... Von ungeheurem Schmerz bin ich geschlagen, wenn ich ihres überaus freundlichen Wesens, ihrer angenehmen Art, ihres so treuen Herzes gedenke. Es ist der Schmerz über den Verlust einer solchen Frau, die durch Frömmigkeit und Ehrbarkeit, Zucht und Freundlichkeit hervorstach, der bei mir solches Schluchzen hervorbringt. Was er bei dir hervorbringen wird, kann ich an meinem Fall leicht ermessen. Das Fleisch hat hier keinen Trost, man muß zum Geist gehen (und daran denken), daß sie in glücklichem Lauf uns vorangegangen ist zu dem, der uns alle berufen hat, und uns zu seiner seligen Stunde auch zu sich hindurchführen wird aus diesem Elend und der Bosheit dieser Welt, Amen.

Indessen magst du so trauern (denn Grund dazu ist ja da), daß Du Dich unseres gemeinsamen christlichen Loses erinnerst, daß wir, wie sehr auch immer, nach dem Fleisch durch diese schmerzlich harte Trennung geschieden werden, uns dennoch einst in jenem Leben in der lieblichsten Verbindung verbunden und versammelt sehen werden mit dem einen, der uns so geliebt hat, daß er mit seinem eigenen Blut und seinem Tod uns dieses Leben erkauft hat. ‚Wir sterben, und siehe, wir leben‘, wie Paulus sagt (2. Korinther 6,9; 2. Timotheus 2,11). Und es ist uns gut ergangen, wenn wir im reinen Glauben an den Sohn Gottes entschlafen. Denn wahrlich: ‚Deine Barmherzigkeit ist besser denn leben.‘ (Psalm 63,4) Wieweit, frage ich mich, sind von dieser Herrlichkeit und diesem Trost Türken, Juden und – schlimmer als diese – die Papisten, Kardinäle, Heinz und Mainz entfernt, die trauern sollten, damit sie nicht in Ewigkeit trauern müssen. Uns, die wir eine kleine Zeit traurig sind, wird unaussprechliche Freude empfangen (1. Petrus 1,6 u. 8), zu der deine Käthe und meine Magdalene mit vielen anderen uns vorausgegangen sind. Und sie rufen, ermahnen und locken uns täglich, daß wir ihnen folgen sollen ... Dies habe ich, da ich jetzt, bekümmert um deinetwillen, noch nichts anderes vermag, schreiben wollen, denn ich zweifle nicht, daß Du in schwerstem Kummer niedergedrückt bist. Meine Käthe war außer sich, denn die beiden waren ein Herz und eine Seele. Wir beten, daß Gott auch dein Fleisch trösten wolle, denn dein Geist hat etwas, dessen er sich freuen kann, wenn er bedenkt, daß die heilige und selige Frau von deiner Seite in den Himmel und zum ewigen Leben empor getragen ist, woran kein Zweifel sein kann, da sie mit so frommen, so heiligen Worten ihren Glauben bekannt hat und im Schoß Christi entschlafen ist. So ist auch meine einzige Tochter entschlafen, zu meinem großen und einzigen Trost. Der Herr, der dich hat niedrig werden lassen, der tröste dich wiederum hier und in Ewigkeit. Amen. Dienstag nach Christi Geburt 1542. Dein Martinus Luther D."[36]

Am gleichen Tag schreibt er an Markus Krodel in Torgau, bei dem Hänschen wieder angekommen ist:

„Gnade und Frieden! Ich glaube gern, mein lieber Markus, daß mein Sohn durch die Worte seiner Mutter weichgeworden ist, zumal noch die Trauer über den Tod seiner Schwester hinzukam. Aber rede du ihm gut zu! Denn es ist gewiß, daß er hier Lobreden gehalten hat über dich und deine Frau, er werde bei euch ebenso gut, ja besser gehalten als hier bei uns. Gebiete ihm also, diesen weibischen Sinn zu bezwingen und sich daran zu gewöhnen, Leid zu ertragen und dieser kindischen Weichlichkeit nicht nachzuhängen ..."[37]

Einen Tag später am 27. Dezember 1542 schreibt er an seinen Sohn Johannes selbst:

„Johannes Luther, seinem von Herzen geliebten Sohn, in Torgau. Gnade und Frieden im Herrn! Mein Lieber Sohn Johannes, ich und deine Mutter sind mit dem ganzen Haus wohlauf. Du siehe zu, daß du diese Tränen männlich überwindest, damit Du Deiner Mutter, die ohnehin zu Furchtsamkeit und Sorgen neigt, nicht noch mehr Schmerz bereitest und Befürchtungen nährst. Du gehorche Gott, der dich durch uns hierher zur Ausbildung befohlen hat und leicht wirst du diese Weichlichkeit vergessen.

Die Mutter konnte nicht schreiben und hielt es auch nicht für nötig und sagt, sie habe alles, was sie dir gesagt hat (wenn es dir vielleicht nicht gut ginge, solltest du zurückkommen), verstanden von einer Krankheit, damit du diese, sollte sie eintreten, unverzüglich anzeigen möchtest. Im übrigen will sie, daß du dieses Trauern ablegst, damit du froh und ruhig studieren kannst. Hiermit lebe wohl in dem Herrn! Am Tage Johannes Evangelistae 1542. Dein Vater Martinus Luther."[38]

Aber verwunden hat das Ehepaar Luther diesen Tod nie. Noch am 3. Juni 1545 schreibt Luther an Andreas Osiander:

„... Es ist uns zu Ohren gekommen, bester und liebster Osiander, Du seiest von neuem getötet und gleich mit zweifacher Todeserfahrung gemartert worden, nämlich durch den Tod deiner Frau und deiner liebsten Tochter. Und ich glaube nach der Erfahrung mit meiner herzlich geliebten Tochter gut und

---

[36] WA Br 10, 227–228. Nr. 3829.
[37] WA Br 10, 228 f. Nr. 3830.
[38] WA Br 10, 229. Nr. 3831.

gerne, daß ihr Tod für dich ein unvergleichlicher Schmerz ist. Es ist unglaublich, wie sehr mich der Tod meiner Magdalene quält, die ich noch immer nicht vergessen kann. Aber ich weiß sie ganz sicher am Ort der Erquickung (Apostelgeschichte 3,20) und des ewigen Lebens; und der Herr hat mir gerade in ihr ein großes Zeichen seiner Liebe gegeben, daß er mein Fleisch zu meinen Lebzeiten in seinen Schoß aufgenommen hat. Aber dies ist die natürliche elterliche Liebe, wie du weißt, die, mag sie auch gut und natürlich sein, dennoch mit uns gekreuzigt werden muß, auf daß ‚der gute und wohlgefällige und vollkommene Wille Gottes' (Römer 12,2) erfüllt werde; da doch auch selbst der Sohn, durch den (Johannes 1,3) und um dessentwillen alles ist, umkommen und sterben wollte, obwohl es nicht hätte sein sollen oder müssen.

Dies schreibe ich, um Zeugnis abzulegen, und ich glaube, daß du es tatsächlich glaubst, daß wir an diesen Anfechtungen Anteil nehmen, so wie es Gott gefügt hat, daß du ein aufrichtiger und getreuer Genosse unseres Glaubens und unserer Lehre geworden bist ... Lebe wohl und sei überzeugt, daß du uns sehr teuer bist. Am 3. Juni 1545."[39]

In dem Bericht über Magdalenas Sterben heißt es:

„Als seine Tochter schwerer krank war, sagte er: Lieb hab ich sie sehre. Aber so es dein Wille ist, du lieber Gott, daß du sie nehmen willt, ich will sie gerne bei dir wissen. – Daraufhin sagte er zu der Tochter, die in ihrem Bette lag: Magdalenichen, mein Töchterlein, du bliebest gerne hie bei mir, bei deinem Vater und du gehest auch gerne zu jenem Vater? Da antwortet die Kranke: Ja, herzer Vater, wie Gott will. – Der Vater sagte: Du liebes Töchterlein! – Der Geist ist willig, aber das Fleisch ist schwach. Ich habe sie ja sehr lieb ... Als seine Tochter schon in den letzten Zügen lag, fiel er vor ihrem Bett auf die Knie und betete unter bitteren Tränen, daß Gott sie erlösen wolle. Da hauchte sie die Seele aus unter des Vaters Händen. Die Mutter aber war wohl in derselben Kammer, jedoch weiter weg vom Bette um ihres Kummers willen. Das geschah nach der neunten Stunde am Dienstag nach dem 17. Trinitatissonntag des Jahres 42. – Oftmals wiederholte er die Worte, die ich schon verzeichnet habe: Ich wollte gerne meine liebe Tochter behalten, dann ich sie sehr liebe, wann sie mir unser HerrGott lassen wollt, doch geschehe dein Wille! Ihr kann zwar (wahrlich) nicht besser, nicht besser geschehen. – Als sie noch am Leben war, sprach er oft zu ihr: Liebe Tochter, du hast noch einen Vater im Himmel, zu dem wirst du ziehen ... Als sie aus dem Bett in den Sarg gelegt wurde, sprach Martinus Luther zur Toten, gleich als ob er sehr froh wäre: Liebes Lenichen, wie wohl ist dir geschehen! Dann brach er in Tränen aus, und die Seufzer erschütterten seinen ganzen Körper, als er rasch von ihr hinwegging. –

---

[39] WA Br 11, 113 f. Nr. 4122.

Da man stark zuschlug, sagte er: Schlagt zu! Am Jüngsten Tag wird sie wiederum auferstehen ..."[40]

„Als Magdalena, D. M. Luthers Tochter, Anno 1542 gestorben war, da hatte D. Martini Luthers Frau die Nacht zuvor einen Traum gehabt, daß es ihr vorgekommen sei, daß zwei schöne, junge, wohlgeschmückte Gesellen gekommen wären und hätten ihre Tochter wollen zur Hochzeit führen. Als nu Philippus Melanchthon des Morgens kommt ins Kloster und sie fragte, was ihre Tochter machte, da hat sie ihm den Traum erzählt. Aber er war darüber erschrocken, und hat zu den anderen gesagt: Die jungen Gesellen sind die lieben Engel, die werden kommen, und die Jungfrau in das Himmelreich, in die rechte Hochzeit führen. Und am selbigen Tag ist sie auch gestorben."[41]

Es ist bewegend zu sehen, wie Luther und seine Frau versuchen, die biblische Wahrheit, daß der Tod eine Heimkehr zu Gott ist, und das Murren gegen den Tod, der eine Erfindung des Teufels ist, gleichzeitig festzuhalten. Man merkt besonders dem späten Brief an Osiander an, daß es angesichts des Todes Wunden gibt, die nicht vernarben.

Die mannigfaltigen Briefe, die uns erhalten sind, die Luther als Kondolenzbriefe schrieb, zeigen, wie sehr er sich in die Situation der Leidenden hineindenken konnte und gleichzeitig immer wieder versucht, dem Trost des Evangeliums Gewicht zu geben.

Bei diesem direkten Erleben des Todes, bei der elementaren Notwendigkeit, jetzt zu trösten, merkt man übrigens, daß die Rede vom Gericht, aber auch der Schrecken des Todes ganz zurücktreten kann.

Im Zusammenhang mit Magdalenas Tod wird von Luther überliefert, daß er sagt:

„Der Tod ist eigentlich nur die Angst vor dem Tode (Terror mortis est ipsa mors) und nichts anderes. Wer die Angst ganz tief aus seinem Herzen gerissen hat, der hat nicht den Tod, schmeckt nicht den Tod.

Da fragt ihn einer nach den Todesschmerzen. Es antwortete Martin Luther: ‚Da frag mein Weib um, ob sie etwas gefühlt hat, die wahrhaftig gestorben gewesen ist' (bei ihrer schweren Krankheit im Jahre 1540). – Sie selber erwiderte: Gar nichts, Herr Doktor. – Sagte Dr. Martin Luther: Derhalben sage ich, das größte ist im Tode die Angst vor dem Tode ... Wie groß aber der Schmerz ist, den Tod zu schmecken, das wird er sehen an Christus, wenn er sagt: ‚Meine Seele ist betrübet bis an den Tod.' Ich halte sie für die größten Worte in der ganzen Schrift, obgleich es auch ein Großes ist und nicht aus-

---

[40] Luther im Gespräch. A. a. O., S. 342 ff. WA Tr 5, Nr. 5494–5502.
[41] Luther im Gespräch. A. a. O., S. 347. WA Tr 5, 191.

zudenken, daß er am Kreuz schrie: ‚Mein Gott, mein Gott' usw. Kein Engel begreift das, was für ein großes Ding das ist, daß sein Schweiß wie Blutstropfen ward (Lukas 22,44), das heißt Geschmack und Schrecken des Todes."[42]

Der Trost angesichts des sterbenden Nächsten bleibt Christus, der uns die Gottesnähe auch angesichts des Todes der Kinder, von denen wir uns gar nicht lösen können, zusagt.

f) Da ein Tod den andern fraß

In den persönlichen Erfahrungen der Todesnähe in der eigenen schweren Krankheit und im Sterben der Kinder zeigt sich die tiefe Auferstehungsgewißheit Luthers. Die entscheidenden Bibelstellen drängen sich ihm auf die Lippen. Die Gebete setzen das voraus. Die theologische Argumentation ist immer wieder direkt mit den Glaubensäußerungen verbunden, ja, sind selbst natürlich Äußerungen des Glaubens.

Da steht eine, wie es scheint, fundierte Glaubensgewißheit im harten Gegensatz zu der Unsicherheit unserer Zeit in dieser Frage. Die Umfragen der letzten Jahrzehnte zur Frage der Auferstehungsgewißheit zeigen, daß die Hälfte der Christenmenschen damit nichts anfangen kann, sondern eher bereit ist, vom ewigen Schlaf oder unreflektiert vom Nicht-mehr-Vorhandensein des Menschen zu sprechen. Es gibt freilich heute gleichzeitig eine neue Bereitschaft, angesichts des Todes jeden Unsinn, Hauptsache, er tröstet, für möglich zu halten.

Ich entsinne mich an ein Gespräch, das ich vor längerer Zeit mit einem kirchlich sehr interessierten älteren Journalisten hatte. „Was halten Sie von der Auferstehung?" war seine Frage. Seine Antwort hatte er offensichtlich längst durchdacht. „Sie müssen von dieser seltsamen christlichen Vorstellung der leiblichen Auferstehung herunterkommen", sagte er. „Das ist doch auch höchst unwahrscheinlich. Stellen Sie sich doch vor, der Mensch wird verbrannt und bei der Seebestattung im Meer versenkt. Andere fliegen bei einer Explosion in ihre Einzelteile auseinander. Die dritten fressen die Würmer. Was soll das mit der leiblichen Auferstehung? Das ist keine realistische Hoffnung. Auch diese christliche Geschichte, daß der Leib bis zum Jüngsten Tag in seinem Schlafkämmerlein ruhen soll, dann werden die Toten auferweckt, dann kommt das Jüngste Gericht, und dann kommen die einen auf die große Spielwiese, und die andern müssen schmoren. Das ist doch keine ernsthafte Hoffnung. Schließlich auch die Vorstellung, die ja manche wohl bei Ihnen haben, von der seltsamen Sorte Gericht, bei

---

[42] Luther im Gespräch. A. a. O., S. 343. WA Tr 5, 188 f.

der alle durchkommen, so daß es schließlich keinen verlorenen Menschen gibt. Das ist zwar schön, aber vorstellbar ist das auch nicht."

Dann wurde er ganz eifrig, fast beschwörend sagte er mir: „Sie müssen aufhören, von dieser Auferstehung zu reden. Christentum und Seelenwanderung, das ist das vernünftigste Konzept." Ich fragte: „Sind Sie Anthroposoph?" „Nein", sagte er, „aber ich habe mich ein wenig mit dem Buddhismus beschäftigt, und ich sehe einfach in meinem Bekanntenkreis, wie gern die Leute solche Gedanken aufnehmen: Der Leib vergeht, die Seele lebt weiter, wird in einem nächsten Leben materialisiert, auch dies nächste Leben vergeht wieder, die Seele lebt weiter. Das ist eine sehr viel bessere Vorstellung als die von der Auferstehung der Toten. Da gibt es eine Unsterblichkeit der Seele. Allerdings schwirrt diese Seele nicht durch den Weltenraum, sondern sie ist jeweils in einem konkreten Menschen vorhanden. Da ist Hoffnung, und da ist gleichzeitig eine gewisse Realitätsbezogenheit."

Ich sagte: „Mit der Reinkarnationsvorstellung und der Seelenwanderung hat das sicherlich nichts zu tun. Sie haben vergessen, das Leistungssystem in dieser Vorstellungswelt zu berücksichtigen. Das läuft doch streng nach Verdienst. Wenn Sie nicht ordentlich gelebt haben, wird Ihre Seele in einem Mistkäfer inkarniert oder in einen Tempelelefanten. Dann müssen Sie dauernd in der Sonne stehen und Bananen essen. Viel Spaß. Und der Idealzustand ist ja nicht, wieder im nächsten Menschen oder Lebewesen inkarniert zu werden, sondern so zu leben, daß die Seele sich ins Göttliche, nicht mehr zu Beschreibende auflöst. Die Vergöttlichung der Seele ist das Ziel, und ihre Teilhabe am Absoluten, das irdisch gesehen das Nichts ist, wird zur Hoffnung. Wenn man das ernst nimmt, ist das ziemlich anstrengend. Und das Jüngste Gericht ist dabei eine Dauereinrichtung!"

Wir hatten ein interessantes Gespräch. Es war jedenfalls deutlich, daß die christliche Vorstellung vom ewigen Leben für diesen Menschen, und er steht sicher für viele, nicht attraktiv war. Das Geheimnis des Todes schien ihm darin zu grobschlächtig aufgenommen. Er suchte etwas „Geistigeres".

In unserer gegenwärtigen Verkündigung sind wir bei allem, was das ewige Leben, das Jüngste Gericht, die ewige Verdammnis betrifft, äußerst zurückhaltend. Das zeigt sich an ganz harmlosen Stellen. Zu den Bibelworten, die bei der Taufe gesprochen werden, gehört Markus 16,16: „Wer da glaubt und getauft wird, der wird selig werden. Wer aber nicht glaubt, der wird verdammt werden." Der zweite Teil des Satzes wird bei Taufen in der Regel weggelassen. Er erscheint unzumutbar. Ob es überhaupt so etwas geben darf wie eine ewige Verdammnis, ist unklar, allenfalls bei Leuten wie Hitler hält man es möglicherweise für angemessen. Die Annahme aller und der damit verbundene faktische Ausfall des Jüngsten Gerichtes paßt eher zum Bild vom lieben Gott. Muß nicht doch jeder so angenommen werden, wie er ist? Muß nicht auch die Rechtfertigungslehre so verstanden werden?

Da man über das Leben vor dem Tode konkreter und handlungsrelevanter reden kann, ist unsere Sprache davon besetzt. Daß die Hoffnung auf das ewige Leben diesem Leben Freiheit gibt, ist nicht geläufig.

Aber auch die biblischen Bilder vom ewigen Leben sind suspekt geworden. Darf man sie noch nutzen? Kann man eigentlich mehr tun als die alten personalen Metaphern verwenden: Die Toten sind in Gottes Hand, Gott hält ihr Leben im Gedächtnis usw.? Wie läßt sich denn das Reden von der Auferstehung plausibel machen?

Ich entsinne mich, in den ersten Jahren als Pastor einst in einem Nachmittagsgottesdienst in St. Johannis in Lüneburg dies Thema angesprochen zu haben. Nachmittags kam nur die Kerngemeinde. Denen konnte man einiges zumuten. Etwa 60 Menschen werden im Hohen Chor versammelt gewesen sein. Ich erklärte im Verlauf der Predigt, welche Schwierigkeiten ich mit der Rede vom ewigen Leben, der Beschreibung des Himmels usw. habe.

Die Gemeinde schaute mich etwas befremdet und abständig an. Der Pastor war ja eigentlich da, um positive Äußerungen von sich zu geben und nicht auch noch zu erzählen, wie wenig er mit dem ewigen Leben anfangen könne. Nach dem Gottesdienst pflegte man sich an den Stufen zum Hohen Chor zu verabschieden. Eine etwa fünfzigjährige Frau kam mit freundlichem Lächeln auf mich zu, gab mir die Hand und sagte laut, so daß alle Umstehenden es hören konnten: „Geben Se man nich auf, Herr Pastor. Sie lernen's schon noch!"

Diese Ermahnung „Geben Sie man nicht auf" scheint mir im Hinblick auf den Tod und das Leben Gottes im Tod ausgesprochen verheißungsvoll zu sein.

Luther ist zeitlebens an diesem Thema drangeblieben. Eindrücklich ist eine Predigtreihe von 17 Predigten, die er vom 11. August 1532 bis zum 27. April 1533 jeweils Sonntag nachmittags über das 15. Kapitel des 1. Korintherbriefes, also über das große Auferstehungskapitel, gehalten hat.

„Die Schule des Glaubens heißt, mit dem Tod umgehen."[43]

Aber die Hoffnung auf ein Leben in der Gottesnähe, das der Tod nicht vernichten kann, muß sich gegen die Anfechtung des alltäglichen Augenscheins durchsetzen.

„Das ist schwer zu glauben. Denn die Vernunft sieht auf das (was sichtbar) geschieht, und hat vor Augen, daß die Leiber zugescharrt werden. Es gibt kein unflätigeres und stinkenderes Aas, als wenn ein Mensch tot ist. So muß ich sagen: Der ist verbrannt, und der andere (zerfleischt); hier läßt der einen Arm,

---

[43] WA Tr 1, 127. Nr. 310.

dort ein Bein. Willst du dem mit der Vernunft nachdenken, so verlierst du die Auferstehung der Toten. Dann kommen so sonderbare Gedanken, daß man sagt: Es ist nichts mit der Auferstehung der Toten. Das geschieht (aber) in allen Stücken, z. B. bei den Sünden. Willst du Ihnen nachdenken, so kommst du gewißlich weg von der Vergebung der Sünden ..."[44]

Immer wieder hat Luther diese glaubensschädigende Realität des Todes vor Augen.

„... Aber dann kommt die Pestilenz oder der Henker, verbrennt und ertränkt mich – ein feiner Herr (ist der Glaube) über den Tod. Aber eins gilt nach dem Fühlen, das andere nach dem Glauben."[45]

Ja, auch die Vorstellung von einem ewigen Leben ist absurd:

„Die Heiden sagen: Wenn die Menschen aus dem Tode auferstehen sollen und (wieder) so essen und am Fleisch und Blut zunehmen und Mist und Harn haben sollen, – wer wollt in einem solchen Leibe sein? Wie jener Mann sagt: Wenn mein Weib im Himmel ist, dann will ich nicht hineingehen ..."[46]

Luther spricht das so oft an, daß man merkt, für den Christenmenschen und seinen Glauben ist es geradezu lebensnotwendig, daß er sich immer wieder die kritische Bestreitung des Glaubens durch den Augenschein aufs deutlichste klarmacht. In Luthers Predigten merkt man, die Glaubensaussagen bekommen erst durch diesen Kontrast ihre Leuchtkraft.

„Wenn man's nicht beim Wort bleiben lassen will, dann ist der Vernunft unmöglich, etwas zu glauben. Denn es ist gegen die Erfahrung und das Fühlen der Vernunft, daß sie's nicht fassen kann. Denn sie sieht, wie einer am Kreuz verfault, wie die Würmer in fressen. Soll er auferstehen? ... Darum ist die Auferstehung der Toten (von der Art), daß man sie glauben muß. Ich fühle nicht, daß Christus auferstanden ist, sondern das Wort sagt's. Ich fühle die Sünde; aber das Wort sagt, daß die Sünde denen vergeben ist, die glauben. Aber ich sehe den Glauben nicht! Ich sehe, daß die anderen wie alle sterben! Aber das Wort sagt, daß sie auferstehen. Also darf man nicht nach seinem Fühlen (und Sehen) urteilen, sondern nach dem Wort. Es gibt nichts Größeres als das, was die evangelischen Prediger im Mund haben: Du bist (ein Herr) über Satan, Teufel und Hölle. (Die anderen sagen:) Das ist lauter Geschwätz. Denn sie sehen an uns das Gegenteil, nämlich daß wir in der Gewalt des Teufels und der Sünde sind. Darum urteilen sie (nach dem, was vor Augen ist).

---

[44] WA 29, 326. Eduard Ellwein: D. Martin Luthers Epistelauslegung. Die Korintherbriefe. Göttingen, 1968, S. 196 f.
[45] WA 29, 329. Nach Ellwein, a. a. O., S. 198.
[46] Zitiert nach Ellwein, a. a. O., S. 293. WA 36, 659.

Wir aber predigen, daß ich ein Herr bin über den Teufel; und fühle doch gleichwohl, daß ich ihm unterworfen bin. Eines muß gefühlt, das andere geglaubt sein. (Das Fühlen wird dem Glauben nachfolgen, nicht vorangehen.) ... So siege ich im Unterliegen. Die Rotten sind eben darin, daß sie mir überlegen sind, überwunden. Ich fühl's nicht, aber ich glaube. So bin ich darin, daß ich die Sünde und das Gewissen fühle, das durch die Sünde beschwert ist, Sieger, Sieger über die Sünde, nicht im Fühlen, aber durch's Wort ... So ist der Tod überwunden ... So stinken, die begraben sind, und werden gefressen. Doch indem (das geschieht), sind sie schöner als die Sterne im Himmel. Das eine seh' ich, das andere nicht. Mußte es doch auch bei Christus so gehen. Sicherlich ist's für die Juden schwer zu glauben gewesen, daß Christus, der begraben und dessen Grab versiegelt worden ist, der Herr über den Tod sei. Er liegt ja unter dem Tod (gefangen). Gleichwohl ist beides wahr ... Der größte Trost ist, daß ein Christ schon jetzt im ewigen Leben steht, sofern er auf das Wort schaut, in dem er sein Leben sieht, z. B. in dem Artikel: ‚Ich glaube an die Auferstehung des Fleisches.' Er hat sie bereits an seinem Leibe – nur daß sie zukünftig ist ... Anders vermag ich nicht zu trösten als durch das Wort: Christus ist gestorben (und auferstanden). Wenn's das Wort nicht tut, ist's mit dir geschehen ..."[47]

Aber gibt es nur solch ein Kontrastprogramm zwischen der Vernunft und dem Glauben, zwischen dem Fühlen und dem Vertrauen aufs Wort? Es ist ja für uns heute kaum hilfreich, weil bei Luther die Autorität des Wortes vorausgesetzt ist. Er weiß zwar auch, daß er sie unablässig neu einsprechen muß. Aber dafür gibt es keine Argumente. Da gibt es nur das Angebot des Wortes und das zupackende Vertrauen des Glaubens. Wer dies Vertrauen nicht aufbringen kann, muß sich mit dem, was die Vernunft sieht oder was das Fühlen ihm eingibt, zufriedengeben. Wer nicht glaubt, hat Christus verloren.

Aber es gibt Glaubenserfahrungshilfe.

Luther denkt im Schriftwort nach: „Du Narr, was du säst, wird nicht lebendig, es sterbe denn." (1. Korinther 15,36) Dazu ist es nötig, daß die Christen angesichts des Todes eine neue Sprache lernen. Wie Luther schon in seinem ersten „Sermon von der Bereitung zum Sterben. 1519." Versucht hat, begreiflich zu machen, daß man den Tod als eine zweite Geburt ansehen soll, so überlegt er nun:

„... bei uns Christen soll's eine vertraute Sprache sein, die gang und gäbe ist; daß es nicht heißt: gestorben und begraben, sondern auf himmlisch Deutsch und recht geredet heißt's: gesät. So redet Gott, so reden die Engel; und die Christen sollen die Zungen glätten und ihre Augen hell machen. Denn es ist

---

[47] Zitiert nach Ellwein. A. a. O., S. 197–200. WA 29, 327 ff.

eine neue Sprache bei Paulus. Gott redet so; darum sollen wir auch so reden. Das ist das Gemälde und Bild, das Paulus den Christen vor Augen stellt. Er hebt an und nimmt die ganze Kreatur zu Hilf' und ersäuft uns (gleichsam) darin. Es sind so viele Zeugen der Auferstehung, als es Körner gibt. So ist's im Garten. So viele Bäume es gibt, so viele Blüten an den Bäumen; und was immer nur aus der Erde wächst: da kommt (überall) aus dem Tode das Leben. Geh jetzt in den Garten und sieh', so wirst du sehen, wie's steht und wie's mit dem Wachsen ist. Da ist (im Winter) nichts als der reine Tod. Aber nach Ostern, da grünt's und blüht's, da ist Leben, Frucht und Freude. So hat Gott die Auferstehung der Toten in der ganzen Kreatur abgemalt durch die ganze Welt durch und durch; und überschüttet uns mit Bildern und Gleichnissen, daß wir uns diesen Artikel kräftig einprägen sollen. Wenn Gott aus einem Kirsch- und (Apfel-)kern einen so großen Kirschbaum und Apfelbaum hat machen können, so (kehren sich) doch die Filzen und rohen Gesellen (nicht daran) und gehen vorüber, fressen die Kirschen und trinken Bier. So frißt auch eine Sau, ohne sich dabei etwas zu denken. Willst du eine Sau sein, so sei's! Für die Sau ist's nicht geschrieben und vorgemalt, sondern dir ist's vorgebildet ... Wie greulich und jämmerlich war's im Winter! Und jetzt (grünt's) so herrlich schön. Was bedeutet dies? Gott selbst redet mit dem Korn und den Bäumen; und sie werden (reden mit uns). So wird's mir ergehen. Ich werd' auch verscharrt und begraben werden; es wird auch um mich stehen (wie mit dem Korn) im kalten Winter. Aber aus der Erde wird's dann zur Sommerszeit lieblich und (frisch) treiben und grünen und blühen. So ist's dir vor Augen gemalt, daß du nicht eine Sau seist, die nur darauf sieht, wie sie frißt ... Die Heiden haben's wohl auch gesehen; aber sie haben's nicht (so) malen können wie Paulus, der ein feiner Maler ist. Er sagt: Der Tod ist eine Saat, daß wir nach der neuen Sprache im himmlischen Deutsch ein Saatkörnlein heißen, nicht ein Freßkörnlein. Wir sind unseres Herr Gotts Saat. So will er, daß wir uns ansehen. Er will ein Ackersmann sein und uns zum Sommer wieder hervorbringen. Das ist die neue Sprache von der Auferstehung zu reden ... Versuch's nicht zu begreifen, wie Gott es gemacht, sondern laß dies unserem Herr Gott (befohlen sein)."[48]

„... Gleichwie du einen Bauer auf dem Acker dahergehen siehst, der einen Sack am Hals hängen hat und in den Sack greift, genauso ist unseres Herr Gotts Spiel, und der Bauer ist sein Vorbild. Aber du mußt zuvor glauben, daß Gott ein solcher Ackersmann ist und wir sein Korn. Dann glaubst du, daß Gott ein großer Ackersmann ist – aber nicht einer grober Bauer –, der hintritt und hat einen Sack voller Menschen am Hals; denn wir alle sind darinnen. Er sät die Menschen; da wirft er einen ins Erdreich, schleudert da einen Knaben hin,

---

[48] Zitiert nach Ellwein. A. a. O., S. 270 f. WA 36, 644 ff.

dort einen Greis, einen Fürsten. Es ist mit ihm wie beim Ackersmann. Die Menschen sind die Saat; die ganze Welt ist (für Gott) wie das Korn für den Bauern. Und wenn die Pestilenz (wütet) und viele sterben, dann ist's bei ihm wie mit einem Bauern, der sät. Was denkt der Ackersmann, wenn er sät? Frag ihn selbst! (Er wird sagen:) Das Korn, das ich säe, will ich wieder holen. Er sieht zwar töricht aus, wenn ich das Korn so hinwerfe und nicht auf den Speicher lege. Denn da gibt's Säue, Vögel, Würmer (die's verderben). Aber laß es Sommer werden, laß das Korn aufgehen; und es werden aus einer Handvoll (Körner) zehn und aus einem Scheffel vier und sechs andere werden. Das sind seine Gedanken ... So greift er in den Sack, greift dich und mich beim Kopf, wirft den einen ins Wasser, bringt den andern an den Galgen – wir sind seine Körnlein. Wenn er mich heut oder morgen greift, so geh ich hin wie die, die vor mir waren und nach mir kommen werden ... Uns wird es darum geschrieben, daß wir diese Gedanken Gottes fassen und daran denken: Wenn wir begraben und beweint werden und auf dem Totenbett liegen und daran sind, daß wir in die Erde geworfen werden – daß wir hier denken: Hier geht ein Körnlein in die Erde ein. Gott hat den Sack aufgetan und mich ergriffen ...; daß wir auf dem Kirchhof sagen sollen: Hier liegt ein Haufen Körner, nämlich von Körnlein Gottes, die er gesät und ausgestreut hat. Wir sollen denken: Hier sind (lauter) Körnlein. Hier wird er sie am Jüngsten Tage wieder in der Sommer Sonne hervorbringen, wie es sich jetzt der Körnlein keines, die in die Erde gelegt werden, ausdenken kann, daß ein so schöner Halm mit hübschen Blättern, Knoten und Ähren aus ihm werden soll ... Darum muß man die Augen weiter aufsperren und so reden und denken, wie's den Gedanken Gottes gemäß ist ... Mein Vater ist gestorben, mein Weib, meine Brüder sind tot, und da ist der Fürst gestorben – lauter Körner, die wachsen sollen. Solche Gedanken hat kein Hund, keine Sau und Kuh, aber ein Christ soll sie haben. Der soll ein erleuchtet Herz haben und Augen, die sehen, und er soll fühlen, was Gott denkt."[49]

Soweit Luthers Versuch, durch eine Aufnahme der biblischen Sprache angesichts des Todes, durch die Übernahme der Bilder das Hoffnungselement ins Wort selbst hineinzubilden.

Können wir damit etwas anfangen? Wir haben ja bestimmte Metaphern angesichts des Todes im alltäglichen Leben. Sie dienen jedoch in der Regel einer Verwahrlosung des Todesgeschehens. Wir sprechen davon, daß die Toten „entschlafen" sind, daß sie von uns gehen. Wir sagen – schon realistischer –, daß der Tod uns jemanden „genommen" hat. Da ist das Bild des Diebstahls enthalten. Der Versuch, die Bildwelt von Saat und Auferstehung für die Hoffnung angesichts

---

[49] Zitiert nach Ellwein. A. a. O., S. 268–270. WA 36, 641 f.

des Todes fruchtbar zu machen, ist immer wieder versucht worden. In den alltäglichen Sprachgebrauch wurde es nicht aufgenommen. Wir sehen auch bei Luther, daß er im Zusammenhang mit Magdalenas Tod eher die Metaphern des Weges nutzt „… du gehest auch gern zu jenem Vater?" oder die Metapher des Schlafes

> „… Geh, geh, meine Tochter, in dein Kämmerlein und tu die Tür hinter dir zu und ruhe ein wenig, bis zu dem Augenblick, wo der Zorn des Herrn über die Erde hinwegschreitet. Ruhe, ruhe! Ich will dir alsbald nachfolgen … Ach, du liebes Kind, daß du aufstehen müssest und leuchten wie die Sterne, ja wie die Sonne!" (Als der Sarg nicht groß genug war:) ‚Das Bettlein ist ihr zu klein!'"[50]

Man sieht, hier sind die Metaphern vom Schlafen, vom Aufwachen, vom Wiederaufstehen offenbar hilfreicher. Dennoch ist Luthers Versuch, die Hoffnung der Auferstehung bildhaft zu verankern, eindrücklich und richtet an uns die Frage, ob wir vergleichbare Denk- und Sprachanstrengungen unternehmen.

Die Frage, wie wir uns das mit dem Leben nach dem Tode, mit dem Sein bei Gott vorstellen sollen, findet bei Luther große Aufmerksamkeit:

> „… Aber dort ist's nicht so. Dort ist nicht solch ein Leben, sondern da ist ein geistlicher Leib. Nicht wie die Ketzer und Narren meinen, die sagen: Wir werden dort keinen Leib haben, weil es ja heißt: auferstehen wird ein geistlicher Leib. Sondern er wird vom Geiste her sein Leben haben … ‚Gott wird alles in allem sein' (Vers 28). Er wird deine Speise und Bett, dein Rock, Haus und Hof, Geld und Gut sein. Alsdann wirst du mit Himmel und Erde und der Sonne und mit allen Kreaturen spielen, und du wirst nicht an Essen und Trinken denken. Es wird (auch dann) ein Antlitz geben, Augen, Nase, Bauch, Beine und Arme; die werden wohl dasein, aber sie werden geistlich sein, d. i. es wird nicht so viehisch zugehen wie hier mit dem Essen und Trinken und Verdauen. Das wird dort aufhören … Dieser Körper, der viehisch ist, wird begraben. Aber geistlich wird er auferstehen; d. i. (als ein Leib), der eitel geistliche Werke pflegen wird, der der (natürlichen Dinge) keines bedarf … Ich sehe wohl, daß die vier Stücke gelten: Schwachheit, Verweslichkeit, Unehre, ein natürlicher Leib – aber er wird (dereinst) der schönste Leib sein: herrlich, kräftig, geistlich."[51]

„Es ist uns tröstlich zu wissen, daß Christus auch bei den Seinen nach dem Tod ist. Also haben wir den Trost: ‚Wir leben oder sterben, so sind wir des Herrn'; wir seien im Leben oder kommen in den Tod, ja in die Höllen. Wenn wir nun sterben, so ruht der Leib im Grabe, die Seele in ihrem Kämmerlein,

---

[50] Luther im Gespräch. A. a. O., S. 345. WA Tr 5, 193.
[51] Zitiert nach Ellwein. A. a. O., S. 293. WA 36, 660 f.

das ist: in Gottes Hand, bei Christo, ihrem Herrn, bis wir am Jüngsten Tage an Leib und Seele auferweckt und verklärt werden. Indes unser Herr als wahrer Gott und Mensch, welcher den Weg in die Hölle und wieder herauszuführen gen Himmel wohl weiß, ist bei uns und sein Amt und Regiment höret nicht auf an uns. Hie in diesem Leben müssen wir das alles fassen mit dem Glauben, bis wir von den Toten auferwecket das vollkommen Erkenntnis Christi und seines wunderbarlichen Werkes ansehen und das ewige Leben haben. Da helfe uns derselbe, unser lieber Herr und Heiland Jesus Christus. Amen."[52]

Freilich darf bei allen diesen Überlegungen zum bildhaften Reden nicht vergessen werden, daß der Umgang mit dem Tod immer ein Kampf ist. Der Tod, auch wenn er aus Gottes Hand kommt, bleibt der letzte Feind. Er ist eine Erfindung des Teufels. Man kann ihm nur mit großem Murren begegnen. Natürlich gibt es auch die Empfindung: „Ich habe Lust abzuscheiden und bei Christo zu sein." (Philipper 1,23) Aber es geht im Hinblick auf den Tod immer um die Entmachtung des Todes. In der natürlichen Erfahrung hat der Tod eine unglaubliche Macht. Er schreckt uns. Er verdirbt uns das Leben. Er malt uns die Hölle vor Augen. Er bringt das Nachdenken über den Sinn unseres Lebens in die große Krise. Er jagt uns in die tiefste Verzweiflung. Sein Stachel ist unsere Sünde.

„Wenn ein Totschläger zur Erkenntnis seiner Sünde kommt, dann tötet ihn die Sünde auf der Stelle. Davon wissen aber die rohen Leute nicht ... Die Sünde ist Spieß und Pestilenz und alles, dadurch der Mensch stirbt, wenn er auch gleich gesund ist. Diesen Stachel, diese Pest und Reue hab' ich oft geschmeckt. Ob dieses Ächzen (im Herzen) von groben Sünden kommt (oder von innerlichen Sünden), – es heißt dann: ‚Da ward die Sünde wieder lebendig, ich aber starb.' (Römer 7,9 f.)

Wenn der Mensch aber sagen kann: Ich weiß von keiner Sünde, hab' ich gesündigt, so glaub' ich an Christus, den Sohn Gottes, der keine Sünde hat – da findet der Tod auch keinen Stachel noch Pest an mir ... ‚Tod, wo ist dein Stachel?' so werden wir an jenen Tagen singen, und schon (jetzt) heben wir damit an. Wo ist nun das böse Hündlein, das böse Gewissen, die Sünde, das Gift, die mich in Verzweiflung hineintreiben wollten? Wenn der Tod diesen Stachel nicht findet, muß er uns wohl zufrieden lassen, weil er nicht den Sieg in Händen hat, wenn Stachel und Gift hinweg sind. Der Tod hat nicht Sieg und Macht über uns, wär' die Sünde nicht, ..."[53]

Ja, umgekehrt, wenn der Tod für mich nicht mehr eine Pest sein kann, dann wird Christus für den Tod die Pest.

---

[52] Luther im Gespräch. A. a. O., S. 193 f. WA Tr 5, 5356a, S. 85.
[53] Zitiert nach Ellwein. A. a. O., S. 309 f. WA 49, 774 ff.

„ ‚Der Tod ist verschlungen in den Sieg.' Ich halte dafür daß Paulus alle Schriftstellen zusammengefaßt und den Spruch daraus gegossen hat (, der der ganzen Schrift Meinung ist) ... Das ist die Predigt des Paulus: ‚Der Tod ist verschlungen in den Sieg.' ... ‚Ich will sie erretten', spricht der Herr, ‚Tod, ich will dir das höllische Feuer geben.' Du hast mir die Leute verderbt und getötet; hast eine Pest in sie gebracht und Gift in sie geblasen, daß sie nicht überwinden können, sondern darüber sterben müssen ... Du Teufel, Tod und Fluch und alles Unglück will ich dir wiederum an den Hals hängen. Ich will selber dein Gift und deine Pestilenz sein. Christus nennt sich hier ein Gift. Aber es ist ein Wort voll des Trostes für uns. Gott will nicht der Natur Feind sein, sondern hat alle ihre (Gaben) bereitet. Aber er ist allen diesen (Mächten) feind, sonderlich um euretwillen, die ihr an meinen Sohn glaubt. Ich will dem Tod wieder eine Pestilenz schicken. Auf welche Weise? Durch die Auferstehung. Es ist ein göttlich Gift in dem (, der da glaubt,) gemacht; es soll uns nichts schaden, aber dem Teufel ... Gott will ein Gift machen. Das soll dem Teufel und dem Tode den Bauch so zerreißen, daß er hinwiederum verschlungen wird. Ich will ihm ein Tränklein geben, daß er daran sterbe. Pest und Gift sind nicht ein Tod, der einen jählings überfällt, (sondern) die Pest bläst das Gift allmählich durch den ganzen Leib, bis es das Herz erreicht; dann stirbt der Mensch. So tu's auch ich (spricht Gott). Ich mach' nicht plötzlich mit dem Teufel ein Ende. Ich will predigen lassen, daß die, die noch geboren werden, sollen glauben und hören. Ich will mein Gift austeilen, das für euch ein Heilmittel und für den Teufel ein Gift ist. Wie ein Arzt die Arznei für den Kranken eine Pest gegen das Fieber nennt. Evangelium, Taufe und das Sakrament werden ausgeteilt. Da wird nichts anderes gepredigt und gegeben, als (dies eine:) Jesus Christus, der gestorben und auferstanden ist. (Diese Predigt) läßt Gott ausgehen und gibt damit den Menschen ein Heilmittel. Wenn sie von Herzen glauben, haben sie ein Gift, daß das andere austreibt. Den Tod (des Todes und der Sünde) empfangen sie durch's Evangelium und die Taufe, die Gott ihnen schenkt und durch die er sie herausziehen will aus dem Rachen der Hölle ... Das ist die Pest für den Tod und das Feuer wider das höllische Feuer. Ich will darauf sehen (, spricht der Herr), daß ich den Tod verächtlich mache. Ich will eine Arznei und einen Trank geben, der da heißt: Jesus Christus ist von den Toten auferstanden."[54]

---

[54] Zitiert nach Ellwein. A. a. O., S. 313–315. WA 36, 680 ff.

In seinem „gebesserten" Osterlied „Christ lag in Todesbanden" hat Luther es für die Gemeinde ausformuliert:

> „Es war ein wundersam Krieg,
> da Tod und Leben rungen.
> Das Leben behielt den Sieg;
> es hat den Tod verschlungen.
> Die Schrift hat verkündet das,
> wie ein Tod den andern fraß;
> ein Spott aus dem Tod ist worden.
> Halleluja."[55]

Wenn das stimmt, dann muß das Auswirkungen für unser ganzes Nachdenken über den Tod und das Leben haben. Dann stimmt die altkirchliche Antiphon „media vita in morte" nicht mehr, so beeindruckend und erfahrungsnah sie für den natürlichen Menschen ist. Manchmal ist es ja wirklich fürchterlich:

Ich entsinne mich noch, er war Pastorenkollege, Endvierziger. An einem normalen Tag, der sich durch nichts auszeichnete, stürzte er im Wohnzimmer, schlug mit der Schläfe gegen die Ecke der Steinplatte des schönen Couchtisches und war sofort tot. Seine Telefonnummer war 309. Im alten Gesangbuch war das die Nummer des Liedes: „Mitten wir im Leben sind mit dem Tod umfangen ..." Luthers Neufassung der altkirchlichen Antiphon. Sehr eindrücklich und unvergeßlich, wenn es einem im entsprechenden Kontext begegnet ist. Da wird die ganze Macht und der Schrecken des Todes sichtbar. Immer wieder hat Luther im Sinne des Christussieges diese Wahrheit unserer natürlichen Welt umgedreht:

> „media in morte – kehrs umb – media morte in vita sumus sic dicit sic credit christianos."[56]

Mitten im Leben sind wir im Tode – kehr's um – mitten im Tode sind wir im Leben, so spricht, so glaubt der Christenmensch. Luther hat sowohl die Neuformulierung der altkirchlichen Antiphon im Zusammenhang mit konkreten Unglücksfällen vorgenommen (Bootsunglück auf der Elbe am 4. Juli 1524. Dabei kam der Humanist Wilhelm Neesen ums Leben.) wie auch die umgekehrte Wahrheit: „Mitten in dem Tod wir sind von deinem Leben umfangen, Herr", im Zusammenhang mit der Pestzeit, die freundlich vorüberging (1535), ausgesprochen.[57]

---

[55] EG 101,4.
[56] Predigt am 2. Juli 1523. WA 11, 141, 20–24.
[57] Vgl. die ausführliche Darstellung bei Gerhard Ebeling: Lutherstudien. Bd. 2. Disputatio de Nomine. 3. Teil. Tübingen, 1989, S. 120, Anm. 97; ders.: Des Todes Tod. In: Wort und Glaube. Bd. IV. Tübingen, 1995, S. 610 ff.

Wenn Christus unser Leben angesichts des Todes ist, wenn er immer wieder neu als der Sieger erfahren werden kann, dann verändert das unser Leben grundlegend. Es kommt eine tiefe Zuversicht hinein, die den Kampf mit dem Tod besser durchzustehen vermag. Luther hält nichts davon, daß der Christ leicht sterbe. Er denkt gar nicht dran, den Tod zu verharmlosen oder totzuschweigen. Er macht ihn auch nicht zum „Freund Hein". Gott ist kein Mörder, sondern ein Schöpfer des Lebens. Der Tod ist eine Erfindung des Teufels. Gott hat es laufen lassen, auch wenn er darin an uns wirkt und der Herr bleibt. Die Dramatik dieses Kampfes wird nie aufgehoben. Dennoch kann ein Christenmensch letztlich getröstet sterben, weil Christus für ihn diesen Tod durchstanden hat und unverlierbares Leben in Gott verheißt.

g) Unser Leben auf dem Prüfstand

Auf Christus sollen wir uns angesichts des Todes verlassen, d. h., der Karfreitag hat beide Seiten in sich. Ohne Ostern zeigt er die Ausweglosigkeit, Verlassenheit und Sinnlosigkeit, der unser Leben durch den Tod anheimzufallen scheint. Durch den Karfreitag im österlichen Licht wird deutlich, daß in Christus die größtmögliche Gottesnähe in aller Gottverlassenheit ein für alle Mal geschehen und uns damit zugeeignet ist. Ostern zeigt darüber hinaus, daß die Gottesnähe im Tode, wie sie im gekreuzigten Christus erfahrbar wird, gleichzeitig Leben ist. Denn ein Jesus, der unsere Todesangst und Todesnot durchsteht, der nur ein besonders beispielhaftes Modell der Absurdität des Todes wäre, könnte uns nichts helfen. Die Gottesnähe in der Gottverlassenheit des Todes ist durch die österliche Erfahrung gleichzeitig als die Zusage und das Ereignis des göttlichen Lebens mitten in unserem Tode erwiesen.

> „Er ist ein Gott, der mitten im Tode lebendig macht und mitten im Zorn sich erbarmt, mitten im Eifer lacht und so auch mitten in der Zurückweisung der Gebete Erhörung der Gebete gewährt – wie alle seine Werke göttlich und wunderbar und unbegreiflich sind. Ihm gehört, was nicht ist, für ihn entsteht, was untergeht, für ihn steht, was fällt, und nichts ist ihm alles. Ihm allein gebührt die Ehre, weil er allein Gott ist, allein der Schöpfer, allein der Lenker aller Dinge. Ob ihr uns also Frieden bringt, wir werden ihn als mitten aus dem Krieg herbeigebracht annehmen, oder ob ihr uns Krieg bringt, wir werden gleichfalls Frieden aus dem Krieg erhoffen – sei es durch Tod oder sei es durch Leben –, es geschehe der Wille des Herrn, durch den gewiß auch unser Friede zustande kommt zum ewigen Leben. Amen."[58]

---

[58] Brief vom 19. März 1540 an Jonas, Cruziger, Bugenhagen und Melanchthon in Schmalkalden. WA Br 9, 77, 19 f.

Was aber wird mit unserem gelebten Leben? Was wird aus aller Quälerei, der Mühsal, den Erfolgen, dem Glück, der Freude, den Mißerfolgen, dem Unglück? Wer zieht die Summe unseres Lebens? Oder ist das ganz belanglos? Natürlich, wir wissen, lutherisch gesehen können die Werke nicht gerecht machen. Aber was ist mit dem, worauf wir doch auch stolz sein können? Und was ist mit dem, von dem wir hoffen, daß es nie herauskommt oder durch mildernde Umstände nicht so ins Gewicht fällt? Wie gehen wir überhaupt mit der Sündenverfallenheit unseres Lebens um, daß wir den Glauben doch immer wieder nicht hatten? Wir wissen doch, daß wesentliche Taten unseres Lebens aus der Angst um uns selbst stammen und an Gottes Verheißung und Gebot vorbeigehen?

Luther hat sich in eindrücklichen Auslegungen des 4. Kapitels des 1. Johannesbriefes „etliche schöne Predigten aus der 1. Epistel St. Johannes. Von der Liebe.", mit diesen Fragen auseinandergesetzt. Wie ist das nun mit den Werken der Liebe? Haben die auch angesichts von Tod und Gericht eine Bedeutung? Welche Rolle spielt das Gebot der Nächstenliebe? Was bedeutet das Gesetz angesichts des Todes? Luther bleibt mit Nachdruck dabei, daß allein der Glaube und das Vertrauen auf Christus den Menschen ins rechte Verhältnis zu Gott auch im Gericht bringt.

„Da heißet es nicht: Die Liebe treibt die Furcht aus, sondern Christus treibt sie aus."[59]

Gleichzeitig jedoch geht Luther wie in vielen anderen Schriften (z. B. im Antinomerstreit) mit Vehemenz gegen die Vorstellung an, als könne es einen Glauben geben, der die Rechtfertigung ergreift und gleichzeitig ohne konkrete Werke der Liebe bleibt. Der Glaube ohne Werke ist tot. Was soll es, wenn die Leute uns bescheinigen, der Glaube war gut, wenn sie nicht auch hinzufügen: Und die weltliche Gerechtigkeit und die Werke der Liebe stimmten auch? Was sollen sie von uns halten, wenn wir nicht auch ganz schlicht weltlich besser sind als die anderen? Da lohnt sich das ganze Christentum nicht. Und so unsinnig der Vorwurf ist, daß das Christentum in 2000 Jahren die Welt nicht verbessert hätte – unsinnig deshalb, weil jede Generation das Recht hat, ihre eigenen Fehler zu machen, und die Christusnähe und die Freiheit zum Werke der Liebe jeweils selbständig entdecken und leben muß, so daß die Vorstellung von einem linearen Fortschritt der Nächstenliebe zeigt, daß das Menschenbild unsinnig ist; es gab Zeiten in der Weltgeschichte, die sehr viel stärker durch die Freiheit der Kinder Gottes geprägt waren als spätere –, so ist doch eine gewisse Berechtigung solchen Vorwürfen nicht abzusprechen. Denn wenn der Glaube die Verhältnisse und die Beziehungen zwischen den Menschen nicht bessert, was soll er dann?

---

[59] Predigt am 28. Juli 1532. WA 36, 476, 30.

Natürlich darf man sich nicht vom Beifall der anderen abhängig machen. Die haben oft ganz falsche Maßstäbe. Im Gegenteil. Wie es Christus geschah, so werden auch dem Christenmenschen oft ungerechte Leiden durch ungerechte Urteile zugefügt. Aber letztlich, d. h. in der großen Abrechnung am Jüngsten Tag, muß sich doch zeigen, wer besser war. Natürlich wissen wir die Reihenfolge, Glaube und Liebe darf nicht verändert werden. Aber die Werke haben auch vor Gott ihre Bedeutung und Würde, weil er gleichsam wie ein oberster Notar der ist, der unbestechlich feststellt, was die Wahrheit des Herzens war, und das Verborgene ans Licht zu bringen vermag, das vor Menschenaugen verborgen ist.

Es muß streng unterschieden werden, ob wir Urteile coram deo oder coram mundo erwarten. Das Urteil coram deo, vor Gott, kann nur von der Vergebung und vom Vertrauen auf Gottes Verheißung in Christus bestimmt sein. Das Urteil coram mundo braucht es geradezu, daß Gott Gott ist und nicht die Welt vergöttert wird. Die Beurteilung vor der Welt darf gerade nicht über den Sinn unseres Lebens entscheiden. Deshalb dürfen wir unser Herz gerade nicht an eine solche Beurteilung hängen. Das Kriterium der Werke ist die irdische Gerechtigkeit, die justia civilis, die Liebe. Es gibt im Bereich der Werke keine höhere Justitia als die justitia civilis![60] Die für unsere Welt nötigen Taten bekommen ihre Brauchbarkeit, auch ihren notwendigen Kompromißcharakter und ihre relative Gerechtigkeit, die sie nur schaffen kann, nur dadurch, daß sie nicht das Letzte sein müssen.

Luther erklärt, daß es ihm wichtig ist:

„... wenn der Tod dahergehet und das Jüngste Gericht, daß du nicht erschrecken noch zagen dürftest, sondern fröhlich könntest vor Gott und aller Welt sagen: Ich habe gottlob so gelebt, daß mein Nächster nicht über mich klagen kann. Ich hab' ja niemanden bestohlen, gehaßt, beraubt, gelästert, sondern jedermann Gutes getan, soviel ich vermocht habe. Wenn es aber so klingt: Ich habe mich des Evangeliums gerühmt und dem Nächsten nichts Gutes getan, alles zu mir gegeizt und geschlarrt, bin stolz und ungehorsam, gehässig und neidisch gewesen, dann muß dein eigenes Herz sagen: O weh, was bin ich für ein Christen gewesen, wie habe ich meinen Glauben bewiesen? Da wird dir dann so angst und bang werden, daß dir beide, Evangelium und Glaube, entfallen wird, (wenn Gott dich nicht besonders aufrichtet und erhält). Denn der Teufel wird bald hinter dir her sein und dein (Sünden-)Register herlesen und sagen: Was kannst du vom Glauben und Christus rühmen, hast du es doch dein Leben lang nie bewiesen."[61]

---
[60] Gerhard Ebeling: Wort und Glaube. Bd. 1. Tübingen, 1960, S. 423 ff.
[61] Predigt am 30. Juni 1532. WA 36, 445.

Deshalb gilt es:

„Solchen Ruhm muß ein jeglicher Christ auch haben, wenn er durch seinen Glauben als durch rechtschaffene Früchte beweisen will, daß er sich vor Gott und jedermann darauf berufen kann, daß er treulich und recht gehandelt habe in seinem Leben oder Amt, nicht Unrecht gelehrt als ein Prediger, noch jemand betrogen oder beleidigt wie sonst ein Christ, seine Ehe recht gehalten, seine Kinder und Gesinde wohl erzogen, keinem Nachbar Schaden getan oder wenn doch, sich mit ihm versöhnt und genug getan ... Denn wenn ein Mensch soll sterben als ein Christ, der doch nie als ein Christ gelebt hat, was will der für einen Trotz und Ruhm haben, wenn beide, alle Welt über ihn klagt, und sein eigenes Gewissen gegen ihn zeugt? Es wird ihm gar schwer werden, daß er da bestehe. Verzweifeln soll er ja nicht. Aber da gehört Kunst dazu, daß er Christus ergreife in dem letzten Stündlein, wenn er keine Erfahrung noch Zeichen des Glaubens aufbringen kann und plötzlich sich so hoch aufschwingt, daß er erst in den letzten Nöten anfange zu glauben.

Sprichst du aber: Das ist ja gegen deine eigene Lehre (Luther), denn so haben wir früher gelernt, daß wir durch die Werke nicht bestehen noch einen Ruhm haben und behalten können vor Gottes Gericht. Wie steht denn hier, daß wir durch die Liebe eine Freimütigkeit haben vor Gottes Gericht, das lautet ja stracks gegen den Glauben usw.

Antwort: Ja, das ist wahr und halte solches nur fest und gewiß. Denn ich habe ja fleißig gelehrt und vermahnt bisher und tu es noch, daß man die zwei nur wohl und rein voneinander scheide, den Glauben und die Liebe, und ein jegliches recht lehre und treibe. Denn man gibt uns sonst schuld, daß wir die Lehre vom Glauben so hochhalten und gleichzeitig nichts predigen noch halten von den guten Werken. Dabei können wir doch vor aller Welt bezeugen, daß wir viel herrlicher und gewaltiger von den guten Werken gepredigt haben als die selber, die uns lästern. Aber das strafen wir, daß sie nämlich die Werke und den Glauben nicht unterscheiden, sondern untereinander bräuen und mengen, daß man nicht weiß, was der Glaube oder was die Werke tun und geben. Ja, dazu hat man vom Glauben vor unserer Lehre gar nichts gewußt und alles den Werken zugesprochen, was Christus durch den Glauben geben soll. Wir aber kämpfen darum, daß man von beiden einen rechten Unterricht und gewissen Verstand habe und behalte, nämlich wieweit der Glaube und wieweit die Liebe oder die Werke gehen. Denn die Welt will ... entweder gar nichts tun und wirken oder nicht glauben. Sie fährt immer zur Seite aus, daß sie entweder den Glauben oder die Liebe fahren läßt. Die Mittelstraße will und kann sie nicht treffen, daß sie beide, den Glauben gegen Gott rein und unversehrt und die Liebe gegenüber dem Nächsten von rechtschaffenem Herzen übte, wie auch St. Johannes beides fordert und treibt, auch wenn er in dieser Epistel sich in erster Linie vorgenommen hat, zur Liebe zu vermahnen. Dennoch vergißt er den Glauben nicht und zieht sich immer daselbst hin ... Über das aber hinaus müssen wir auch einen Ruhm haben, nicht allein gegen Gott, sondern auch vor Gott und vor der Christenheit, gegenüber aller Welt, damit uns niemand verdammen könne, noch wahrheitsgemäß verklagen ... Das ist, daß niemand uns bezichtigen kann, daß wir mit Heuchelei oder böser Tücke umgegangen sind ... Denn ein frommer Prediger soll den Ruhm mit sich nehmen, daß er das Evangelium recht und treulich gepredigt habe und sich darauf berufen, gegen den Teufel und alle Welt ... Jedoch ob er gleich solchen Trotz hat und haben muß, so ist er doch darum nicht selig, wie St. Paulus auch sagt: ‚Ich bin mir wohl nichts bewußt, aber dadurch bin ich nicht gerecht.' Ein gutes Gewissen und Freimütigkeit habe ich wohl, aber nicht gegen Gott selbst in seinem Gericht, sondern vor der Welt und allen Kreaturen, daß mich von denen keiner strafen kann, sondern alles Gute von mir sagen müsse ... Darum sage also: Gegenüber Gott verlasse ich mich auf nichts, als auf Christum. Aber nach diesem Trotz und Ruhm will ich mit dir vor Gott treten, wie St. Paulus mit denen von Korinth, und sprechen: Du weißt, daß ich recht und treulich gepredigt und dir keinen Schaden noch Leid getan habe. Diesen Ruhm muß wahrlich ein jeder gegen den andern haben ... Denn sollten wir solchen Ruhm nicht haben, so müßten wir auch die Zehn Gebote wegtun. Wir müssen ja darum so leben, damit wir Gott zum Richter zwischen uns und allen Menschen anrufen dürfen und vor ihm bezeugen, daß wir recht und christlich gelebt haben.

Also hast du nun beides in richtiger Weise, daß der Glaube Ruhm gewinnt Gott gegenüber und damit seinen Zorn stillt und weglegt, den wir sonst verdient hätten, und allein darauf trotzt, daß wir einen Heiland haben: Jesus Christus, durch welchen wir versöhnt sind. Das ist unser Grund und Eckstein. Darauf steht unsere Zuversicht endlich und ewiglich. Und wir wissen, wenn alle Dinge schiefgehen und wir uns keiner Sache selbst rühmen können, daß wir droben einen Priester haben, zur Rechten des Vaters sitzend, der unsere Sünde getragen hat auf seinem eigenen Leibe und sich für uns Gott geopfert und noch ohne Unterlaß vertritt und das beste für uns redet, daß wir durch ihn eitel Gnade und Vergebung haben und keinen Zorn (wie wir ihn wohl verdient hätten) fürchten dürfen. Das ist unser höchster Trotz und stärkster Ruhm. Dadurch wir Sünde, Tod, Hölle und unser eigenes Gewissen überwinden, denn darauf sind wir getauft und sollen darum leben und sterben und alles leiden, was uns begegnet. Das andere aber ist, dadurch die Liebe rühmt und trotzt, nicht gegen Gott, sondern gegenüber und entgegen der ganzen Welt, daß wir nämlich alles getan haben nach unserem Vermögen oder es ja gerne wollten tun, damit niemand könne auftreten und gegen uns klagen, daß wir ihn vorsätzlich beleidigt, bestohlen oder beraubt haben oder die Zehn Gebote an ihm gebrochen, und daß wir in dieser Weise einen Hochmut und Stolz gegen die böse schändliche Welt anführen, daß sie nicht gegen uns sich rühmen könnte, sondern wir ihr gegenüber ... Wo wir aber noch gebrechlich sind und das nicht tun, wovon wir gerne soviel wollten, so halten wir uns zu jenem Hauptartikel von Christus. Denn hier bedürfen wir stets der Gnade und der Vergebung, beide von Gott und untereinander, wie uns das Vaterunser lehrt. Und das muß immerdar das Bekenntnis bleiben, daß wir vor Gott Sünder sind, und ob wir uns wohl vor der Welt könnten rühmen, ich hab niemand gestohlen noch unrecht getan, doch vor Gott müssen sagen: Dir habe ich allzu viel gestohlen und gegen alle Zehn Gebote gehandelt. Aber das ist dagegen mein Ruhm, daß du solch ein Sündenregister auslöschest und nicht mit mir abrechnest, sondern alles läßt vergeben sein durch Christus. Wenn wir nun so mit Gott versöhnt und eins sind, so können wir auch wohl gegenüber den Leuten den Ruhm behalten, daß sie uns nicht etwas sollen vorwerfen, womit sie uns vor ihm verklagen oder verdammten könnten ... Wie aber ist es, wenn Gott mit seinem Gericht kommt, wo bleibt da der Ruhm? Weil doch die Schrift allenthalben sagt, daß vor ihm keine menschliche Heiligkeit bestehen kann, so müßte man doch den Ruhm auch fahren lassen und gar verzagen? Antwort: Nein, nicht so. Denn ich habe gesagt, daß dieser Ruhm wohl vor Gott gilt, aber nicht gegen Gott oder im Verhältnis zu Gott. Es ist zwischen ihm und mir allein. Denn in dieser Hinsicht habe ich schon zuvor den anderen Ruhm, daß ich in Christus getauft bin und der Himmel der Gnaden über mir aufgezogen ist, gleich ob ich gesündigt habe oder noch etwa sündige. Aber wenn es geht gegen die Leute und gerühmt werden soll, wie ich gelebt habe, in meinem Stand bei jedermann, da will ich dennoch so sagen: Ich bezeuge vor dir und aller Welt und weiß, daß mir Gott auch Zeugnis gibt samt allen Engeln, daß ich Gottes Wort, Taufe und Sakrament nicht gefälscht habe, sondern recht und treulich gepredigt und getan, soviel bei mir gewesen ist und daß ich dafür alles Böse gelitten habe, allein um Gottes und seines Wortes willen ... Also daß sie beide beieinander sind, und der andere aus dem ersten her wachse. Denn wer angesichts Gottes sich rühmen kann, der kann auch leicht danach gegenüber der Welt trotzen. Das nennt nun St. Johannes den Ruhm oder die Freimütigkeit (Freidigkeit) am Tage des Gerichts, daß er Gott und alle Welt zum Zeugen haben kann gegen alle Feinde und den Teufel dazu und nennt es eine rechte, volle Liebe, die sich zeigt und beweisen kann, daß der Mensch getan und gelitten habe, was er soll. Und es nicht eine falsche gefärbte, ja eine ledige Liebe ist, die nur Christus bekennt, soweit es nicht schaden tut und dem Nächsten dient, so fern ihm selbst dabei nichts abgeht, sondern die mit Ernst zugreift und den rechten Kern und das Mark in sich hat ... Du aber bleibe auf dieser rechten Mittelstraße, damit du beides, den Hauptruhm Gott gegenüber behaltest, worauf wir endgültig und grundlegend unsere Zuversicht setzen müssen, worauf wir auch getauft sind und beides leben und sterben müssen, welcher (Grund) ist unser Herr Christus, der unsere Sünde durch sein Blut abgewaschen hat und jetzt zur rechten Hand des Vaters sitzt und uns alles schenket. Und daneben auch gegenüber der Welt kannst dich rühmen und trotzen (aufgrund) deiner Liebe. Aber so, daß es nicht in bloßen Worten besteht, sondern vor Gottes Gericht könne bestehen und daselbst beweisen, daß es gewesen sei ein rechter ungefärbter Glaube und eine rechtschaffene völlige Liebe, die ihre Tugend und Wesensart erzeigt durch rechte Werke, damit man's sehen und greifen könne."[62]

Es ist ganz eindrücklich, wie Luther hier in immer neuen Anläufen (die hier nur teilweise dargestellt werden können) bemüht ist, die Gerechtigkeit aus Glauben als den Grund der Gottesbeziehung das Entscheidende sein zu lassen, und gleichzeitig doch deutlich macht, daß auch die Werke nötig sind, die zwar nicht dazu dienen, die Gottesbeziehung zu klären (die muß vorher geklärt sein, ja, sie brauchen geradezu eine geklärte Gottesbeziehung, daß sie in Freiheit geschehen können), aber doch ihre Anerkennung vor Gott und den Menschen brauchen. Die Welt braucht die guten Werke der Christen, die nicht ihr Herz daran hängen müssen.

Luther geht auf die Thematik ein, die ihn schon am 1. Januar 1530 zum Predigtstreik getrieben hat.[63]

„Denn ich bekenne für mich selbst und ohn' Zweifel müssen das andere auch bekennen, daß mir es mangelt an solchem Fleiß und Ernst (der Liebe), den ich jetzt doch viel mehr als zuvor haben sollte. Aber ich bin viel nachlässiger als unter dem Papsttum. Und es ist jetzt nirgends solcher Ernst im Hinblick auf das Evangelium, wie man ihn zuvor gesehen hat bei den Mönchen und Pfaffen. Da hat man soviel gestiftet und gebaut, und niemand war so arm, daß er nicht doch etwas wollte geben. Aber jetzt ist nicht eine Stadt, die einen Prediger ernähren will, und nichts läuft als eitel Rauben und Stehlen unter den Leuten, und sie lassen niemand das wehren. Woher kommt solche schändliche Plage? Von der Lehre (sagen die Schreier), daß man lehrt, man solle nicht aufs Werk bauen noch vertrauen. Aber es ist der leidige Teufel, der solches der reinen heilsamen Lehre fälschlicherweise zuschreibt. In Wirklichkeit ist das des Teufels und der Leute Bosheit Schuld, die solche (gute) Lehre mißbrauchen, die dazu auch unseren alten Adam, der immer auf den (unrechten) Holzweg zur Seite hinaus will und denkt, es sei nicht schlimm, daß wir nicht viele gute Werke tun. Und so werden sie also unversehens faul und unachtsam und versauern darin, bis wir den Saft und die Kraft des Glaubens wirklich verlieren."[64]

---

[62] WA 36, 446–454.
[63] In diesem Buch S. 70.
[64] WA 36, 469.

Dies ist eine hochinteressante Passage. Luther gibt zu, daß der religiöse Eifer, der die mittelalterliche Frömmigkeit prägte, durch die Predigt von der Rechtfertigung „allein aus Glauben" verschwunden ist. Er entdeckt bei sich selbst, daß er dies längst nicht mehr so ernst nimmt. Er weigert sich, das der reformatorischen Wahrheit zuzuschreiben. Er schreibt es dem Teufel zu und dem alten Adam (sowie der alten Eva). Freilich stellt er sich dem Dilemma nicht wirklich realistisch. Wenn man nicht diese Predigtreihe über die Werke der Liebe als einen solchen Versuch, realistisch mit diesem Problem umzugehen, verstehen will. Aber der reformatorische Optimismus, daß durch die freisprechende Predigt der Mensch verändert wird, ist in diesen Jahren in eine Krise gekommen. Sie ist die typische Krise des Protestantismus. Der Pietismus seinerseits hat versucht, durch eine Neubestimmung der Heiligung, durch eine neue Gesetzlichkeit, durch die Elemente der sozialen Kontrolle und der Ausscheidung derer, die nicht mitspielen wollten, dieses Defizit zu mildern. Es ist keine Frage, daß das notwendig war. D. h. – und das zeigt diese Predigtreihe Luthers –, der rechtfertigende Glaube braucht, damit die unlösbare Verbindung von Glaube und Liebe auch praktiziert wird, mehr als nur das Wort der Verkündigung. Er braucht das Umfeld der erlebbaren christlichen Gemeinde. Er braucht modellhaftes Leben von Christenmenschen. Er braucht ein kommunikatives Umfeld, in dem die Werke der Liebe als anerkannte und hilfreiche Taten im Bereich des Vorletzten Anerkennung finden. Es ist gleichzeitig erforderlich, daß diese Fragen des Verhaltens, der Notwendigkeit der Liebe, der Erfordernis von Frieden, Gerechtigkeit und Bewahrung der Schöpfung nicht zur letzten Wahrheit erhoben werden und die Stelle Gottes einnehmen. Sobald ich daran mein Herz hänge, wird es mir zum Gott. Dann geht die Freiheit verloren. Dann kommt es in der Gemeinde zur religiösen Diktatur. Dann regiert die Unfreiheit unter Christenmenschen. Die Predigt der rechtfertigenden Botschaft muß die Hauptsache sein. Das muß sich im Gottesdienst, in der persönlichen Frömmigkeit zeigen. Alles kommt auf die Gottesbeziehung an. Allerdings ist die Gottesbeziehung, ohne die den Nächsten betreffende Forderung Gottes ernst zu nehmen, nicht zu leben. Es muß bei der Reihenfolge Glaube und Liebe bleiben. Diese Reihenfolge ist unumkehrbar. Darauf legt Luther in diesen Predigten größten Wert. Beides darf nie voneinander getrennt werden. Insofern gilt Bonhoeffers Satz: „Nur der Glaubende ist gehorsam, und nur der Gehorsame glaubt." Allerdings würde Luther hinzufügen, Vorsicht, paß auf, daß du dein Sündersein nicht vergißt und nicht unter der Hand aus dir eine gehorsame Glaubenspersönlichkeit machen willst.

Dietrich Bonhoeffer hat diese Einsicht in seinem Brief nach der Nachricht vom Scheitern des Attentats auf Hitler am 21. Juli 1944 entwickelt.[65]

---

[65] Vgl. in diesem Buch S. 63.

Es ist eindrücklich, daß auch Luther mit dem Modell der Volkskirche im Grunde dieses Problem nicht hat lösen können. Auf der einen Seite sah er,[66] daß es eigentlich gut wäre, wenn sich die Christen zu Hauskreisen und engagierten Gruppen zusammenschlössen, in denen man das Evangelium in einem Klima der gegenseitigen Ermutigung und sozialen Kontrolle wirksam werden lassen könnte. Auf der anderen Seite war es ihm klar, daß darin die große Gefahr läge, daß es zu sektenhaften gesetzlichen Verabsolutierungen von gemeinschaftlichen Verhaltensweisen kommen könnte (Schwärmerei und Rotterei, wie Luther sagt) und daß das Problem des „großen Haufens" damit nicht gelöst ist. Wir stehen heute vor denselben Fragen. Wenn es keine engagierten Gruppen gibt, die modellhaftes Leben zu verwirklichen trachten und gleichzeitig für die Volkskirche offen sind, bleibt die Verkündigung von Gesetz und Evangelium ohne den nötigen lebensmäßigen Hintergrund.

Die Frage nach meiner weltlichen Gerechtigkeit, die aus der Gottesbeziehung und der aus ihr erwachsenden Freiheit der Kinder Gottes stammt, ist nicht eine beliebige Frage, sondern eine Frage, die mit dem grundlegenden Urteil Gottes über unser Leben zusammenhängt.

„Denn wo du vor Gericht kommen solltest und die Welt samt deinem eigenen Gewissen dich überführen kann deines unreinen Lebens, so wird dir bald das Blut unter die Augen schießen und das Herz zappeln und beben, daß dir's gar sauer wird werden und als Wenigstes wirst du ins Schwitzen geraten. Auch wenn du darum nicht verdammt sein sollst und nichtsdestoweniger deine Zuversicht weiterhin auf Christus setzen und dich bei ihm von deinem Mangel und Schaden erholen sollst, es wird doch gar blöd und schwächlich zugehen. Du mußt gleichwohl die Pein leiden und einen Stachel im Herzen und Gewissen fühlen. Denn solch ein Schrecken tut dem Herzen weh und macht ihm angst und bange und ist ein großes Hindernis … Sprichst du aber, ja wo ist der Mann, der solches getan habe, wie St. Johannes fordert, und von sich rühmen darf, daß er jeder Hinsicht unsträflich gelebt habe in der Liebe? Den wollte ich gerne sehen. Antwort: Darüber disputieren wir nicht, ob jemand da ist, der es dazu gebracht habe und so ganz vollkommen sei, daß ihm nichts mangele, sondern dazu predigen und betreiben wir's, daß man doch danach strebe, daß es ein Ernst sei und sich innerlich einstelle, als wollte man gerne so leben und tun. Sonst wird man freilich keinen finden, der so rein und heilig im Leben sei, daß er nicht zuviel oder zuwenig tue. Sonst würde das Vaterunser falsch, in welchem Christus alle seine Apostel und Heiligen lehrt, so zu beten: Vergib uns unsere Schuld usw. Wie sich's auch jetzt die Wiedertäufer und mancherlei Rotten bisher unterstanden haben, falsch zu machen, die so

---

[66] Vgl. seine Vorrede zur Deutschen Messe. WA 19, 73 ff.

ein heiliges und strenges Leben sich vorgenommen haben, daß sie nicht dürften die Vergebung der Sünde suchen. Aber wir wollen das Vaterunser nicht falsch machen und diesen Artikel mitnichten so wegwerfen, sondern als unsern höchsten Schatz behalten, weil daran unser Heil und unsere Seligkeit liegt. Denn unser Fleisch und Blut und dies Leben läßt es nicht zu, daß wir sollten ohne Sünde und mancherlei Gebrechen sein. Aber da sollen wir zusehen, daß wir nicht darin versinken und das über uns herrschen lassen, sondern danach stehen und arbeiten, daß wir das tun, was unser Amt oder Stand und die Liebe des Nächsten fordert und wo wir gefehlt oder säumig gewesen, daß wir uns bessern ... Also hat doch ein Christ allezeit den Vorteil (will St. Johannes sagen), daß er ein freimütiges Herz und Mut behält, auch vor Gott im Gericht, daß er sich nicht fürchten noch Pein und Angst des Gewissens davon haben darf, daß er nicht in der Liebe gelebt habe."[67]

Damit der Mensch Gott und Welt nicht verwechselt und nicht die Welt zum Gott macht oder Gott zur Welt, muß immer unterschieden werden zwischen dem Glauben und der Liebe. Dem Glauben verdanke ich meine Existenzberechtigung, meine Gewißheit, daß ich gewollt bin in dieser Welt. Dem Glauben verdanke ich meine geschenkte Identität. Im Glauben empfängt der Mensch die ihm von Gott verliehene Würde. Das liegt alles vor seinen Taten. Die Liebe dient dem Nächsten. Die Gerechtigkeit ist eine Ausformung der Liebe unter den Bedingungen dieser Welt. Die Welt braucht eine Zuwendung, durch die sie nicht vergöttert und damit überfordert wird. Der die Welt immer wieder mißbrauchende Mensch, der Sünder, die Sünderin, sie brauchen das vorlaufende Ja Gottes, für das die Taufe steht.

Eindrucksvoll ist, daß Luther unser Leben, wenn es auf dem Spiel steht, nicht zu denken vermag ohne das Forum des Jüngsten Tages. Was der Mensch ist, zeigt sich angesichts des Todes, zeigt sich in dem Augenblick, wenn wir an unserem Leben nichts mehr ändern können und gefragt sind: Was war das nun? Was der Mensch ist, was sein Leben war, läßt sich ohne das Nachdenken über die „letzten Dinge", über den Tod und über das Gericht nicht sachgemäß beschreiben. Deshalb ist das gegenwärtige Verdrängen des Redens vom ewigen Leben, vom Gericht und von der Hoffnung angesichts des Todes ein schwerer Mangel.

Das letzte Stündlein

Anfang 1546 ist Luther, obwohl es ihm gesundheitlich nicht gut ging, nach Eisleben gereist, weil die Mansfelder Grafen miteinander im Streit lagen.

---

[67] Predigt. (1532) WA 36, 471 ff.

Anfang Oktober 1545 war er schon einmal dort und hat durch Predigten und Gespräche versucht, Vermittlungsverhandlungen in Gang zu setzen. Das war auch mühsam gelungen. Man einigte sich darauf, daß diese Verhandlungen noch im Dezember 1945 beginnen sollten. Mit Melanchthon war er noch einmal dort. Melanchthon wurde krank, so daß Luther Anfang Januar 1946 mit Melanchthon nach Wittenberg zurückkehrte. Für den 25. Januar war eine weitere Verhandlung in Eisleben geplant. Das verschiebt sich wieder.

Aus Halle schreibt Luther am 25. Januar 1546 einen Brief an Käthe:

„Meiner freundlichen, lieben Käthe, Lutherin, Brauerin und Richterin auf dem Saumarkt des Wittenberg zu Händen.

Gnad und Friede im Herrn! Liebe Käthe! Wir sind heute um 8.00 Uhr aus Halle gefahren, aber sind nicht nach Eisleben gekommen, sondern um 9.00 Uhr wieder in Halle eingezogen. Denn es begegnete uns eine große Wiedertäuferin mit Wasserwogen und großen Eisschollen und drohte uns mit der Wiedertaufe und hat das Land bedeckt. Doch können wir auch nicht zurück wegen der Mulde nach Bitterfeld und müssen all hier zu Halle zwischen den Wassern gefangen liegen. Nicht daß uns danach dürstete zu trinken – wie nehmen dafür gut Torgisch Bier und guten rheinischen Wein, damit laben und trösten wir uns, dieweil, daß die Saale heute wollte auszürnen. Denn weil die Leute und Fährmeister selbst kleinmütig waren, haben wir uns nicht wollen ins Wasser geben und Gott versuchen. Denn der Teufel ist uns gram und wohnt im Wasser ..."[68]

Man merkt, Luther ist vergnügt. Am 26. Januar predigt Luther in Halle. Zwei Tage später schließlich schaffen es dann 60 mansfeldische Reiter, den Saaleübergang zu bewerkstelligen: Justus Jonas ist mit dabei. Luther ging es nicht gut. Unterwegs erleidet er einen Ohnmachtsanfall.

Und an seine Frau schreibt er am 1. Februar:

„... wenn Du wärest dabeigewesen, so hättest Du gesagt, es wäre der Juden oder ihres Gottes Schuld gewesen. Denn wir mußten durch ein Dorf hart vor Eisleben darin viel Juden wohnen; vielleicht haben sie mich so hart angeblasen. So sind hier in der Stadt Eisleben jetzt diese Stund über 50 Juden wohnhaft. Und wahr ist's: Da ich an dem Dorf vorbeiging, ging mir ein solcher kalter Wind hinten zum Wagen hinein auf meinen Kopf durch's Barett, als wollte mir's das Hirn zu Eis machen. Solches mag mir zum Schwindel etwas geholfen haben. Aber jetzt bin ich, Gott Lob, wohlauf, nur daß die schönen Frauen mich so hart anfechten, daß ich weder Sorge noch Furcht habe vor

---

[68] Zitiert nach: Bornkamm/Ebeling. A. a. O., S. 266. WA Br 11, 269.

aller Unkeuschheit ... Ich trinke Naumburgisch Bier, fast des Geschmacks, den Du am Mansfelder mir einst gelobt hast. Es gefällt mir gut, macht mir des Morgens wohl drei Stuhlgänge in drei Stunden. Deine Söhnchen (Luthers drei Söhne Hans, Paul und Martin) sind gen Mansfeld gefahren vorgestern, weil sie Hans von Jener so demütlich gebeten hatte; weiß nicht, was sie da wohl anderes tun oder leiden, wie es ihnen gefällt. Hiermit Gott befohlen samt allem Hause und grüße alle Tischgesellen. Vigilia purificationis (am Tage vor Mariä Reinigung) 1546. M. Luther, Dein altes Liebchen."[69]

Luther predigt in der Andreaskirche in Eisleben insgesamt noch an vier Tagen. Er nahm selbst zweimal am heiligen Abendmahl teil. Am Sonntag, den 14. Februar gab es die Ordination von zwei Pastoren. An diesem Sonntag hielt er noch einmal eine Abkündigung gegen die Juden. Ausgerechnet. Man fragt sich, warum das sein mußte, aber er war voll davon.[70] Es sind seltsame Gegensätze. Friedensverhandlungen, Vermittler bei Streitigkeiten, und gleichzeitig ist er überzeugt, daß man die Juden nicht mehr weiter gewähren lassen darf, nicht aus rassistischen Gründen, sondern weil sie den Herrn Jesus schlechtmachen und es darin zu toll treiben. Schlimm, damals, schlimm, wenn solche Texte in unserem Jahrhundert wieder auftauchten und mühelos mißbraucht werden konnten. Luther hätte es besser wissen können. In jungen Jahren wußte er sehr genau, „daß unser Herr Jesus ein geborener Jude sei" und daß man, wenn man die Juden überhaupt für ihn gewinnen will, sehr liebevoll mit ihnen umgehen muß.

„Wenn die Apostel, die auch Juden waren, also hätten mit uns Heiden gehandelt wie wir Heiden mit den Juden, es wäre nie einer von den Heiden Christ geworden."[71]

„Und wenn wir uns gleich hoch rühmen, so sind wir dennoch Heiden (-Christen), die Juden aber von dem Geblüt Christi. Wir sind Schwäger und Fremdlinge, sie sind Blutsfreunde, Vettern und Brüder des Herrn. Darum, wenn man sich des Bluts und Fleisches rühmen sollte, so gehören jene Juden Christus näher zu denn wir ..."[72]

In diesen späten Jahren ist er in Sorge wegen der Sabbater, über die er gerüchtweise aus Böhmen gehört hat, bei denen er jüdische Mission vermutet. Und er ist enttäuscht, daß die Juden auf seine Übersetzung des Alten Testamentes nicht entsprechend reagiert haben, meint auch, daß die Berichte über Angriffe gegen Jesus als Hurenkind und gegen die Jungfrau Maria als Dirne wahr sind und unerträglich.

---

[69] Zitiert nach: Bornkamm/Ebeling. A. a. O., S. 267 f. WA 11, 275 f.
[70] Vgl. in diesem Buch S. 37.
[71] Daß Jesus ein geborener Jude sei (1523). WA 11, 315, 14–21.
[72] A. a. O., WA 11, 315, 25–29.

Etwa alle zwei oder drei Tage saß man zu Friedensverhandlungen zusammen. Luther nahm daran jeweils etwa eineinhalb Stunden teil. Dann machte seine Gesundheit nicht mehr mit.

Im Brief vom 6. Februar an Melanchthon heißt es:

„Dem hochberühmten Mann, Doktor Philipp Melanchthon, dem getreuen Diener Gottes, seinem liebsten Bruder.

Gnade und Frieden! Wir sitzen hier und liegen herum müßig und geschäftig, mein lieber Philippus: müßig, da wir nichts ausrichten; geschäftig, da wir Unendliches ertragen, da uns die Nichtswürdigkeit des Satans zu schaffen macht. Unter so vielen Wegen sind wir schließlich zu einem gelangt, der Hoffnung verhieß. Diesen hat wiederum der Satan verbaut. Einen anderen beschritten wir daraufhin, auf dem wir schon alles erledigt glaubten. Diesen hat wiederum der Satan verbaut. Ein Dritter wurde eingeschlagen, der völlig sicher scheint und, als könnte er nicht trügen. Aber vom Ende her wird man das Getane werten.

Ich wünsche dringend und bitte Dich, daß Du mit Dr. Brück beim Kurfürsten betreibst, daß er mich brieflich nach Hause rufe aus dringenden Gründen. Vielleicht kann ich auf diese Weise erzwingen, daß sie die Einigung beschleunigen. Ich fühle nämlich, sie können meinen Fortgang nicht ertragen, wenn diese Dinge nicht erledigt sind. Ich will ihnen noch diese Woche geben, dann will ich ihnen mit dem Brief des Fürsten drohen. Heute ist bald der 10. Tag, daß wir angefangen haben, für die Neustadt eine Regelung zu finden. Ich glaube, sie ist mit viel geringeren Sorgen gegründet worden, als sie von uns mit einer Regelung bedacht werden kann. Es herrscht ein derartiges Mißtrauen auf beiden Seiten, daß man in jeder Silbe argwöhnt, es werde einem Gift vorgesetzt. Du magst sagen, das sei Logomachia (Wortkrieg) oder Logomania (Wortsucht). Das hat man den Juristen zu verdanken, die die Welt gelehrt haben und noch lehren so viele Gleichklänge, Sophistereien und Kniffe, daß ihr Gerede viel konfuser ist als ganz Babylon. Dort nämlich konnte keiner den anderen verstehen. O Verleumder, o Sophisten, Pest des menschlichen Geschlechts! Zornig schreibe ich; ich weiß nicht, ob ich nüchtern richtiger schriebe. Aber Gottes Zorn sieht auf unsere Sünden. ‚Der Herr wird sein Volk richten, aber seinen Knechten wird er gnädig sein.' (Psalm 135,14) Amen.

Wenn das Juristenkunst ist, so wäre es nicht Not, daß ein Jurist so stolz sein sollt, wie sie alle sind ... Lebe wohl und bete für mich.

Am Dorotheentage 1546, Mart. Luther D."[73]

---

[73] WA Br 11, 285 f. Nr. 4200.

Leider sind keine Briefe von Käthe erhalten. Jedenfalls scheint sie sich große Sorgen um Luther zu machen, und er tut alles, um sie zu beruhigen, und schreibt wunderbar humorvolle Trostbriefe an sie.[74]

Brief vom 7. Februar 1946:

„… Wir leben hier wohl, und der Rat schenkt mir zu jeglicher Mahlzeit ein halb Stübchen Reinfal (ein halber Liter Wein aus Rivoglio/Italien), der ist sehr gut. Zuweilen trink ich's mit meinem Gesellen. So ist der Landwein hier gut und naumburgisch Bier sehr gut, nur daß mich dünkt, er mache mir die Brust voll Schleim mit seinem Pech. Der Teufel hat uns das Bier in aller Welt mit Pech verdorben und bei Euch den Wein mit Schwefel. Aber hier ist der Wein rein, freilich nur was des Landes Art hergibt.

Und wisse, daß alle Briefe, die Du geschrieben hast, sind hierher gekommen. Und heute ist hergekommen, den Du am letzten Freitag geschrieben hast mit Magister Philipps Briefen, damit Du nicht irrest.

Am Sonntag nach Dorotheentag 1546, Dein Liebchen Martinus Luther D."[75]

Die letzten Briefe sind vom 14. Februar an seine Frau und Melanchthon.

„Meiner freundlichen lieben Hausfrau, Frau Katharin Lutherin von Bora zu Wittenberg zu Händen.

Gnad und Friede im Herrn! Liebe Käthe! Wir hoffen, diese Woche wieder heimzukommen, so Gott will. Gott hat große Gnade hier erzeigt. Denn die Herren haben durch ihre Räte fast alles in Einklang gebracht bis auf zwei Artikel oder drei, unter welchen ist, daß die zwei Brüder, Graf Gebhard und Graf Albrecht, wiederum Brüder werden, was ich heute soll vornehmen. Ich will sie zu mir zu Gast bitten, daß sie auch miteinander reden. Denn sie sind bis jetzt stumm gewesen und haben sich mit Schriften hart verbittert … Ich schicke Dir Forellen, die mir die Gräfin Albrecht geschenkt hat; die ist von Herzen froh über die Einigkeit.

Deine Söhnchen sind noch zu Mansfeld; Jakob Luther wird sie gut versorgen. Wir haben hier zu essen und zu trinken vollauf wie die Herren, und man wartet unser gar schön und allzu schön, daß wir Eurer fast vergessen möchten zu Wittenberg. So ficht mich der Stein, Gott Lob, auch nicht an. Auch Dr. Jonas' Bein wäre schier schlimm geworden, so hat's Löcher bekommen auf dem Schienbein. Aber Gott wird auch helfen. Solches alles magst Du Magister Philipp anzeigen, Doktor Pommer und Doktor Cruciger.

---

[74] Vgl. in diesem Buch S. 35f.
[75] WA Br 11, 286–287. Nr. 4201.

Hier ist das Gerücht hergekommen, daß Dr. Martinus Luther sei weggeführt, wie man zu Leipzig und Magdeburg redet. Solches erdichten die Naseweisen, deine Landsleute. Etliche sagen, der Kaiser sei 30 Meilen Wegs von hier, bei Soest in Westfalen, etliche, daß der Franzose Landsknechte anwerbe, der Landgraf auch. Aber laß sagen und singen wir wollen warten, was Gott tun wird. Hiermit Gott befohlen. Amen. Zu Eisleben, am Sonntag Valentini 1546, M. Luther D."[76]

Die Friedensverhandlungen scheinen also gelungen zu sein. Die Streitigkeiten brechen zwar bald wieder aus, aber es ist zunächst ein Ergebnis da. Besonders die kirchlichen Fragen, die Frage des Patronats und der Bezahlung der Pastoren und Lehrer in der Grafschaft sowie die Rechte des Superintendenten und des Schloßpredigers aus Mansfeld waren wichtig. Luther unterschreibt sie zusammen mit dem Grafen. Auch Justus Jonas Unterschrift befindet sich dort. Die kirchlichen Regelungen haben lange gegolten.

Johannes Aurifaber, der letzte Protokollant der Tischgespräche, hat die letzte schriftliche Äußerung Luthers festgehalten. Sie stammt vom 16. Februar, also zwei Tage vor seinem Tod, und beschäftigt sich mit der Frage, wie die Bibel richtig zu verstehen sei.

„Vergil in seinen Bucolica und Georgica kann niemand verstehen, wenn er nicht fünf Jahre Hirte oder Bauer gewesen ist.

Cicero in seinen Briefen (so lerne ich) kann niemand verstehen, wenn er nicht zwanzig Jahre in einem hervorragenden Staatswesen tätig gewesen ist.

Die Heilige Schrift meine niemand genug geschmeckt zu haben, wenn er nicht hundert Jahre mit den Propheten die Kirche regiert hat.

Deshalb ist es ein ungeheures Wunder 1. mit Johannes dem Täufer, 2. mit Christus, 3. mit den Aposteln. Du versuche nicht diese göttliche Aeneis zu erforschen, sondern bete gebeugt ihre Spuren an.

Wir sind Bettler, das ist wahr."[77]

Nun sind wir wieder in der Stuben und in der Schlafkammer nach dem Bericht der drei Freunde, Justus Jonas, Michael Cölius und Johannes Aurifaber, die anwesend sind. Die beiden Jungen, Martin und Paul, 13- und 14jährig, sind da, der Diener Ambrosius. Es ist inzwischen 1.00 Uhr morgens am 18. Februar. Er hatte gut geschlafen mit natürlichem Schnauben bis der Zeiger 1.00 Uhr geschlagen hatte. Er ist dann ohne fremde Hilfe durch die Kammer in das Stüblein gegangen, hat sich auf das Ruhebett gelegt und geklagt, es

---

[76] WA Br 11, 300.
[77] WA 48, 241. WA Tr 5, 317 f.

drücke ihn um die Brust sehr hart. Da hat man ihn, wie er begehrt und zu Wittenberg im Brauch gehabt, mit warmen Tüchern gerieben und mit Kissen und Stuhl gewärmt. Denn er sprach: Es hülfe ihm wohl, wenn man ihn warm hielte.

Inzwischen sind noch viele dazugekommen, der Hauswirt, der Stadtschreiber, Johann Albrecht und seine Frau. Dann kamen die beiden Stadtärzte, Magister Simon Wild und Dr. Ludwig. Bald darauf kommt Graf Albrecht mit seiner Frau. Die Gräfin hat allerlei hilfreiche Gewürze und Stärkungsmittel mitgebracht und bemüht sich, ihn damit zu helfen. Dann fing er an und sprach: „O mein himmlischer Vater, ein Gott und Vater unseres Herrn Jesu Christi! Du Gott alles Trostes, ich danke dir, daß du mir deinen lieben Sohn Jesum Christum offenbart hast, an den ich glaube, den ich gepredigt und bekannt hab, den ich geliebt und gelobt hab, welchen der leidige Papst und alle Gottlosen schänden, verfolgen und lästern. Ich bitte dich, mein Herr Jesu Christi, laß dir mein Seelichen befohlen sein! O himmlischer Vater, ob ich schon diesen Leib lassen und aus diesem Leben hinweggerissen werden muß, so weiß ich doch gewiß, daß ich bei dir ewig bleiben und aus deinen Händen mich niemands reißen kann."

Weiter sprach er auch auf Lateinisch: „Also hat Gott die Welt geliebt, daß er seinen eingeborenen Sohn gab, auf daß jeder, der an ihn glaubt, nicht verloren werde, sondern das ewige Leben habe" und das Wort aus dem 68. Psalm: „Wir haben einen Gott des Heils und einen Herrn, der mitten aus dem Tode uns führet."

Er bekam noch einmal etwas Medizin, aber sagte dann: „Ich fahr dahin! Meinen Geist werde ich aufgeben! – Sprach derhalb dreimal sehr elend aufeinander: Pater, in manus tuas commendo spiritum meum! Redemisti me deus veritatis – als er nu seinen Geist in die Hände Gottes des himmlischen Vaters befohlen hatte, fing er an, still zu sein. Man rüttelt aber, rieb, kühlt und rief ihme; aber er tat die Augen zu, antwortet nicht. Da streicht Graf Albrechts' Gemahl und die Ärzte ihm den Puls mit allerlei Stärkwassern, welche ihm die Doktorin geschickt und er selbst pflegte zu gebrauchen.

Indem er aber so still war, rief ihm Dr. Jonas und Magister Cölius stark ein: Reverende Pater! Wollet ihr auf Christum und die Lehre, wie Ihr die gepredigt, beständig sterben? Sprach er, daß man es deutlich hören kunnt: Ja! Mit dem wandte er sich auf die rechte Seiten und fing an zu schlafen, fast eine viertel Stunde, daß man auch der Besserung hoffte; aber die Ärzte und wir sagten alle, dem Schlaf wäre nicht zu vertrauen; leuchtete ihm mit Lichtern fleißig unter das Angesicht. Indem kam Graf Heinrich von Schwarzenburg samt seinem Gemahl auch dazu. Nachdem bald erbleichtete der Doktor sehr unter dem Angesicht, wurden ihm Füße und Nase kalt, tät ein tief, doch sanft

Odem holen, mit welchem er seinen Geist aufgab, mit Stille und großer Geduld, daß er nicht mehr ein Finger noch Bein regte. Und konnt niemands merken (das zeugen wir vor Gott auf unser Gewissen!) einige Unruhe, Quälung des Leibes oder Schmerzen des Todes, sondern entschlief friedlich und sanft im Herrn, wie Simeon singet."[78]

Das letzte war eine ausgesprochen wichtige Maßnahme. Es mußte gleichsam notariell beurkundet werden, daß Luther friedlich gestorben war. Da so viele dabei waren, wird's wohl auch stimmen. Ein Jahr zuvor war eine Hetzschrift gegen Luther erschienen, die er dann selbst herausgab, die von seinem schändlichen Tod berichtete.

Der Bericht über Luthers Ende, wie ihn die Freunde Justus Jonas, Michael Cölius, Johannes Aurifaber verfaßten, schließt mit einer Eintragung, die Luther zu Johannes 8, Vers 51 „Wahrlich ich sage Euch, wer mein Wort hält, wird den Tod nimmermehr sehen ewiglich!" in eine Bibel geschrieben hatte.

„Den Tod nimmermehr sehen.

Wie unglaublich ist das doch geredt und wider die öffentliche und tägliche Erfahrung! Dennoch ist es die Wahrheit. Wenn ein Mensch mit Ernst Gottes Wort im Herzen betrachtet, ihm glaubt und darüber einschläft oder stirbt, so sinkt und fährt er dahin, ehe er sich des Todes versieht oder gewahr wird, und ist gewiß selig im Wort, das er also geglaubt und betrachtet, von hinnen gefahren."

Unter dieses war geschrieben: „Martinus Luther Doktor. 1546, geschehen am 7. Tag Februarii."[79]

Man wird diesen Bericht, der ja eine offizielle Darstellung von großem Gewicht sein mußte, nicht zu sehr daraufhin befragen dürfen, ob er alles, was da gesprochen worden ist, aufgezeichnet hat. Warum sollte Luther nicht mit seinen Söhnen gesprochen haben. Warum sollte er nicht einen Gruß an seine Frau weitergegeben haben. Es kann sein, daß es ihm in der Stunde nicht wichtig war. Es kann genauso sein, daß es denen, die es aufzeichneten, nicht nötig schien, weil es kirchenpolitisch nicht von Bedeutung war.

Die Nachricht kommt schnell nach Wittenberg. Es gibt einen Brief Käthes an ihre Schwägerin Christina von Bora, wenige Wochen später geschrieben, in dem es heißt:

„Denn wer wollt' nicht billig betrübt und bekümmert sein, um einen solchen teuren Mann, als mein lieber Herr gewesen ist? Der nicht allein einer Stadt

---
[78] Luther im Gespräch. A. a. O., S. 410 ff.
[79] Ebd.

oder einem einigen Land, sondern der ganzen Welt viel gedienet hat. Der halben ich wahrlich so sehr betrübt bin, daß ich mein großes Herzeleid keinem Menschen sagen kann. Und weiß nicht, wie mir zu Sinn und zu Mut ist. Ich kann weder essen noch trinken, auch dazu nicht schlafen. Und wenn ich hätt' ein Fürstentum und Kaisertum gehabt, sollt' mir so Leid nimmermehr geschehen sein, so ich's verloren hätt', als nun unser lieber Herrgott mir und nicht alleine mir, sondern der ganzen Welt, diesen lieben und teuren Mann genommen hat."[80]

Es wurde eine große Beerdigung. Der Leichnam Luthers wurde in einem Zinnsarg, der hergestellt werden mußte, nach Wittenberg überführt. In Eisleben wurden zwei Gottesdienste mit Predigt gehalten. (Justus Jonas, Michael Cölius) Am 20. Februar wurde auf Befehl des Kurfürsten der Sarg nach Wittenberg gebracht. Wenn der Zug Dörfer und Städte erreichten, läuteten die Glocken. In Halle erwarteten die Pastorenschaft, der Rat und große Teile der Bevölkerung den Zug am Stadttor. In der Sakristei der Marienkirche wurde er aufgebahrt.

Am Morgen des 22. Februar begann der Trauerzug durch die Stadt Wittenberg, voran die Schüler und Pfarrer. Es folgten Grafen und anderen Beauftragte des Kurfürsten mit über 60 Reitern. Der Wagen mit dem Zinnsarg wurde von vier Pferden gezogen. Darüber lag ein schwarzes Tuch mit einem weißen Kreuz. Käthe, die Tochter Margarete fuhren auf einem kleinen Wägelchen. Luthers drei Söhne, Hans, Martin und Paul, und die anderen Verwandten gingen zu Fuß. Dann kam die Universität, dann die Mitstreiter Bugenhagen, Cruciger, Jonas, Melchanchthon, Gregor Brück und Hiernoymus Schurf, schließlich die Bürgerschaft. Luther wurde offenbar bewußt unter der Kanzel beigesetzt. Bugenhagen hielt die Leichenpredigt, Melanchthon die Gedenkrede. Besonders Melanchthons Gedenkrede war bemerkenswert, weil sie die theologischen Erkenntnisse Luthers mit großer Klarheit herausstellte.

„Er führte die theologischen Erkenntnisse Luthers auf: Die wahre Buße, den starken Trost des Gewissens, die paulinische Lehre von der Rechtfertigung aus dem Glauben, die Unterscheidung von Gesetz und Evangelium, geistlicher und politischer Gerechtigkeit, das wahre Gebet, das sich allein an Gott und Christus wendet, die neue theologische Begründung des bürgerlichen Lebens und die Überwindung der Menschensatzungen ... Nicht unerwähnt blieb die Übersetzung der Bibel samt den Schriftauslegungen."[81]

Eindrucksvoll ist, daß Melanchthon auch die schwierigen Seiten Luthers erwähnte, seine emotionalen Ausbrüche kritisierte und sie als Sünde und Makel bezeichnete, wie er den Menschen eben anhaftet. Melanchthon spricht dann von

---

[80] Martin Brecht: Martin Luther. Bd. 3. Die Erhaltung der Kirche. Stuttgart, 1987, S. 370.
[81] M. Brecht, a. a. O., S. 373.

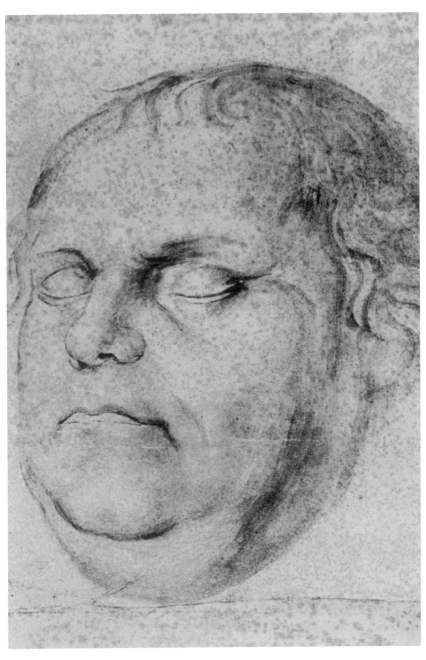

Martin Luther auf dem Totenbett.
Zeichnung von Lukas Furttenagel aus Halle. (Kupferstichkabinett Berlin)

der Gemeinschaft Luthers mit Christus, den Aposteln und Propheten, in der er nun lehrt. Den Himmel kann sich Melanchthon offenbar nur als eine himmlische Hochschule vorstellen, in der Luther nun das Wesen Gottes schaut.

Ein Jahr später steht Karl V., der große Gegenspieler, an Luthers Grab. Der Schmalkaldische Bund hat verloren. Karl läßt das Grab erstaunlicherweise unangetastet. Katharina von Bora hat noch schwierige Jahre vor sich. Infolge des Schmalkaldischen Krieges muß sie Wittenberg verlassen. Die Güter, die sie hat, kommen durch den Krieg in Schwierigkeiten. Käthe muß Schulden machen. Im Sommer 1552 taucht in Wittenberg wieder die Pest auf. Die Universität zieht deshalb nach Torgau. Auch Käthe begibt sich dorthin. Auf dem Wege gibt es einen Unfall, der Wagen stürzt in einen Wassergraben. Käthe erholt sich davon nicht mehr. Am 20. Dezember 1552 stirbt sie in Torgau und ist in der dortigen Marienkirche beerdigt worden. Ihren Grabstein kann man dort noch sehen.

Die Zeitgenossen haben Martin Luther trotz all seiner Mängel für ein Gottesgeschenk gehalten. Sie waren überzeugt davon, daß in ihm Gott in besonderer Weise gehandelt hat. Seit ich mich in seine Texte eingelesen habe, leuchtet es mir ein.